प्रतिगामी संदेह से सृजनात्मक प्रश्न की ओर

सभी सिख गुरु खत्री, पिछड़ी जाति से क्यों नहीं ?
अंतर्जातीय विवाह क्यों ना हुए ?
बाल गुरु कैसे ?

???

प्रतिगामी संदेह से सृजनात्मक प्रश्न की ओर

संप्रभुता का रास्ता क्या ?

गुरप्रीत सिंघ जीपी

मेरे माता-पिता सरदार जोगिंदर सिंघ जी और
सरदारनी रविंदर कौर जी को समर्पित

विषय-सूची

मुखबंध

हुकम रजाई चलणा

सवाल करना जाग्रत इंसान और प्रगतिशील समाज की निशानी है। पर कई बार कुछ 'बयान' सवाल के रुप में पेश किए जाते हैं जिनकी मंशा कुछ जानना नहीं बल्कि पूर्व निर्धारित संदेह को स्थापित करना होती है। सभी सिख गुरु केवल खत्री जाती से ही क्यों हुए, पिछड़े समाज से क्यों नहीं? यह भी उन सवाल-रूपी बयान में से एक है जो कुछ जानने की जिज्ञासा से पैदा नहीं हुआ, लेकिन चर्चा को पूर्व निर्धारित दिशा में भटकाने के मकसद से पूछा जाता है।

सिखी से प्रभावित होकर जैसे ही भारत के मूल निवासी सिखी अपनाने की तरफ बढ़ते हैं तो उनके सामने कुछ ऐसे ही प्रश्न खड़े कर दिए जाते हैं। यह प्रश्न न तो सैद्धांतिक तल पर खरे हैं और न ही इतिहास की सही समझ में से निकले हैं। यह या तो आधे भरे घड़े की छप-छपाक के समान अधूरे ज्ञान एवं अहंकार की उपज हैं, या फिर सिखों के प्रती ईर्ष्या के कारण।

अगर खरा सवाल पूछा जाए तो उसके जवाब की खोज में जटिल सामाजिक सांस्कृतिक ताने-बाने को समझने और दलित वर्ग की समृद्धि में भी मदद मिलेगी। सही सवाल तो यह है कि वह क्या कारण था कि सत्य और क्रांतिकारी विचारों के होते हुए भी दलित समाज से आने वाले संतों के अनुयायी वह उत्थान हासिल नहीं कर पाए, जो सिखों ने कम समय व कम गिनती में होने के बावजूद हासिल कर लिया? इस्लाम के आगमन के पश्चात क्यों केवल सिख धर्म ही स्थापित हो सका और दुनिया भर में अलग कौमियत की मान्यता प्राप्त कर सका? इस प्रश्न पर विचार न केवल प्रचारित संदेहों को दूर करेगा, बल्कि चर्चा को सही दिशा में आगे बढ़ाएगा जिससे समाज के सभी वर्गों के बीच समानता स्थापित करने का मार्ग दर्शन होगा।

खुद अल्पसंख्यक होने ने बावजूद ब्राह्मणवाद की क्रूरता और भ्रम ने बहुसंख्यक पर अपना वर्चस्व कायम किया। इसके प्रतिरोध में शूद्र वर्गीकृत किए गए बहुजन

लोगों की तरफ से सदियों से छितराया विरोध होता रहा। दलित चिंतकों ने इसे ही क्रांति-प्रतिक्रांति का इतिहास बताया है। हालांकि प्रतिक्रांति तो पूरे संगठित रूप से हुई, परन्तु बिखराव से भरा प्रतिरोध कभी क्रांति का रूप ले ही नहीं पाया। इसका कारण यह रहा कि प्रतिक्रांति धर्म को बचाने की भावना से की गई, जबकि क्रांति का प्रयोजन स्वरक्षा या प्रतिशोध की जंग से आगे नहीं बढ़ पाया। यकीनन ब्राह्मणवादी अपने उद्देश्य को 'पवित्र' धर्म युद्ध बनाकर स्थापित कर सके—तभी तो इसे सुर-असुर का संग्राम कहा गया।

अगर समानता और न्याय पर आधारित "बेगमपुरा" बसाना है तो "इंसानियत ही धर्म है" के मुहावरे से बात नहीं बनेगी। धर्म ही ऐसा होना चाहिए जो कुदरत के नियमों (हुक्म) के अनुकूल इंसानियत को परिभाषित करते हुए सही दिशा दे। दिशा को निर्धारित करने के लिए गुरु नानक साहिब 'जपु' बाणी की पहली पउड़ी (छंद) में ही मूल प्रश्न रख देते हैं कि वह कौन सा रास्ता है जिससे सचिआरा (सच्चा जीवन) बन सके और झूठ का पर्दा टूट जाए? उत्तर देते हुए गुरु साहिब कहते हैं कि रजा के मालिक अकाल पुरख के हुक्म में चलना ही एक मात्र विधान है, जो सभी के लिए एक समान लिखा गया है:

किव सचिआरा होईऐ किव कूड़ै तुटै पालि॥
हुकमि रजाई चलणा नानक लिखिआ नालि॥१॥

(गुरु ग्रंथ साहिब, महला १, अंग १)

दिशा निर्धारित करता हुआ प्रश्न और उत्तर की खोज में हुक्म के अनुकूल जीवन जीना सिख धर्म का निर्मल आधार है। सिखी ने उस अपूर्व चेतना को जन्म दिया जिसने मानवीय मूल्यों की अनिवार्यता को धार्मिक रूप दिया। सवर्ण और दलित के बीच के निरंतर टकराव को मानवीय मूल्यों की रक्षा के पावन संघर्ष में बदल दिया। सभी को इकट्ठा कर के सही मायनों में क्रांति को जन्म दिया। इस क्रांति को रोकने के लिए भी निरंतर प्रतिरोध हो रहा है। लेकिन अब टक्कर बराबर के उद्देश्य पर है, दोनों अपना-अपना धर्म बचाना चाहते हैं, दोनों के लिए धर्म युद्ध है। यही नहीं, सिखी ने प्रत्यक्ष कर दिया है कि कौन क्रांति के राह पर है और कौन प्रतिक्रांति के। उम्मीद है यह पुस्तक अन्वेषक को प्रतिगामी संदेहों के जाल से निकालकर उन सृजनात्मक प्रश्नों की ओर ले जाएगी जिससे संप्रभुता के लक्ष्य की प्राप्ति के मार्ग से धुंध हट सके।

भाग1- सिद्धांतिक पक्ष

बाणी गुरु, गुरु है बाणी

सिखी 'शब्द-गुरु' के सिद्धांत पर खड़ी है। इस मूल को समझे बिना कोई भी विश्लेषण सही नहीं हो सकता। सिखी में गुरु ग्रंथ साहिब जी की बाणी को ही गुरु माना है। चौथे गुरु राम दास जी का शब्द हर सिख को कंठ है:

बाणी गुरू गुरू है बाणी विचि बाणी अम्रितु सारे॥
गुरु बाणी कहै सेवकु जनु मानै परतखि गुरू निसतारे॥
(गुरु ग्रंथ साहिब, महला ४, अंग 982)

अर्थ: (हे भाई!) गुरबाणी ही गुरु है, गुरु बाणी में मौजूद है। गुरबाणी में आत्मिक जीवन देने वाला सारा ज्ञान है।
गुरु की बाणी जो कहे, सेवक (सिख) उस पर अमल करता है। (इस तरह) गुरु उस सिख को यकीनन तौर पर संसार-समुंदर से पार लंघा देता है।

सिखी के प्रारंभ से ही शब्द-गुरु की संकल्पना को बड़ी दृढ़ता से बल दिया गया है। गुरु नानक साहिब जी की सिद्ध योगियों के साथ हुई चर्चा 'सिध गोसटि' के नाम से गुरु ग्रंथ साहिब में दर्ज है। सिद्धों ने उनसे उनके गुरु के बारे में पूछा:

तेरा कवणु गुरू जिस का तू चेला ॥   *(गुरु ग्रंथ साहिब, महला १, अंग 942)*

इसका उत्तर गुरु साहिब ने समझाया कि शब्द ही उनका गुरु है और एक सिख के नाते वह उस शब्द की धुन (विचार) में चित्त लगाते है:

सबदु गुरू सुरति धुनि चेला ॥   *(गुरु ग्रंथ साहिब, महला १, अंग 943)*

पाँचवें गुरु अरजन साहिब जी ने जब 'आदि ग्रंथ' का संकलन किया, तो सबसे पहले दरबार साहिब (हरिमन्दिर साहिब), अमृतसर, में प्रकाश किया। उन्होंने ग्रंथ को ऊंचा स्थान दिया और खुद नीचे बैठे। गुरु अरजन साहिब जी पोथी (ग्रंथ) को ही परमेश्वर का स्थान बताते हैं क्योंकि ईश्वरीय गुणों की विचार में जुटे जिज्ञासुओं को यह ईलाही ज्ञान से भरपूर कर देता है:

पोथी परमेसर का थानु ॥
साधसंगि गावहि गुण गोबिंद पूरन ब्रहम गिआनु ॥

(गुरु ग्रंथ साहिब, महला ५, अंग 1226)

इस तरह गुरु नानक साहिब जी के शब्द-गुरु के सिद्धांत को पाँचवें नानक ने रुपमान किया। यह संकेत अपने आप में अनूठा था। दुनिया के इतिहास में पहली बार किसी पैग़ंबर ने अपनी मौजूदगी में धर्मग्रंथ का संकलन किया और उसे अपने से ऊंचा स्थापित किया।

दरबार साहिब का निर्माण भी पाँचवें गुरु ने करवाया था। हरिमन्दिर साहिब के चार दिशा में चार दरवाज़े हैं जो यह दर्शाते हैं कि यह धर्म-स्थान सभी के लिए हमेशा खुला है। यह धर्मशाला और धर्म-ग्रंथ भारती उप महाद्वीप में ब्राह्मणी व्यवस्था पर होने वाला सबसे असरदार संरचनात्मक प्रहार था।

गुरुद्वारों की सृजना कुछ इस तरह से है कि वह पूजा का स्थान न होकर सिखी की पाठशाला है। गुरुद्वारा उसे ही कहा जा सकता है जहां गुरु ग्रंथ साहिब का प्रकाश हो, कथा-कीर्तन हो और लंगर की व्यवस्था हो। बड़े गुरुद्वारों में आए-गए के लिए रात गुज़ारने का प्रबंध, लाइब्रेरी, कीर्तन व शस्त्र (गतका) सिखलाई का प्रबंध भी होता है। वह सारे कार्य जिन्हें समाज में बहुत निम्न गिना जाता है गुरुद्वारों में सभी वर्गों से आई संगत बड़ी चाहत से करती है। लंगर के झूठे बरतन साफ करना, संगत के जूतों को साफ करना या फिर गुरुद्वारे में झाड़ू-पौंछे की सेवा करने को बच्चे, जवान, बुजुर्ग, औरत, मर्द सभी अपना सौभाग्य मानते हैं। गुरुद्वारा जाति अहंकार व हीनता पर काबू पाने तथा बन्धुत्व के अभ्यास की पाठशाला है।

दशमेश पिता गुरु गोबिन्द सिंघ जी ने सभी अधिकार खालसे के रूप में जन-सामान्य को सौंप कर अपने बाद गुरगद्दी की परंपरा को समाप्त कर दिया। शब्द से निकले पंथ को शब्द के ही समर्पण कर दिया। गुरु नानक जी के 1469 में जन्म से लेकर गुरु गोबिन्द सिंघ जी के 1708 में जोती जोत समाने का 239 साल का समय बनता है। सिद्धांत के रूपांतर के लिए गुरु नानक के दस स्वरूपों ने 239 सालों की तवारीख में बेमिसाल अध्याय जोड़े। गुरु नानक के आशय अनुसार दशमेश गुरु ने सिखों को केवल गुरु ग्रंथ साहिब जी को गुरु मानने का आदेश दिया: *सभ सिखन को हुक्म है, गुरु मानिओ ग्रंथ।*

गुरु ग्रंथ साहिब जी की बाणी ही सिखों के लिए गुरु हैं, इसलिए सिद्धांतक पक्ष से तो यह प्रश्न ही गलत है कि सिख-गुरु केवल खत्री जाति से ही क्यों हुए। गुरु ग्रंथ साहिब में बाबा फरीद, बाबा नामदेव, बाबा रविदास, बाबा कबीर, बाबा धंना, बाबा जैदेव, बाबा नानक, इत्यादि, सभी की बाणी का बराबर स्थान है; कोई अंतर नहीं है। गुरु ग्रंथ साहिब जी में कुल 35 सतपुरुषों की बाणी है जो उन सभी वर्गों से आते हैं जिन्हें जन्म के आधार पर ब्राह्मण से लेकर शूद्र और म्लेच्छ (मुस्लिम) कहा जाता था। पैंतीस में से पंद्रह वह हैं जो गुरु नानक जी से पहले हुए, छह गुरु नानक और उनके उत्तराधिकारी हैं। बाकी गुरु काल के सिखों की बाणी है जिनमें ग्यारह भट्ट हैं और तीन अन्य सिख। 15 भगत + 6 गुरु + 11 भट्ट सिख + 3 अन्य सिख। सिखों को इन सतपुरुषों की बाणी से संकलित हुए ग्रंथ को ही गुरु मानने का आदेश है और गुरु ग्रंथ साहिब जी की बाणी को ही गुरबाणी कहते हैं। केवल गुरु ग्रंथ साहिब की बाणी और इसी की शब्द-विचार सिख के लिए मान्य है:

इका बाणी इकु गुरु इको सबदु वीचारि॥

(गुरु ग्रंथ साहिब, महला ३, अंग 646)

गुरु ग्रंथ साहिब जी से बाहर भगतों की विचारधारा पर आज तक समाज बटा हुआ है। कोई इन्हें वैष्णव, शिव, रामचंद्र, कृष्ण भक्त या नास्तिक बताता है। इनके नामों से लिखी गई बहुत सी मिलावटी रचना है जिसमें एकसारता नहीं है। अगर गुरु नानक साहिब जी इनकी बाणी का संग्रह न करते और गुरु अरजन साहिब जी आदि ग्रंथ में शामिल न करते तो संसार भगत साहिबानो की प्रामाणिक बाणी से वंचित रह जाता और हमारे पास केवल मिलावटी बाणी ही बचती। गुरु ग्रंथ साहिब जी का पहला अक्षर ੧ੳ (एकंकार) है और पहला पाठ मूल मंतर है जो विविध रंगों के फूलों समान 35 सतपुरुषों की बाणी को एक करतार की एकमतता के धागे से सुंदर माला बना देता है।

संदेह दरअसल गुरु नानक के दस स्वरूपों की निरंतरता की अनिवार्यता और 239 सालों के बहुआयामी पहलुओं की नासमझी के कारण हैं। शब्द-गुरु के अभूतपूर्व सिद्धांत तथा जन-साधारण को सम्पूर्ण अधिकार देने के आशय को तवारीख से न जोड़ पाने की अक्षमता के कारण संदेह पैदा होते हैं।

यह प्रश्न ज़रूर पूछा जा सकता है कि अगर पाँचवें गुरु अरजन साहिब जी उस कुल से आते जिसे शूद्र कहा जाता था तो क्या जात-पात में बटा समाज उनके द्वारा रचे ग्रंथ या धर्म-स्थान को स्वीकार करने के लिये तैयार था? अगर हाँ, तो फिर गुरु नानक जी से पहले हुए क्रांतिकारी संत अपने शागिर्दों को ब्राह्मणवाद से मुक्त करवाने के लिए कोई धर्म-ग्रंथ या धर्म-स्थान क्यों न दे पाए?

ੴ (एकंकार)

ੴ ਸਤਿ ਨਾਮੁ ਕਰਤਾ ਪੁਰਖੁ ਨਿਰਭਉ ਨਿਰਵੈਰੁ ਅਕਾਲ ਮੂਰਤਿ ਅਜੂਨੀ ਸੈਭੰ ਗੁਰ ਪ੍ਰਸਾਦਿ ॥
ੴ सति नामु करता पुरखु निरभउ निरवैरु अकाल मूरति अजूनी सैभं गुर प्रसादि ॥

यह गुरु ग्रंथ साहिब के पहले पन्ने का पहला पाठ है। गुरबाणी का मूल और सिख धर्म के निराले सिद्धांत पहले पाठ में दर्ज 'एकंकार' के सच्चे गुणों पर आधारित हैं। इसी कारण इसे मूल मंत्र भी कहते हैं। हर सिख की शिक्षा इसी प्रस्तावना से शुरू होती है, और होनी भी चाहिए। जब भी गुरबाणी के अर्थ को लेकर दुविधा हो तो मूल मंतर के मापदंड से दुविधा को दूर किया जा सकता है। गुरबाणी की जो व्याख्या मूल मंत्र के नियमों पर पूरी नहीं उतरती, निश्चित रूप से वह गलत है। जिज्ञासु की समझ की सीमा के अनुसार इसके अर्थ की गहराई या विस्तार में अंतर हो सकता है, लेकिन इसका हर शब्द एक स्थायी सिद्धांत देता है। क्योंकि मूल मंत्र के अगाध शब्दों का चुनाव ऐसा है कि अर्थ द्वैत के साथ नहीं दिए जा सकते। जैसे 'एक' को 'दो' नहीं पड़ा जा सकता, या 'सफेद' का मतलब 'काला' नहीं किया जा सकता, या 'विष' को 'अमृत' नहीं कहा जा सकता।

मूल मंत्र का प्रत्येक शब्द गगार में सागर की तरह विशाल विचारधारा को समाहित करता है।

संक्षेप विवरण

ੴ – एकंकार, एक करणहार, या एक करतार।

सति नामु - उसका नाम अथवा हुक्म (सदीवी अस्तित्व वाला) सत है।

सति नामु के अर्थ तभी समझ आ सकते हैं अगर सति और नामु को सही तरह समझा जाए।

अगले तीन शब्द 'नाम' को परिभाषित करते है:

करता पुरखु - (उत्पत्ति, विनाश और पालन का) कर्ता एक है और वह अपनी सर्जना में समाया हुआ है

निरभउ - उसे किसी का डर नहीं।

निरवैरु - उसे किसी से वैर नहीं।

अगले तीन शब्द 'सत' को परिभाषित करते है:

अकाल मूरति - उसकी मूरत (हस्ती) समय के बंधन में नहीं। वह काल के अधीन नहीं, वह अमर है।

अजूनी - वह जन्म (अवतार) नहीं लेता।

सैभं - उसका अस्तित्व (प्रकाश अथवा शक्ति) अपने-आप से है।

गुर प्रसादि - (शब्द) गुरु की कृपा (प्रसाद) से ज्ञानोदय होता है। शब्द-विचार के लिए सत्संग का मिलना ही प्रसाद है।

गुरु ग्रंथ साहिब जी में वह सभी प्रचलित संज्ञा आई हैं जिन्हें भारती उप-महाद्वीप में करतार के संबोधन के लिए बोला जाता था, जैसे- राम, रहीम, अल्लाह, खुदा, हरि, ओअंकार, परमेश्वर, बीठल, गोपाल, गोसाईं, ईश्वर, इत्यादि। दूसरे धर्मों या मतों में इनके पीछे की भावना कुछ और हो सकती है, लेकिन गुरबाणी में यह सारी संज्ञाएं केवल उसी एक करतार (एकंकार) के लिये आई हैं जो निरंकार है और ऊपर लिखे पहले पाठ के अनुकूल है।

'੧ੳ' चिन्ह अथवा निशान गुरु नानक साहिब ने खुद बनाया है। इसका उच्चारण 'एकंकार' है। 'एकंकार' शब्द भी गुरु नानक साहिब ने खुद ही दिया है। गुरु नानक साहिब से पहले न तो '੧ੳ' निशान और न ही 'एकंकार' शब्द किसी भाषा में था। 'एकंकार' का संक्षिप्त भाव है- करणहार एक है, अर्थात करतार एक है । एकंकर (एकं + कार) की विचार बड़ी सहजता से 'एक' का सिद्धांत, कार-रूपी हुक्म या नाम को समझना, और मनुष्य के दीर्घ रोग अहंकार (अहं + कार) को चुनौती देने का संकल्प देती है। गुरु ग्रंथ साहिब जी की बाणी ੧ੳ (एकंकार) का ही विस्तार है।

भगता की चाल निराली

'शब्द-गुरु' के अद्वितीय सिद्धांत को न समझने के कारण कुछ लोग 'भगत बनाम गुरु' की निर्मूल बहस में उलझ जाते हैं। कुछ लोग रविदास जी को 'भगत' और नानक जी को 'गुरु' संबोधित करने पर एतराज़ करते हैं। भगत बनाम गुरु के प्रश्न में सिख विचारधारा की बुनियादी समझ का अभाव है। इस नासमझी के कारण समाज में बटवारा होता है और ब्राह्मणी ताकतों को ही बल मिलता है।

भगत या गुरु की शब्दावली के प्रयोग में अंतर का कारण ऐतिहासिक है। इन्हीं नामों के साथ यह सत्पुरुष जन-साधारण के बीच लोकप्रिय हुए थे।

जब बाबा नानक जी ने विभिन्न प्रांतों के सत्पुरुषों की बाणी इकट्ठी की तो उन्हें 'भगत' की संज्ञा से ही जाना जाता था। इसी प्रकार बाबा नानक को उनके अनुयायियों ने उनके जीवन काल के आखिरी चरण में 'गुरु' कहना शुरु किया और तभी से उनके शिष्य 'सिख' कहलाए। यह भी कह सकते हैं कि जब से अनुयायियों ने खुद को 'सिख' कहना शुरु किया, तभी से नानक 'गुरु' कहलाए। सिख का अर्थ जीवन भर सीख ग्रहण करने वाला, अथवा शिष्य, होता है। गुरु और सिख एक दूसरे के पूरक हैं।

सिखी सिखिआ गुर वीचारि ॥   *(गुरु ग्रंथ साहिब, महला १, अंग 465)*

अगर क्रांतिकारी भगतों के जीवन काल में उनके अनुयायियों से पूछा जाता कि वह उन्हें 'गुरु' क्यों नहीं कहते? इसका उत्तर दो भागों में मिल सकता था:

1. गुरु की पदवी ब्राह्मणों ने केवल अपने लिए आरक्षित रखी थी जिसे चुनौती नहीं दी गई
2. प्राचीन काल में यह मुद्दा चर्चा का विषय ही नहीं था

गुरु नानक जी ने केवल उस नाम का उपयोग किया है जो उस समय उनके लिए लोकप्रिय था। फरीद जी को 'शेख़' फरीद लिखा क्योंकि उनके शागिर्द उन्हें शेख

ही कहते थे। 35 में से 11 भट्टों की बाणी है, उन्हें 'भट्ट' ही लिखा क्योंकि इसी पदवी से वह जाने जाते थे।

यहां एक और तथ्य रखना ज़रूरी है। 'भट्ट' शब्द का अर्थ ही ज्ञानवान होता है और यह जनजाति ब्राह्मण वर्गीकृत थी। वर्ण-आश्रम के नियम अनुसार ब्राह्मण कभी भी 'निम्न' जाति के व्यक्ति को अपने गुरु के रूप में स्वीकार नहीं कर सकते थे। यहां तक कि पौराणिक कथाओं के अनुसार अवतार भी ब्राह्मण-गुरु से ही ज्ञान प्राप्त करते और नतमस्तक होते हुए बताए गए हैं।

पुराणों के अनुसार ब्राह्मण ऋषि परशुराम ने जब अवतार लिया तो उन्होंने धरती से 21 बार क्षत्रियों का नरसंहार किया। क्षत्रियों की औरतों से नवजात शिशुओं को जबरदस्ती छीनकर उनकी आंखों के सामने मार डाला। जहां क्षत्रियों की यह हैसियत हो कि उनका नरसंहार करने वाला ब्राह्मण अवतार बनाकर पूजा जाए, वहां क्षत्रियों के हल्के रूप खत्री का क्या स्थान होगा?

लेकिन भट्ट बाणी के कुछ पद्यों में गुरुओं की कुल का विशेष वर्णन करते हुए उनकी 'गुरु' पद से महिमा की है। ब्राह्मणों द्वारा अपने से नीची जाति 'खत्री' वालों को गुरु स्वीकार करना उस समय समाज में हो रहे सकारात्मक बदलाव का साक्षात प्रमाण है। जिन 11 भट्टों की बाणी गुरु ग्रंथ साहिब में दर्ज है, उनमें से दो—भट्ट मथरा और भट्ट कीरत—छठे गुरु के दौरान अमृतसर में हुई सिख इतिहास की पहली जंग में शहीद हुए थे। गुरु साहिब की फौज में सभी वर्गों से लोग थे—पिछड़े, सवर्ण, मुस्लिम पठान, आदि। यह इस बात का साक्षी है कि जब भट्ट गुरसंगत में आए तो उनका जीवन पूरी तरह से बदल गया। भट्ट तीसरे गुरु अमरदास जी के समय सिखी से जुड़ने शुरु हुए। उन्होंने जनजातिय पहचान वाली 'सोढ़ी' या 'भल्ला' कुल का वर्णन किया, वर्ण-व्यवस्था वाली 'खत्री' पहचान का नहीं। वर्ण-आश्रम की बेड़ियों से मुक्त होकर, उन्होंने हथियार भी उठाए और तथाकथित खत्री कहे जाने वाले के सिख भी बने:

नानकि नामु निरंजन जान्यउ कीनी भगति प्रेम लिव लाई ॥
ता ते अंगदु अंग संगि भयो साइरु तिनि सबद सुरति की नींव रखाई ॥
गुर अमरदास की अकथ कथा है इक जीह कछु कही न जाई ॥
सोढी स्रिसटि सकल तारण कउ अब गुर रामदास कउ मिली बडाई ॥
(गुरु ग्रंथ साहिब, भट्ट कीरत, अंग 1406)

गुरु इतिहास में केवल एक मौके पर माथे पर तिलक लगाने की रीत का वर्णन मिलता है। वह है संगत के सामने गुरगद्दी की ज़िम्मेदारी को आगे बढ़ाने की घोषणा के तौर पर। इसमें भी ब्राह्मण-गुरु को दी गई चुनौती समझने वाली बात है। अब तक ब्राह्मण द्वारा लगाया तिलक ही मान्य था। जब छत्रपति शिवाजी ने खुद को राजा घोषित करना चाहा तो ब्राह्मणों ने तिलक लगाने से मना कर दिया क्योंकि वह शूद्र थे। शिवाजी को वाराणसी के गागा भट्ट ब्राह्मण को मोटी रकम देकर मनाना पड़ा, उसने भी अपने पैर के अंगूठे से तिलक लगाया।

गुरु नानक साहिब ने जब भाई लहना को अगला गुरु चुना, उनके आगे माथा टेका और उन्हें नया नाम—गुरु अंगद—दिया। वहीं बाबा बुढा जी, जो रंधावा जट्ट बिरादरी से होने के कारण शूद्र थे, को संगत के सामने गुरु अंगद जी को तिलक लगाने की ज़िम्मेदारी दी। बाबा बुढा जी लगभग 124 साल की उमर के हुए, और उन्होंने छठे गुरु तक गुरगद्दी देने के समय तिलक लगाने की रीत निभाई। उनके बाद उन्हीं की संतान अगले गुरु को तिलक लगाती रही।

एक तरफ ब्राह्मण भट्ट अपने से नीची कुल को गुरु लिख रहे हैं, वहीं शूद्र अपने से ऊंची कुल वाले को गुरगद्दी की ज़िम्मेदारी देने के लिए तिलक लगा रहा है। इसने ब्राह्मणवाद के ऊंच-नीच के मकड़ जाल को उथल-पुथल कर दिया।

गुरुओं ने खुद के लिए गुरु ग्रंथ साहिब में 'महला' नामावली का प्रयोग किया है, गुरु नहीं। महला का अर्थ शरीर-रूपी महल या पति-परमेश्वर की जीव-रूपी स्त्री होता है। महला १ से तात्पर्य है कि यह शब्द पहले गुरु नानक साहिब जी का है, महला २ दूसरे गुरु अंगद साहिब जी के लिए है, इत्यादि। हर शब्द के आरंभ में 'महला' और गुरगद्दी का अंक लिखा है। गुरु ग्रंथ साहिब में छह गुरु साहिब की बाणी है- महला १, महला २, महला ३, महला ४, महला ५ और महला ९। महला ९ (नौवें गुरु तेग बहादुर जी) की बाणी को दसवें गुरु गोबिन्द सिंघ जी ने आदि ग्रंथ में शामिल करके ग्रंथ साहिब को अधिकारिक तौर पर गुरु पदवी दी। शब्द के छंदों में सभी छह गुरुओं ने केवल 'नानक' पद का ही इस्तेमाल किया है जो यह दर्शाता है कि काया (शरीर) चाहे बदले हों, जोत-रूपी विचारधारा गुरु नानक जी की ही है:

जोति ओहा जुगति साइ सहि काइआ फेरि पलटीऐ ॥

(गुरु ग्रंथ साहिब, राइ बलवंडि, अंग 966)

गुरबाणी में भगत और संत पर्यायवाची भाव में आते हैं। गुरु और संत अकाल पुरख को संबोधन करने के लिए भी आता है। इसी कारण परमात्मा के हुक्म में चलने वालों को संत पुरुष या भगत कहते हैं। भगत नानक कहने में कोई दिक्कत नहीं है। गुरु रविदास या गुरु कबीर बोलने में भी किसी को कोई समस्या नहीं है। सिख अकसर इन्हें गुरु भी कहते हैं, लेकिन प्रचलित वही है जो गुरु ग्रंथ साहिब जी में लिखा है—भगत, शेख, भट्ट। किंतु सत्पुरुषों को भगत कहने पर कुछ दलित चिंतक सिखों का विरोध करते हैं, और दलित समाज (खासकर रविदास समाज) को सिखों के खिलाफ भड़काते हैं। इतिहास प्रति बेसमझ से निकला संदेह समाज में फूट का कारण बनता है। सिखों की भगत पदवी के प्रति असीम आस्था है जिसकी महिमा वह रोजाना गुरु ग्रंथ साहिब जी के पाठ, कथा व कीर्तन द्वारा करते हैं:

भगता की चाल निराली ॥
चाला निराली भगताह केरी बिखम मारगि चलणा ॥
लबु लोभु अहंकारु तजि त्रिसना बहुतु नाही बोलणा ॥
खंनिअहु तिखी वालहु निकी एतु मारगि जाणा ॥
गुर परसादी जिनी आपु तजिआ हरि वासना समाणी ॥
कहै नानकु चाल भगता जुगहु जुगु निराली ॥

(गुरु ग्रंथ साहिब, महला ३, अंग 918)

आधुनिक इतिहासकारों ने 'भक्ति लहर' का नाम देकर 'बिखम मारग' पर चलने वाले क्रांतिकारियों को ब्राह्मणवादी भक्ति की छाप देते हुए भ्रमित किया है। गुरबाणी का भगत इतिहासकारों के भक्त जैसा नहीं है। गुरुकुल में पढ़ाई जाने वाली ब्राह्मणवादी विचारधारा के अनुसार तो 'गुरु' भी जात-पाती संकीर्ण अर्थ में ही लिया जाता था। तो क्या 'गुरु' शब्द को भी नकार दें? गुरु और भगत शब्दों की गरिमा को गुरबाणी और सिखी ने ही बचा कर रखा है। जो लोग रविदास समाज को सिखी से जुड़कर ब्राह्मणवादी तंत्र से आज़ाद होता नहीं देखना चाहते, वह ही भगत और गुरु की निर्मूल बहस में उलझाते हैं। अगर सिखी ने 'गुरु' पदवी की गरिमा को बरकरार न रखा होता तो क्या फिर भी यह लोग संतों के नाम के साथ गुरु लगाने में मान महसूस करते? या फिर इतिहासकारों द्वारा दिया गया एकलव्य का अंगूठा काटने वाली 'गुरु-शिष्य परंपरा' के वर्णन से गुरु पदवी को भी नकार देते?

यह अनुगामियों की अज्ञानता है जो अपने रहनुमाओं के उपदेश को समझने की बजाए विपथगामियों के दिए वर्णन से अधिक प्रभावित हैं। यह अज्ञानता संतों की

बाणी की विचार को बिसारने के कारण है। शब्द-विचार से पता चलेगा कि सभी सत्पुरुषों ने खुद ही अपने लिए 'परमात्मा के भगत' होने को बड़े मान से लिखा है:

पंडित सूर छत्रपति राजा भगत बराबरि औरु न कोइ ॥
जैसे पुरैन पात रहै जल समीप भनि रविदास जनमे जगि ओइ ॥
(गुरु ग्रंथ साहिब, भगत रविदास, अंग 858)

कबीर बामनु गुरू है जगत का भगतन का गुरु नाहि ॥
अरझि उरझि कै पचि मूआ चारउ बेदहु माहि ॥
(गुरु ग्रंथ साहिब, भगत कबीर, अंग 1377)

नानक भगता सदा विगासु ॥ सुणिऐ दूख पाप का नासु ॥
(गुरु ग्रंथ साहिब, महला १, अंग 2)

जिस तरह से 'गुरु' शब्द की गरिमा को स्वीकृत किया जा चुका है, जरूरत है 'भगत' को भी नकारें नहीं, बल्कि स्वीकारें, और गुरु ग्रंथ साहिब जी से मार्गदर्शन लें।

जीवन मुकत कहावै

गुरु ग्रंथ साहिब के पहले पाठ को मूल मंतर कहते हैं क्योंकि यह गुरबाणी और सिखी की विचारधारा का मूल है। इस पहिले पाठ में एकंकार को 'करतापुरख' कहा है। करतापुरख का भाव है: उत्पत्ति, विनाश, और पालन करने वाला एक ही है, और वह अपनी सर्जना में समाया हुआ है।

तूं घट घट अंतरि सरब निरंतरि जी हरि एको पुरखु समाणा ॥

(गुरु ग्रंथ साहिब, महला ४, अंग 11)

करतापुरख होने के साथ-साथ वह 'निरवैर' भी है। निरवैर से भाव है: उसे किसी से वैर नहीं, उसके नियम या हुक्म सभी के लिए एक समान हैं। वह आदमी, औरत, हिंदु, मुस्लिम, सिख, आस्तिक, नास्तिक, पापी, पुणी सभी के लिए निरवैर है।

गुरबाणी गुण-अवगुण की परख के आधार पर संगत चुनने का निर्देश देती है। मज़हब, जाति, रंग, लिंग या नसल के आधार पर नहीं:

गुणी गुणी मिलि लाहा पावसि गुरमुखि नामि वडाई ॥

(गुरु ग्रंथ साहिब, महला १, अंग 1127)

अर्थ: गुणवान दूसरे गुणवान को मिल के लाभ कमाता है, गुरु के उपदेश से नाम की महिमा जानता है।

हरि के दास सिउ साकत नही संगु ॥ ओहु बिखई ओसु राम को रंगु ॥

(गुरु ग्रंथ साहिब, महला ५, अंग 198)

अर्थ: प्रभु के भक्त का माया-ग्रसित मनुष्य से जोड़ नहीं बन सकता। (क्योंकि) साकत विकारों से प्यार करता है, जबकि भक्त को परमात्मा (के गुणों) का रंग चढ़ा होता है।

करतापुरख और निरवैर की विचारधारा सिखी को इस्लाम एवं ईसाई विचारधारा से भी भिन्न कर देती है।

इस्लामिक मत में अल्लाह सिरजनहार तो है, मगर अपनी सृजना से अलग है। इसी कारण इस्लामिक जगत में गैर-मुस्लिम या 'काफ़िरों' के लिए निरवैरता का अभाव है। जहां काफ़िर की पहचान अनैतिकता से न होकर गैर-मुस्लिम होने से की जाए, वहां निरवैरता का ईश्वरीय गुण समृद्ध नहीं हो सकता।

हम काफ़िरों के दिलों में दहशत (रोब) डालेंगे (क्योंकि) जो कुछ उन्होंने अल्लाह के साथ जोड़ा है उस (बुतपरस्ती) के लिए उस (अल्लाह) ने (कोई) अधिकार नहीं भेजा। और उनकी पनाहगाह (दोज़ख की) आग होगी, और दुष्टों का ठिकाना घिनौना है। (कुरान, सूरए 03 आले इमरान 151)

तो जब तुम काफ़िरों से (जंग में) भिड़ो, तो (उनकी) गर्दनों पर मारो जब तक कि तुम उन्हें ज़ख़्मों से चूर न कर डालो, फिर उन्हें बंधक बना लो, उसके बाद या तो एहसान रख (कर छोड़ दो) या मुआवजा लेकर, जब तक जंग (के हथियार) समाप्त न हो जाए। यह (आदेश) है। और अगर अल्लाह चाहता तो (खुद) उनसे बदला लेता, मगर उसने चाहा कि तुम्हारी आज़माइश दूसरे से (लड़वा कर) करे। और जो लोग अल्लाह की राह में मार दिए गए उनकी कारगुज़ारियों को ख़ुदा हरगिज व्यर्थ न जाने देगा। (कुरान, सूरए 47 मुहम्मद 4)

उदारवादी इस्लामिक विद्वान इन आयतों को इतिहास में हुई जंग के संदर्भ में अर्थ करने का आह्वान करते हैं। उनका प्रतिवाद है कि यह आयतें केवल जंग के हालात में थी। लेकिन ऐसा कहकर वह खुद कुरान को वर्तमान के लिए अप्रासंगिक बना रहे हैं। ऐसे तर्क के बाद बड़ा सवाल खड़ा हो जाएगा कि कुरान का कितना हिस्सा वर्तमान समय में लागू नहीं होता? वहीं दूसरा बड़ा प्रश्न यह है कि चाहे जंग के हालात में ही सही, लेकिन मज़हब के आधार पर दूसरों की अलग पहचान तो बना ही दी गई, तभी काफिर है।

गुरबाणी भी 'साकत' या 'मनमुख' की बुरी संगत से दूर रहने का उपदेश करती है, लेकिन यह परख गुणों के आधार पर है, मज़हब, नस्ल, या जाति के आधार पर नहीं।

बाइबिल के अनुसार परमेश्वर (यहोवा) तो खुद ही सम्स्त प्राणियों का हत्यारा है। मनुष्य-जाति ने पाप किया हो, बात समझ में आ सकती है, लेकिन जानवर, पक्षी, जीव-जन्तु, वनस्पति इत्यादि ने ऐसा कौन सा पाप किया होगा?:

इसलिए यहोवा ने कहा, "मैं अपनी बनाई पृथ्वी के सारे लोगों को समाप्त कर दूँगा। मैं हर एक व्यक्ति, जानवर, और पृथ्वी पर रेंगने वाले हर एक जीव-जन्तु को समाप्त करूँगा। मैं आकाश के पक्षियों को भी समाप्त करूँगा। क्यों? क्योंकि मैं इस बात से दुःखी हूँ कि मैंने इन सभी चीजों को बनाया।"

लेकिन पृथ्वी पर यहोवा को खुश करने वाला एक व्यक्ति था—नूह।

(बाइबिल, उत्पत्ति 6:7-8)

इसलिए परमेश्वर ने नूह से कहा, "सारे लोगों ने पृथ्वी को क्रोध और हिंसा से भर दिया है। इसलिए मैं सभी जीवित प्राणियों को नष्ट करूँगा। मैं उनको पृथ्वी से हटाऊँगा।"

(बाइबिल, उत्पत्ति 6:13)

पृथ्वी के सभी जीव मारे गए। हर एक स्त्री और पुरुष मर गए। सभी पक्षी और सभी तरह के जानवर मर गए।

इस तरह परमेश्वर ने पृथ्वी के सभी जीवित हर एक मनुष्य, हर एक जानवर, हर एक रेंगने वाले जीव और हर एक पक्षी को नष्ट कर दिया। वे सभी पृथ्वी से समाप्त हो गए। केवल नूह, उसके साथ जहाज में चढ़े लोगों और जानवरों का जीवन बचा रहा।

और जल एक सौ पचास दिन तक पृथ्वी को डुबाए रहा।

(बाइबिल, उत्पत्ति 7: 21-24)

प्रभु ने आकाश से सदोम और गमोरा नगरों पर गंधक तथा आग की वर्षा की।

उसने उन नगरों और सम्पूर्ण घाटी को, समस्त नगर निवासियों को, तथा भूमि पर उगने वाले पेड़-पौधों को नष्ट कर दिया।

लोट की पत्नी उसके पीछे थी। उसने मुड़कर पीछे देखा, और वह नमक का खंभा बन गई!

(बाइबिल, उत्पत्ति 19: 24-26)

इस सभी के ठीक विपरीत प्रभु का निरवैर होना सिखी का मूल सिद्धांत है। एकंकार न केवल हमारी पृथ्वी के जीवों व वनस्पति की प्रतिपालना करता है, बल्कि कई खंड ब्रह्माण्ड सभी की बराबर संभाल करने की चिंता (जिम्मेदारी) उसी की है:

पुरखां बिरखां तीरथां टटां मेघां खेतांह ॥
दीपां लोआं मंडलां खंडां वरभंडांह ॥

अंडज जेरज उतभुजां खाणी सेतजांह ॥

सो मिति जाणै नानका सरां मेरां जंताह ॥

नानक जंत उपाइ कै समाले सभनाह ॥

जिनि करतै करणा कीआ चिंता भि करणी ताह ॥

सो करता चिंता करे जिनि उपाइआ जगु ॥

तिसु जोहारी सुअसति तिसु तिसु दीबाणु अभगु ॥

नानक सचे नाम बिनु किआ टिका किआ तगु ॥

(गुरु ग्रंथ साहिब, महला १, अंग 467)

निरवैरता से यह भाव नहीं लेना कि अच्छे-बुरे कर्मों का नतीजा एक होगा। नहीं। कर्मों के तदनुसार फल वैर नहीं, बल्कि अकाल पुरख का अटल हुक्म है। क्योंकि अकाल पुरख जहां निरवैर है, वहीं 'निरभउ' भी है—उसे किसी का डर नहीं।

जैसे खिले हुए फूलों में सुगंध करतार के हुक्म में है, अपनी मूल टहनी से टूट कर सड़ रहे फूलों की दुर्गन्ध भी हुक्म में ही है। दोनों अवस्थाओं में करतापुरख हुक्म बन कर समाया हुआ है। मनुष्य के कर्मों का प्रभाव न केवल उसके निजी जीवन अपितु समाज पर भी पड़ता है। ईश्वर के हुक्म को समझकर किए गए कर्म मानव सभ्यता के विकास की ओर ले जाते हैं। वहीं हुक्म की नासमझी में किए कर्मों से समाज का रसातल में जाना स्वाभाविक है।

आपे बीजि आपे ही खाहु ॥ नानक हुकमी आवहु जाहु ॥

(गुरु ग्रंथ साहिब, महला १, अंग 4)

जेहा बीजै सो लुणै करमा संदड़ा खेतु ॥

(गुरु ग्रंथ साहिब, महला ५ अंग 134)

सिखों के सभी रीत, मान्यताएं और संस्थान करतापुरख की निरवैर और निरभउ की रूहानी विचारधारा की नींव पर खड़े हैं। निरभउ और निरवैर के गुणों को ग्रहण करना ही मानव जीवन का लक्ष्य है और इस परम अवस्था की प्राप्ति को ही जीवन-मुक्त कहते हैं।

जा कै मनि बसिआ निरंकारु ॥ बंधन तोरि भए निरवैर ॥

(गुरु ग्रंथ साहिब, महला ५ अंग 292)

निरभउ जपै सगल भउ मिटै ॥ प्रभ किरपा ते प्राणी छुटै ॥

(गुरु ग्रंथ साहिब, महला ५, अंग 293)

इंसान जब ईश्वरीय गुणों को धारण कर हर्ष-शोक में विचलित नहीं होता तथा वैरी-मित्र दोनों में करतार के हुक्म के समान-भाव को समझ लेता है, यही उसकी मुक्ति की पहचान है। निरवैर व्यक्ति किसी को डराता नहीं और निरभउ होने के कारण किसी का भय स्वीकार भी नहीं करता। ऐसे इंसान को ही ज्ञानवान कहा जा सकता है:

हरखु सोगु जा कै नही बैरी मीत समानि ॥
कहु नानक सुनि रे मना मुकति ताहि तै जानि ॥१५॥
भै काहू कउ देत नहि नहि भै मानत आन ॥
कहु नानक सुनि रे मना गिआनी ताहि बखानि ॥१६॥

(गुरु ग्रंथ साहिब, महला ९, अंग 1427)

जब इंसान के 'सगल भउ' मिट जाते हैं तो उसे मौत का भय भी समाप्त हो जाता है। अगर मौत का भय ही समाप्त हो जाए तो मौत के बाद पुजारी द्वारा बनाए काल्पनिक नरक का डर या स्वर्ग की लालसा को वह पूरी तरह रद्द कर देता है:

नानक जरा मरण भै नरक निवारै पुनीत करै तिसु जंतै ॥

(गुरु ग्रंथ साहिब, महला ५, अंग 249)

कवनु नरकु किआ सुरगु बिचारा संतन दोऊ रादे ॥
हम काहू की काणि न कढते अपने गुर परसादे ॥

(गुरु ग्रंथ साहिब, भगत कबीर, अंग 969)

सुरग बासु न बाछीऐ डरीऐ न नरकि निवासु ॥
होना है सो होई है मनहि न कीजै आस ॥

(गुरु ग्रंथ साहिब, भगत कबीर, अंग 337)

गुरु नानक पुजारी को व्यंग्यात्मक ढंग से सवाल पूछते हैं कि अगर तुझे लगता है कि जन-साधारण लोग (मांस खाने के कारण) नरक में जाएंगे तो तुम इनके घर से दान ही क्यों लेते हो? यह तो धक्केशाही वाली बात हुई कि दान देने वाला नरक में जाए मगर लेने वाला स्वर्ग में। हे पंडित! तू खासा चतुर है, तुझे खुद को समझ नहीं है, पर तू लोगों के आगे समझदार बना फिरता है:

जे ओइ दिसहि नरकि जांदे तां उन्ह का दानु न लैणा ॥
देंदा नरकि सुरगि लैदे देखहु एहु धिङाणा ॥
आपि न बूझै लोक बुझाए पांडे खरा सिआणा ॥
(गुरु ग्रंथ साहिब, महला १, अंग 1290)

निरवैर और निरभउ के रूहानी गुणों का धारणी ही अहंकार और मोह से बच सकता है। भौतिक जीवन में रहते हुए विकारों से मुक्ति को ही जीवन मुक्त कहते हैं:

मान मोह दोनो कउ परहरि गोबिंद के गुन गावै ॥
कहु नानक इह बिधि को प्रानी जीवन मुकति कहावै ॥
(गुरु ग्रंथ साहिब, महला ९, अंग 831)
गुर परसादी हउमै छुटै जीवन मुकतु सो होइ ॥
(गुरु ग्रंथ साहिब, महला ३, अंग 948)
जीवन मुकतु सो आखीऐ जिसु विचहु हउमै जाइ ॥
(गुरु ग्रंथ साहिब, महला १, अंग 1009)

विकारों से मुक्ति का मतलब संसार का त्याग बिलकुल नहीं है। गुरमत संसार में रहते हुए और ज़िम्मेवारियों को निभाते हुए विकारों से मुक्ति की बात करती है। हाथों-पैरो से सारा काम-काज करना है, और अपना चित्त माया-रहित परमात्मा से जोड़ना है। सतगुरु यही जुगत सीखाता है कि हँसते-खेलते, खाते-पहनते (दुनिया के सारे काम करते) हुए भी विकारों से मुक्त रह सकते हैं:

हाथ पाउ करि कामु सभु चीतु निरंजन नालि ॥
(गुरु ग्रंथ साहिब, भगत कबीर, अंग 1376)
नानक सतिगुरि भेटिऐ पूरी होवै जुगति ॥
हसंदिआ खेलंदिआ पैनंदिआ खावंदिआ विचे होवै मुकति ॥
(गुरु ग्रंथ साहिब, महला ५ अंग 522)

सिखी में पाप-पुण्य का विचार स्वर्ग-नरक की अवास्तविकता पर आधारित नहीं है। गुरबाणी भी पाप से रोकती है, लेकिन पाप की परिभाषा मानव सभ्यता के उत्थान की वास्तविकता पर टिकी है। ब्राह्मणी मत गाय के मांस को खाना पाप मानता है तो इस्लाम सूअर के मांस को हराम समझता है। गुरु नानक पराया हक मारने वाले को

पापी मानते हैं। मनुष्य द्वारा प्राकृतिक स्रोतों पर हक जमाना, राजा द्वारा प्रजा का हक मारना, मर्द का औरत को अपना हक समझना, या सवर्ण का दलित को हकों से वंचित रखना, यह पाप है। यह सुअर और गाय मांस खाने के समान है:

हकु पराइआ नानका उसु सूअर उसु गाइ ॥

(गुरु ग्रंथ साहिब, महला १, अंग 141)

गुरबाणी इसी जीवन में प्राप्ति की बात करती है। जीवन-मुक्त की संकल्पना मृत्यु के बाद मिलने वाले स्वर्ग, नरक, कयामत व पुनर्जन्म के ठीक विपरीत है। गुरबाणी मौत के बाद किसी पुनर्जन्म को नहीं मानती। लेकिन यह सच है कि बहुत से सिख पुनर्जन्म में विश्वास रखते हैं। इस विकृति के ऐतिहासिक कारण हैं जिसे अगले अध्याय 'जालउ ऐसी रीत' में समझाया गया है।

कहानियों को आधार मानकर गुरबाणी की व्याख्या में ब्राह्मणी रंगत आ जानी स्वाभाविक है। जबकि कहानियों का विश्लेषण गुरबाणी के संदर्भ-मानक से किया जाना चाहिए। कहानी कई पूर्वग्रहों के आधार पर कहानीकार ने लिखी है, जबकि गुरबाणी निरोल एकंकार की विचार पर आधारित गुरु ने लिखी है। जाग्रत सिख के लिए गुरबाणी को समझने के लिए कहानी आधार नहीं है, बल्कि गुरबाणी आधार है कहानी-नुमा इतिहास को परखने के लिए। गुरबाणी के भाव-अर्थ गुरबाणी के अंदर से ही मिलते हैं, विचार के सामर्थ्य को विकसित करने की चाह होनी चाहिए।

गुरबाणी में ब्राह्मणी मत से संबंधित शब्द, जैसे- स्वर्ग, नरक, आवागमन, चौरासी लाख जून, धर्मराज, इत्यादि, आते हैं। पर इनका वर्णन या तो नए अर्थों में आया है, या केवल संदर्भ मात्र के लिए, या फिर इन्हें सिरे से नकारने के लिए। जैसा कि कुछ शब्दों के उदाहरण हमने ऊपर पढ़े, जिनमें स्वर्ग नरक का कथन है। अगर कोई यह कहे कि इससे साबित होता है कि गुरबाणी इनके अस्तित्व को स्वीकारती है, तो यह शब्द-विचार के प्रती आकस्मिक दृष्टिकोण को दर्शाता है।

सनातनी प्रचार से प्रभावित लोग अकसर कहते हैं कि गुरबाणी में 'राम' नाम आता है जिससे तात्पर्य हुआ कि गुरु साहिब और भगत साहिब अयोध्या के राजा रामचंद्र के उपासक थे। एक बात का ज़रूर ध्यान रखा जाए, राम का नाम वाल्मिकि रामायण से भी पहले लोगों की ज़बान पर प्रभु के लिए था। पहले से प्रचलित नाम के ऊपर ही दशरथ के पुत्र का नाम 'राम' रखा गया। 'राम' नाम वाल्मीकि

रामायण का कापीराइट नहीं है। जबकि अयोध्या नरेश रामचंद्र तुलसीदास रचित रामचरितमानस (सन 1574) के बाद भगवान के रूप में अधिक प्रचलित हुए। यह अकबर का शासन काल था और सिखों के चौथे गुरु राम दास जी का समय था। इसलिए गुरु ग्रंथ साहिब जी में निराकार प्रभु के लिए आए 'राम' नाम को दशरथ पुत्र राम से जोड़ना अज्ञानता की पराकाष्ठा है। गुरु ग्रंथ साहिब में राम-रावण की कहानी का जिक्र ज़रूर है, जिसमें रामचंद्र को विकारों के अधीन तथा नाशवान बताया गया है:

रोवै रामु निकाला भइआ ॥ सीता लखमणु विछुड़ि गइआ ॥

(गुरु ग्रंथ साहिब, महला १, अंग 954)

रामु गइओ रावनु गइओ जा कउ बहु परवारु ॥

(गुरु ग्रंथ साहिब, महला ९, अंग 1429)

गुरबाणी का राम घट-घट में रम्मा (समाया) हुआ है। लेकिन कम शब्दों में समझाने के लिए यही कहा जा सकता है कि गुरबाणी में तो 'अल्लाह' भी आता है। गुरबाणी में जहां ब्रह्मा, विष्णु, महेश, पार्वती जैसे देवी-देवताओं का जिक्र है, वहीं अज़राईल जैसे फ़रिश्तों का भी जिक्र है।

गुरबाणी के अर्थों को पुनर्जन्म से जोड़ने वालों के लिए यह तर्क मान्य होना चाहिए कि गुरबाणी में तो इस्लामिक मत से संबंधित शब्द जैसे बहिशत, दोज़ख़, हदीस, गोर, इत्यादि भी आते हैं, जिनका संबंध कयामत से है। पूछा जा सकता है कि गुरबाणी ब्राह्मणी पुनर्जन्म को मानती है या इस्लामिक कयामत को? यकीनन दोनों को नहीं:

हिंदू तुरक कहा ते आए किनि एह राह चलाई ॥
दिल महि सोचि बिचारि कवादे भिसत दोजक किनि पाई ॥

(गुरु ग्रंथ साहिब, भगत कबीर, अंग 477)

गुरबाणी तो जीवन मुक्त की बात करती है। मौत के बाद इंसान कहां जाता है? गुरबाणी इस बारे में बड़ी स्पष्टता से बताती है कि सभी तत्व अपने मूल में मिल जाते हैं। उसके बाद की खबर कोई नहीं बता सकता। हाँ, यह ज़रूर कहा जा सकता है कि इन तत्वों की मौत नहीं होती, केवल परिवर्तन होता है—'चलत भइआ'। यह ऊष्मप्रवैगिकी के पहले नियम (First Law of Thermodynamics) की ही दार्शनिक परिभाषा लगता है, जिसे ऊर्जा के संरक्षण के नियम के रूप में भी जाना

जाता है। इस के अनुसार ऊर्जा को न तो बनाया जा सकता है और न नष्ट किया जा सकता है, लेकिन यह एक रूप से दूसरे रूप में परिवर्तन हो सकती है:

पवनै महि पवनु समाइआ ॥ जोती महि जोति रलि जाइआ ॥

माटी माटी होई एक ॥ रोवनहारे की कवन टेक ॥१॥

कउनु मूआ रे कउनु मूआ ॥

ब्रहम गिआानी मिलि करहु बीचारा इहु तउ चलतु भइआ ॥१॥ रहाउ॥

अगली किछु खबरि न पाई ॥ रोवनहारु भि ऊठि सिधाई ॥

भरम मोह के बांधे बंध ॥ सुपनु भइआ भखलाए अंध ॥२॥

इहु तउ रचनु रचिआ करतारि ॥ आवत जावत हुकमि अपारि ॥

नह को मूआ न मरणै जोगु ॥ नह बिनसै अबिनासी होगु ॥३॥

जो इहु जाणहु सो इहु नाहि ॥ जानणहारे कउ बलि जाउ ॥

कहु नानक गुरि भरमु चुकाइआ ॥ ना कोई मरै न आवै जाइआ ॥४॥

(गुरु ग्रंथ साहिब, महला ५, अंग 885)

अर्थ: (शरीर के) श्वास (वायु-मंडल की) हवा में ही मिल जाते हैं। (शरीर का) ओज (सर्व-व्यापक) ओज से जा मिलता है। (शरीर की) मिट्टी (धरती की) मिट्टी के साथ मिल जाती है। (मरा हुआ समझकर) रोने वाले का (भ्रम के कारण) कोई आधार नहीं।1।

हे भाई! (असल में) कौन मरता है, कोई भी तो नहीं। ब्रहम के इस ज्ञान को बूझने वाले के साथ मिल के विचार करो, (पता चलेगा कि) केवल परिवर्तन हुआ है।1। रहाउ।

आगे की खबर कोई नहीं बता सकता। जो रो रहा है (आखिर) उसने भी तो यहाँ से कूच कर जाना है। (जीवों को) भ्रम और मोह के बंधन बँधे हुए हैं। (यह जीवन) सपने की तरह बीत जाएगा, माया के मोह में अंधा हुआ जीव (व्यर्थ ही अहंकार में) बड़बड़ाता है।2।

यह रचना (व्यवस्था) करतार ने ही रची है। (जीवों का) आना और चले जाना उसी के हुक्म में निरंतर लगा रहता है। कुछ भी मरता नहीं, न ही कोई मरने-योग्य है। न कुछ नाश होता है, (क्योंकि मूल तत्व) अविनाशी हैं।3।

जिस तरह से लोग समझ रहे हैं, वैसे नहीं है। मैं उस मनुष्य से बलिहार जाता हूँ, जिसने असलियत को समझ लिया है। नानक कहता है! गुरु के ज्ञान ने भुलेखा दूर

कर दिया है। न कोई मरता है, न (लोगों द्वारा माने जाने वाला) जनम-मरण का चक्कर है।4।

मूल तत्वों के न मरने से यह भाव नहीं है कि वह भी करतार समान है। एक तो यह परिवर्तनशील हैं, दूसरा इनका रचनहार खुद करतार है। गुरु नानक कहते हैं कि अकाल पुरख ने ब्रह्माण्ड के हर एक लोक में पाँच तत्वों से बने भंडार टिकाए हुए हैं। जो कुछ उन भण्डारों में डाला है, एक बार में ही डाल दिया है। यह सारा पसारा अकाल-पुरख ने अपने एक कवाउ (हुक्म) से कर दिया। उसके हुक्म से ही लाखों दरिया (सृजन के असंख्य प्रवाह व आयाम) बने हैं:

आसणु लोइ लोइ भंडार ॥ जो किछु पाइआ सु एका वार ॥

करि करि वेखै सिरजणहारु ॥ नानक सचे की साची कार ॥

(गुरु ग्रंथ साहिब, महला १, अंग 7)

कीता पसाउ एको कवाउ ॥ तिस ते होए लख दरीआउ ॥

(गुरु ग्रंथ साहिब, महला १, अंग 3)

जन्म-मरण का आवागमन परिवर्तन के भाव में ही करना है। बेशक जन्म-मरण का चक्कर चलता रहता है। प्राणी जन्म लेता है, मर जाता है, पाँच तत्व में बिखर जाता है। यह मिट्टी, वायु, पानी, अग्नि, तथा ओज फिर नया आकार ले लेती है। मनुष्य के विचार व कर्म भी नहीं मरते। सच्चे विचार आने वाली पीढ़ियों को जीवन (मुक्ति) प्रदान करते हैं, वहीं बुरे कर्म व विचार कई जन्मों की मैल अर्थात कई पीढ़ियों की बरबादी का कारण बनते हैं।

सामाजिक-राजनीतिक तल पर उदाहरण देखिए। पूंजीपतियों के कारखानों से निकलने वाला रसायन पानी को प्रदूषित करता है, जिससे कैंसर जैसी जानलेवा बीमारियां फैलती हैं। वहीं दूसरी तरफ भुखमरी की स्थिति में माँ अपने भ्रूण को उचित पोषण नहीं दे पाती है, जिससे नवजात विभिन्न शारीरिक और मानसिक विकारों के साथ पैदा होते हैं। यूनिसेफ (वर्ल्ड चिल्ड्रन रिपोर्ट 2019) के अनुसार, पाँच साल से कम उम्र के कुपोषित बच्चों की संख्या भारत में सबसे अधिक है। पुजारी तो कैंसर रोगियों या नवजात शिशुओं में बीमारी का कारण उनके पिछले जन्मों का कर्म बताकर पीड़ितों को 'अपीड़ा' का अहसास करवाना चाहेगा। इस अज्ञानता में सोई हुई जनता, अपनी किस्मत को ही अपनी बदहाली का कारण मान

लेती है। जन-मानस का यह 'अकर्म' अर्थात निष्क्रियता तानाशाह को भाता है। इसके बदले पुजारी को दण्ड रहित व्यवस्था में पूरी हिस्सेदारी मिलती है। इस तरह पुजारी और शासक एक दूसरे को विधिमान्य बनाते हैं।

पुजारी चाहे बदहाली को पिछले जन्मों का फल बताए, लेकिन गुरु नानक शासन प्रणाली को ही दोषी मानते हैं। राजा शेर की तरह और उसके नौकरशाह कुत्तों की तरह अज्ञानता की निद्रा में सोए हुए लोगों का रक्त (हक) पी जाते हैं:

राजे सीह मुकदम कुते ॥ जाइ जगाइन्हि बैठे सुते ॥
चाकर नहदा पाइन्हि घाउ ॥ रतु पितु कुतिहो चटि जाहु ॥
(गुरु ग्रंथ साहिब, महला १, अंग 1288)

इन्हीं विचारों से समाज को पीड़ा का अहसास होता है जो बगावतों को जन्म देता है। जन्म-जन्म की मैल (बुरे कर्मों का नतीजा) उतारने के लिए समानता पर आधारित न्याय व्यवस्था और शांति के लिए निरंतर कर्म करने पड़ते हैं। यह कर्म इसी अमोलक जन्म में करने होंगे। मौत के बाद कोई कहां जाता है, इसके बारे में कोई नहीं बता सकता। मृत शरीर के निपटान अनुष्ठान से भी कोई फर्क नहीं पड़ता:

इक दझहि इक दबीअहि इकना कुते खाहि ॥
इकि पाणी विचि उसटीअहि इकि भी फिरि हसणि पाहि ॥
नानक एव न जापई किथै जाइ समाहि ॥
(गुरु ग्रंथ साहिब, महला १, अंग 648)

अर्थ: (लाश को) कोई जलाता है, कोई (मिट्टी में) दबा देता है, कुछ (लावारिस) को कुत्ते खा जाते हैं।

कोई जल प्रवाह कर दिए जाते हैं और कोई सूखे कुंए में रख दिए जाते हैं।

हे नानक! (मरे हुए शरीर के साथ जुड़ी) इन क्रियाओं से आकलन नहीं लगाया जा सकता कि कौन कहाँ जाएगा।

इतने विशुद्ध उपदेश होने के बावजूद अगर दुविधा रह जाए तो यह गुरबाणी विचार को बिसारने अथवा ब्राह्मणी घुसपैठ के संक्रमण का प्रभाव है। सिखों की 'मूल' व्यवस्थाएं और रीती-रिवाज का आधार वर्तमान जीवन सुधार है, यह रूपांतर

विचलन से रोकता है। कहने का भाव, जिन सिखों की पुनर्जन्म में अवधारणा अगर है भी, वह उनके जीवन में एक निरर्थक ख़्याल से अधिक नहीं है। क्योंकि उनके नित्य धार्मिक कर्म इस के समकक्ष नहीं हैं।

समाजशास्त्री दिपांकर गुप्ता ने इसे बहुत खूब कलमबंद किया:

"सिख अलग हैं। 'सेवा' का नियमितीकरण उन्हें दूसरों की मदद करने के लिए प्रेरित करता है। (कोरोना) महामारी ने यह दिखाया है।.....इसकी कोई खास वजह होनी चाहिए। इसका जवाब सिख धर्म में है। हाँ, निश्चित रूप से, सिख धर्म भी, हर धर्म की तरह सार्वलौकिक प्रेम में आस्था रखता है, परोपकारिता को प्रोत्साहित करता है और करुणा को बढ़ावा देता है। लेकिन यह कुछ और करता है जो कोई अन्य धार्मिक संप्रदाय नहीं करता है और वह पहलू सिख धर्म के मुख्य ढांचे में दर्ज है। यह केवल सिख धर्म में है कि मंदिर (गुरुद्वारा) परिसर के भीतर दूसरों की सेवा जन-साधारण के लिए भक्ति अभ्यास एक महत्वपूर्ण पहलू है, विशेष रूप से जन-साधारण के लिए।

सच है, अन्य धर्मों में संत, उपचारक और उपदेशक भी हैं, फिर भी केवल सिख धर्म में ही उत्कृष्ट नहीं, बल्कि सामान्य उपासक नायक हैं, न कि नियुक्त पुजारी।....." (टाइम्स ऑफ इंडिया, 11 जून 2021)

संतोषजनक बात यह है कि बहुत से जागरूक सिख प्रचारक पौराणिक मान्यताओं को सफलतापूर्वक चुनौती दे रहे हैं। गुरबाणी में जीवन-मुक्त की संकल्पना इतनी प्रबल है कि पुनर्जन्म से जुड़े 'अकर्म' एवं 'अपीड़ा' के प्रतिकूल विचार हावी हो ही नहीं पाते।

जो जानै तिसु सदा सुखु होइ ॥ आपि मिलाइ लए प्रभु सोइ ॥
ओहु धनवंतु कुलवंतु पतिवंतु ॥ जीवन मुकति जिसु रिदै भगवंतु ॥
धंनु धंनु धंनु जनु आइआ ॥ जिसु प्रसादि सभु जगतु तराइआ ॥
जन आवन का इहै सुआउ ॥ जन कै संगि चिति आवै नाउ ॥
आपि मुकतु मुकतु करै संसारु ॥ नानक तिसु जन कउ सदा नमसकारु ॥
(गुरु ग्रंथ साहिब, महला ५, अंग 295)

अर्थ: जो मनुष्य (हुक्म को) जान लेता है वह सदा सुख में रहता है। (इसी तरह) वह खुद को प्रभु के साथ मिला लेता है।

वही धनवान, (ऊँची) कुल वाला और इज्ज़त वाला (कहा जा सकता) है। जो जीवित ही मुक्त है, जिसके हृदय में भगवान बसता है।

मुबारक है उस का जगत में आना। जिस मनुष्य की मेहर (संगत) से सारे जगत का ही उद्धार होता है।

मनुष्य के आने का यही उद्देश्य है। कि उसकी संगत में (गुण-रूपी) नाम चेते आए।

वह मनुष्य खुद तो मुक्त है ही, संसार को भी मुक्त करता है। हे नानक! ऐसे (उत्तम) मनुष्यों को मेरा सदा प्रणाम है।

जालउ ऐसी रीत

कोई भी समाज बदलाव से वंचित नहीं रह सकता। अच्छे-बुरे बदलाव अच्छी-बुरी संगत एवं विचारों पर निर्भर करते हैं। सिख को गुणवान लोगों की संगत में गुरबाणी विचार से जुड़े रहने का प्रखर गुर-उपदेश है। सतसंग और गुरबाणी से टूटकर सिख में अवगुणों का आना उसी तरह स्वाभाविक है जैसे प्रकाश के अभाव में अंधेरा।

यही कारण है कि सिख समाज में भी समय के साथ रीतों में बिगाड़ आता है। लेकिन इसके प्रतिकार में सिख समाज से ही इन के खिलाफ जोरदार आवाज़ उठती रहती है। क्योंकि गुरबाणी का निर्देश सिखों को हमेशा आत्म-चिंतन के लिए प्रेरित करता है, विकृतियों के खिलाफ प्रतिकार की जगह सदा बनी रहती है। गुरबाणी उपदेश करती है ऐसी रीतों को जलाकर समाज से बाहर कर देना चाहिए जिनका संबंध प्यारे प्रभु के हुक्म के अनुकूल न हों:

जालउ ऐसी रीति जितु मै पिआरा वीसरै ॥
नानक साई भली परीति जितु साहिब सेती पति रहै ॥
(गुरु ग्रंथ साहिब, महला १, अंग 590)

विकृतियों के खिलाफ प्रतिकार भी गुरु ने खुद करके दिखाया।

सिख धर्म का दूर-दूर प्रचार-प्रसार करने के लिए तीसरे गुरु ने 22 मंजियां (सेंटर) स्थापित किए थे। इसका विस्तार करने के लिए चौथे गुरु राम दास जी ने देश के कोने-कोने से समर्पित सिखों को चुनकर इन्हें अपने इलाके का 'मसंद' नियुक्त किया। मसंद का मतलब था गुरु का संदेश पहुंचाने वाला। गुरबाणी संदेश को पहुंचाने के साथ-साथ मसंदों का दसवंध (ईमानदारी की कमाई का दसवां हिस्सा) इकट्ठा करके गुरु तक पहुंचाने की ज़िम्मेदारी भी थी। दसवंध के पैसे से ही नगर निर्माण और दूसरे ज़रूरी कार्य किए जाते थे। यह मसंद बहुत ऊंचे किरदार के थे जो अपने जीवन से औरों को भी सिखी से जोड़ते थे।

लेकिन समय के साथ कुछ मसंदों की अगली पीढ़ियां साख न बचा पाईं। बहुत से मसंद छठे गुरु द्वारा शस्त्र-धारण के बदलाव को जन-साधारण तक पहुंचाने में नाकाम रहे। दसवें गुरु तक आते-आते मसंद प्रथा में बहुत गिरावट आने लगी। कुछ मसंद संगत के पैसे को निजी हितों के लिए इस्तेमाल करने लगे। यह मसंद सत्ता के डर अधीन अकसर गुरु द्वारा जंगी अभ्यास के खिलाफ भी प्रचार करते। मसंदो के गिरते किरदार की शिकायतें गुरु गोबिन्द सिंघ जी तक पहुंचने लगी। गुरु गोबिन्द सिंघ जी ने 1698 में सभी मसंदों को अनंदपुर में तलब किया। जिन मसंदों के खिलाफ पुख्ता सबूत थे, उन्हें संगत के सामने कड़ी सज़ाएं दी। साथ ही सारी संगत को निर्देश किया कि आज से मसंद प्रथा समाप्त कर दी गई है। हर सिख को निजी प्रयासों से खुद गुरु घर तक पहुंच करनी होगी। अगले वर्ष 1699 में खालसा साजना द्वारा सभी अधिकार पाँच प्यारों के रूप में जन साधारण को सौंप दिए गए। इस तरह चौथे गुरु द्वारा शुरु की प्रथा को दसवें गुरु ने समाप्त कर दिया।

मसंद प्रथा (चौथे) गुरु ने ही शुरु की और (दसवें) गुरु ने ही समाप्त कर दी। यह स्पष्ट संदेश था कि मूल्य स्थाई रहने चाहिए। मूल्यों को स्थापित करने के लिए अगर रीतों में गिरावट आ जाए तो "जालउ ऐसी रीत"। इसी तरह संगत-पंगत स्थाई मूल्य हैं, लेकिन गुरुद्वारा प्रबंधन में समय के साथ गिरावट तो आ सकती है, जो सुधार या बदलाव की भी मांग करेगा। यह सुधार भी अपने आप में धर्म की सेवा होगी, इसे गुरु ने खुद प्रदर्शित किया। गुरबाणी विचार की रोशनी में सिख समाज में विकृतियों के खिलाफ प्रतिरोध की जगह सदा के लिए बन गई।

सन 1716 में बंदा सिंघ बहादुर की शहादत के साथ पहले सिख राज का अंत हुआ। इसके पश्चात अठारहवीं शताब्दी में मुग़ल शासक, अफगान हमलावर और हिंदु राजे व दरबारियों ने मिलकर सिखों के ऊपर घोर सितम ढहाए। सिख होना सरकारी जुर्म बन गया। जहां भी सिख दिखे, उसे मार देने और उसके कटे सिर के बदले इनाम प्राप्त करने के शाही फ़रमान जारी हुए। ऐसे में खालसा फौजों ने पंजाब को छोड़कर राजस्थान के रेगिस्तान अथवा जम्मू-कश्मीर के पहाड़ी जंगलों को अपना ठिकाना बनाया। सिखों के घर घोड़ों की काठी या पेड़ों के तने बन गए। यहीं से गुरिल्ला लड़ाई लड़ी गई और विकट परिस्थितियों का सामना किया जिसने सिख इतिहास में कई गौरवान्वित अध्याय जोड़े। सन 1768 तक आते-आते सिख मिस्लों का पंजाब में दबदबा कायम हुआ।

1716 से 1768 के समय दौरान पंजाब में सिखों के धर्म स्थानों की देख रेख उन लोगों के हाथ आ गई जो खुद को अपक्षपाती स्थापित करने में सफल रहे। यह उदासी और निर्मला संप्रदाय से जाने गए जो आधे सिख और आधे पुजारी थे। सत्ता में चाहे कोई भी हो, इन्हें कोई जानी नुकसान नहीं हुआ। इनका तालमेल संघर्ष कर रहे सिखों के साथ भी था और सत्ता में बैठे दरबारियों के साथ भी। विषम परिस्थितियों में गुरुद्वारों की संभाल के कारण इनका सिख समाज में आदर भी रहा। यही कारण है कि सिख राज आने बाद भी गुरुद्वारों की देख-रेख इन्हीं के पास रही।

अंग्रेज़ों का राज आने तक इनके जीवन में बहुत गिरावट आ चुकी थी। यह आचरण-हीन और भ्रष्ट होने के साथ-साथ जाति अहंकार में लिप्त थे। गुरुद्वारों में पिछड़ी जातियों के साथ भेदभाव होने लगा। इन महंतों ने मिल कर 'सनातन' सिख संस्था कायम की हुई थी जो सिखों में आ रही जाग्रति के खिलाफ सरकार के साथ मिलकर रणनीति तय करते थे।

पंथ के महान और सूझवान सिख चिंतकों ने साधारण सिखों को इन घटनाओं के प्रती जागरूक किया। ज्ञानी दित्त सिंघ और प्रो. गुरमुख सिंघ का नाम इन विद्वानों में प्रथम सूची में है। चमार जाति से ज्ञानी दित्त सिंघ सिखों की पहली अखबार 'खालसा अखबार' के संपादक भी रहे। ज्ञानी जी ओरिएंटल कॉलेज, लाहौर में पंजाबी के प्रोफेसर भी रहे। यह पहले आर्य समाज के प्रभाव में थे, लिकन प्रो. गुरमुख सिंघ की संगत के साथ इन्होंने गुरुद्वारा सुधार लहर में अहम भूमिका निभाई। इस पश्चात ज्ञानी दित्त सिंघ ने स्वामी दयानंद के साथ तीन बार संवाद किया जिसमें स्वामी दयानंद इनके सवालों के जवाब न दे सके। इस प्रश्न-उत्तर को ज्ञानी दित्त सिंघ ने अपनी किताब 'मेरा अते साधु दयानंद दा संवाद' में दर्ज किया है।

सनातनी सिख संस्था के अगुआ 'सर' बाबा खेम सिंघ बेदी खुद को गुरु नानक साहिब की तेरहवीं पीढ़ी से कहते थे और अंग्रेज़ सरकार द्वारा सम्मानित होने के कारण स्थापित थे। प्रो. गुरमुख सिंघ और ज्ञानी दित्त सिंघ ने बाबा खेम सिंघ बेदी को कड़ी चुनौती दी। ज्ञानी दित्त सिंघ ने उन्हें अपनी कविता 'स्वप्न नाटक' में 'दंभी पुजारी' संबोधित किया। प्रो. गुरमुख सिंघ का 1898 में और ज्ञानी दित्त सिंघ का 1901 में निधन हुआ। इन दोनों को 'गुरुद्वारा सुधार लहर' का पितामह कहा जाता है जिसने आगे चलकर सिख इतिहास में कुरबानियों भरा नया अध्याय जोड़ दिया।

दरबार साहिब, अमृतसर के परिसर में महंतों द्वारा मूर्तियाँ तक स्थापित कर दी गई थीं जिसे सिखों के प्रतिरोध को देखते हुए 1906 में हटा दिया गया था। लेकिन महंतों को अंग्रेज़ सरकार की तरफ से पूरा संरक्षण प्राप्त था। सरकार की घुसपैठ का आलम यह था कि बैसाखी 1919 में जलिआंवाला बाग के नरसंहार के बाद, जनरल डायर ने खुद को अकाल तख्त के जत्थेदार अरूड़ सिंघ से सिरोपा (सम्मान) दिलवाया, जिससे उसके अपराध को मान्यता मिल सके। लेकिन इसका उलटा ही असर हुआ। सिख संगत गुरुद्वारों को महंतों से आज़ाद करवाने की तीव्र इच्छा लेकर संगठित होने लगी।

किस तरह से कुरबानियां हुई, इसे जानने के लिए पाठक 'साका ननकाना' के इतिहास को पढ़ सकते हैं। यह गुरुद्वारा जन्म-अस्थान, ननकाना साहिब (पाकिस्तान) को महंत नरैण दास से आज़ाद करवाने के लिए हुआ था। महंत को लाहौर के कमिश्रर मिस्टर किंग का साथ प्राप्त था। 20 फ़रवरी 1920 को उदासी महंत नरैण दास और उसके भाड़े के पठान गुण्डों ने गुरुद्वारे के अंदर ही सिखों के शांतिमय जत्थे के ऊपर जानलेवा हमला कर दिया जिसमें लगभग 150 सिख शहीद हो गए। इस नरसंहार की खबर सुनते ही हज़ारों सिखों ने ननकाना साहिब की तरफ कूच कर दिया। सरकार ने सिखों के रोष को देखते हुए महंत नरैण दास को गिरफ्तार कर लिया और गुरुद्वारे की चाबियां सिखों को सौंपने को मजबूर हुए। इस घटना की याद में फ़रवरी 2021 में पाकिस्तान में शताब्दी समारोह भी मनाया गया।

दरबार साहिब, अमृतसर पर काबज़ उदासी संप्रदाय के महंतो ने पिछड़ी जाति वालों से भेदभाव के चलते उनके द्वारा कड़ाह प्रसाद की भेंट स्वीकार करनी बंद कर दी हुई थी। पिछड़े वर्ग से आने वाले सिखों ने 1914 में खालसा बिरादरी के नाम से संगठन कायम किया जिसका नेतृत्व भाई महिताब सिंघ बीर कर रहे थे। इनके पिता मौलवी करीम बख्श 1903 में सिख बनकर संत लखमीर सिंघ के नाम से प्रसिद्ध हुए। खालसा बिरादरी ने 12 अक्तूबर 1920 के दिन पिछड़े वर्ग से आने वाले अमृतधारी सिखों के एक समूह का जलियांवाला बाग से कड़ाह प्रसाद लेकर धार्मिक जुलूस निकाला जिसे दरबार साहिब में चढ़ाया जाना था। उनके साथ खालसा कॉलेज, अमृतसर, के छात्रों और प्रोफेसरों का एक प्रबुद्ध समूह था, जिसमें बावा हरकिशन सिंघ और तेजा सिंघ (जो बाद में खालसा कॉलेज के प्रिंसिपल बने) शामिल थे। पुजारियों के मना करने पर सिख विद्वानों ने इसे जोरदार तरीके

से सिख धर्म के सिद्धांतों के खिलाफ बताया। जन-समूह के रोष को देखते हुए दरबार साहिब के पुजारियों को झुकना पड़ा, जिससे यह भेदभाव हमेशा के लिए बंद हो गया। वहीं अकाल तख्त के पुजारी भाग निकले। सभी वर्गों के सिखों की एक सांझी कमेटी बनाई गई और अकाल तख्त की सेवा-संभाल का प्रबंध अपने हाथ में लिया।

दरबार साहिब, अमृतसर, के सम्पूर्ण नियंत्रण को हासिल करने के लिए मोर्चा चाबियां लगा। सिख संगत ने यह फैसला किया कि उन्हें दरबार साहिब के तोषाखाना की चाबियां अंग्रेज़ों को खुद आकर देनी पड़ेंगी। 19 जनवरी 1922 को मजबूरन अंग्रेज़ों ने अपने अधिकारी को अकाल तख्त भेज कर भरी संगत के सामने चाबियां बाबा खरक सिंघ के हवाले कीं, जो उस समय शिरोमणि गुरुद्वारा प्रबंधक कमेटी के प्रधान थे।

गांव घुकेवाली (अमृतसर) के गुरुद्वारे गुरु का बाग को महंत सुंदर दास से आज़ाद करवाने के लिए 8 अगस्त से 17 नवंबर 1922 तक मोर्चा चला। मोर्चा सफल होने तक 5605 सिखों को कैद हुई, 1500 के करीब ज़ख्मी हुए, और 12 शहीद हुए। गुरु का बाग मोर्चा देखने वाले अंग्रेजी मिशनरी और शिक्षाशास्त्री सी. एफ. एंड्रूज (1871-1940) ने कहा, "सैकड़ों ईसा मसीहों को सूली पर चढ़ाया जा रहा है।" इसी तरह और भी मोर्चे लगे। जैतों के मोर्चे में 21 फ़रवरी 1924 को कम से कम 19 सिखों को पुलिस की गोलियों से मार डाला गया।

सरकार किसी हालत में नहीं चाहती थी कि गुरुद्वारों का नियंत्रण जन-साधारण सिखों के पास वापस आए, जिससे सिखों की ताकत बड़े। लेकिन सिखों के आंदोलन और कुरबानियां के दबाव में सरकार ने सिखों की मांग को स्वीकार किया। 1925 में गुरुद्वारा अधिनियम पास हुआ और सिख धर्म स्थानों का नियंत्रण शिरोमणि गुरुद्वारा प्रबंधक कमेटी के अधीन आया।

गुरुद्वारों को सरकार प्रस्त पुजारियों और महंतो से आज़ाद करवाना यकीनन ब्राह्मणवादी ताकतों को पसंद न आया। हिंदु महासभा के संस्थापक पंडित मदन मोहन मालवीया ने दरबार साहिब से कुछ ही दूरी पर दुर्गियाना मंदिर को 1921 में बनवाया। इसकी वास्तुकला को दरबार साहिब के समान रखा गया, जिससे यह मंदिर गुरुद्वारे जैसा ही दिखे। दुर्गियाना मंदिर की स्थापना और इसे दरबार साहिब जैसा बनाना असल में ब्राह्मणवाद का सिखी को निगलने की तीव्र इच्छा एवं भ्रामक युक्ति को रूपमान करता है।

गुरुद्वारों को महंतों से आज़ाद करवाने के प्रसंग को फर्जी हिंदुत्वी इतिहासकार भ्रामक अंदाज में पेश करते हैं। उनका कहना है, "सिख भी हिंदुओं का ही हिस्सा हैं क्योंकि दरबार साहिब अमृतसर में भी मंदिरों की तरह मूर्तियां होती थी। लेकिन 'कट्टड़' खालसा सिखों ने मूर्तियां हटवा दीं।"

इस अफ़साने को 'व्हाट्सएप यूनिवर्सिटी' एवं डिजीटल मीडिया द्वारा खूब फैलाया जाता है। इन लोगों को बता दें की मूर्तियां कुछ ही गुरुद्वारों में थीं और कुछ ही साल या दशक रहीं। मूर्तियों की स्थापना एक विकृति थी जिसे 1906 में सुधार लिया गया था। गुरबाणी में बार-बार मूर्ति पूजा का कड़े शब्दों में खंडन किया गया है। गुरु नानक साहिब मूर्ति पूजा के बारे में यह उपदेश करते है:

हिंदू मूले भूले अखुटी जांही ॥ नारदि कहिआ सि पूज करांही ॥
अंधे गुंगे अंध अंधारु ॥ पाथरु ले पूजहि मुगध गवार ॥
ओहि जा आपि डुबे तुम कहा तरणहारु ॥

(गुरु ग्रंथ साहिब, महला १, अंग 556)

अर्थ: हिन्दू बिल्कुल ही भटके हुए टूटते जा रहे हैं। जैसा नारद ने कहा वैसे ही पूजा करते हैं।

(सही रास्ता न देख पाने और रब्बी गुणों का स्मरण न करने के कारण) इन अंधे-गूंगों के लिए (अज्ञानता का) घुप-अंधेरा छाया हुआ है । यह मूर्ख गवार पत्थर ले के पूज रहे हैं।

(हे भाई! जो पत्थरों को पूजते हो) जब वे खुद (पानी में) डूब जाते हैं (तो उनको पूज) तुम (संसार-समुंदर से) कैसे तैर सकते हो?।

ब्राह्मणवादियों का गुरुद्वारा सुधार लहर को लेकर तिलमिलाना समझ में आता है। लेकिन खुद को दलित चिंतक कहने वाले भी अगर झूठ फैलाएं, तो इनका मकसद समझ लेना चाहिए। बामसेफ के जोधपुर में 27 दिसंबर से 29 दिसंबर 2014 को हुए 31वें राष्ट्रीय सम्मेलन में गुरनाम सिंघ मुक्तसर 'बौद्ध' ने अपने भाषण में जो कहा, उसका सार इस तरह है:

"पहला संसार युद्ध समाप्त होने के बाद बचकर आए पंजाब के 'अछूत' लोग (सिख सिपहियों) ने गुरु का धन्यवाद करने के लिए 1919 में दरबार साहिब, अमृतसर में कड़ाह प्रसाद भेंट करना चाहा। लेकिन उन्हें अंदर नहीं जाने दिया गया, उनका अपमान किया गया और वह वापस आ गए। इसके

विरोध में अप्रैल 1919 में जलियांवाला बाग में दलितों ने इक्ट्ठ किया। और जो गोलीबारी हुई वह जत्थेदार अरूड़ सिंह के कहने पर चली। हज़ारों लोगों के मर जाने के बाद जनरल डायर को सिरोपा दिया गया। जलियांवाला बाग नरसंहार का असल सत्य यह है कि यह दलितों के ऊपर गोली चलाई गई और यह ऊंची जाति वालों के कहने पर चलाई गई।"

गुरनाम सिंह मुक्तसर 'बौद्ध' ने संघर्षपूर्ण सिख इतिहास को जो रंगत दी है वह हास्यास्पद होने के साथ-साथ दलित चिंतन की अधोगति का भी पाप है। गुरनाम सिंह ने 13 अप्रैल 1919 को अंग्रेज़ सरकार के रॉलेट एक्ट के विरोध प्रदर्शन से जुड़ा जलियांवाला बाग नरसंहार, जत्थेदार अरूड़ सिंह द्वारा जनरल डायर को सिरोपा देना, और अक्तूबर 1920 में दरबार साहिब के पुजारियों का पिछड़े वर्ग का कड़ाह प्रसाद स्वीकार करवाने के सफल संघर्ष की तीन घटनाओं को अगड़म-तिगड़म क्रम में जोड़कर एक नई कहानी बना दी।

क्या झूठ के सहारे दलित उत्थान हो सकता है? गुरनाम सिंह मुक्तसर 'बौद्ध' जैसे लेखकों द्वारा ऐसी बेहूदा कहानियों को घड़ना उनका जाति के आधार पर दूसरों प्रति नफरत को ज़ाहिर करता है। इसका मकसद समाज में जाति भेद की खाई को ओर गहरा कर निरंतर नफरत बनाए रखना ही है। समाज में फूट से ब्राह्मणवाद को ही बढ़ावा मिलता है। खुद से कहानियाँ गढ़ना मानसिक रोग की भी निशानी हो सकती है। अगर ऐसा है, तो हमारी गुरनाम सिंह मुक्तसर 'बौद्ध' के प्रति सहानुभूति है। लेकिन, अगर ऐसे वक्ताओं को मौके पर ही सवाल नहीं किया जाता तो मंच प्रदान करने वाले आयोजकों की निष्ठा पर भी प्रश्न लग जाता है। यह श्रोताओं की बुद्धिमत्ता का मज़ाक उड़ाना है।

आईए एक और दलित लेखक, ए.आर. दर्शी, जो पूर्व. पी.सी.एस. अधिकारी सह सचिव पंजाब सरकार के पद से सेवानिवृत्त हुए थे, की कलम से इस विकृति के कारण को समझें:

"1849 में जब अंग्रेजों ने पंजाब पर विजय प्राप्त की और कब्जा कर लिया, तो वे सिखों की शक्ति और महिमा से अवगत थे। वे यह भी जानते थे कि सिख शक्ति गुरुद्वारों से निकलती है। इसलिए उन्होंने अपने एजेंटों के माध्यम से धार्मिक सत्ता के इन संस्थानों पर नियंत्रण करके सिख धर्म को समाप्त करने की एक भयावह योजना की कल्पना की। अपने उद्देश्य की खोज में उन्होंने हिंदू महंतों को ऐतिहासिक और महत्वपूर्ण गुरुद्वारों के

प्रबंधक के रूप में स्थापित किया। उदाहरण के लिए, महंत नारायण दास और महंत साधु राम, दोनों सिख विरोधी तत्वों को क्रमशः गुरुद्वारा ननकाना साहिब और हरिमन्दिर साहिब का प्रभारी बनाया गया। कट्टर और भ्रष्ट हिंदू महंतों ने गुरुद्वारों में मूर्तियां स्थापित कीं और हिंदू संस्कारों और अनुष्ठानों की शुरुआत की, जिनकी सिख गुरुओं द्वारा निंदा और त्याग किया गया था। इस तरह महंतों ने फिर से सिख धर्म को हिंदू धर्म के बुरे प्रभाव में ला दिया और उसे बहुत उलझा दिया।" (ए.आर. दर्शी, द गैलंट डिफेंडर)

सिख समाज का कोई भी आंदोलन जाति विशेष होकर नहीं लड़ा गया। पूरा समाज एक साथ लड़ा। साल 2020-2021 के किसान आंदोलन को कौन भूल सकता है। किसानों को सिखों के हर वर्ग का साथ मिला—शहरी, ग्रामीण, गायक, लेखक, धर्म प्रचारक, समाज सेवक, पंजाब के सिख, भारत के अन्य राज्यों के सिख, विदेशों में रहने वाले सिख, तथा हर जाति के सिख। लेकिन जैसे ही किसान आंदोलन को पंजाब की सीमा से बाहर देखा गया, यह एक 'जाट' आंदोलन तक सीमित हो गया। क्योंकि हिंदूओं का बड़ा हिस्सा किसानों (जाटों) के विरोध में खड़ा था। जिस तरह गुरुद्वारे किसान आंदोलन तथा हर आंदोलन के लिए प्राणवायू बने, उससे हम समझ सकते हैं कि अंग्रेज़ों को क्यों लगता था "सिख शक्ति गुरुद्वारों से निकलती है।"

इसी संदर्भ में डॉ बी.आर. अम्बेडकर द्वारा हिंदूओं और गैर-हिंदूओं के बीच जाति भेद पर किया विश्लेषण महत्वपूर्ण है:

"इनमें से एक समूह ऐसा है जो हिंदूओं की जाति व्यवस्था में कुछ भी अजीब या घृणित नहीं पाता है। ऐसे हिंदू हवाला देते हैं मुसलमानों, सिखों और ईसाइयों के मामले का और इस बात से सुकून पाते हैं कि उनमें भी जातियां हैं। इस प्रश्न पर विचार करते समय आपको सबसे पहले यह ध्यान रखना चाहिए कि मानव समाज कहीं भी अकेला पूरा नहीं है। यह हमेशा बहुवचन होता है। कर्म की दुनिया में व्यक्ति की एक सीमा है और समाज की दूसरी।...

यह निर्धारित करने के लिए कि क्या प्रवृत समाज एक आदर्श समाज है, पूछे जाने वाले प्रश्न; यह नहीं है कि इसमें समूह हैं या नहीं, क्योंकि समूह सभी समाजों में मौजूद हैं। एक आदर्श समाज क्या है, यह निर्धारित करने में पूछे जाने वाले प्रश्न हैं: समूहों द्वारा सचेत रूप से साझा किए जाने वाले हित कितने ज्यादा और विविध हैं? अन्य प्रकार के संघों के साथ परस्पर क्रिया कितनी पूर्ण और मुक्त है? क्या समूहों और वर्गों को अलग करने वाली

ताकतें एकजुट करने वाली ताकतों की तुलना में अधिक हैं? इस सामूहिक जीवन से क्या सामाजिक महत्व जुड़ा है? क्या इसकी विशिष्टता रिवाज और सुविधा की बात है या यह धर्म की बात है? इन सवालों के आलोक में यह तय करना होगा कि गैर-हिंदुओं में जाति हिंदुओं के बीच जाति के समान है या नहीं। यदि हम इन विचारों को एक ओर मुसलमानों, सिखों और ईसाइयों की जातियों पर और दूसरी ओर हिंदुओं की जातियों पर लागू करें, तो आप पाएंगे कि गैर-हिंदुओं की जाति मूल रूप से हिंदुओं की जाति से भिन्न है। पहला वह बंधन, जो सतर्कता से हिंदुओं को एक साथ बांधते हैं, वे अस्तित्वहीन हैं, जबकि गैर-हिंदुओं में कई हैं जो उन्हें एक साथ रखते हैं। एक समाज की ताकत उसमें मौजूद संपर्क के बिंदुओं की उपस्थिति और विभिन्न समूहों के बीच बातचीत की संभावनाओं पर निर्भर करती है। कार्लाइल इसे "ऑर्गेनिक फिलामेंट्स" (जैविक तंतु) कहते हैं, यानी लचीले धागे जो विघटित तत्वों को एक साथ लाने और उन्हें फिर से जोड़ने में मदद करते हैं। जाति के कारण हुए विघटन का विरोध करने के लिए हिंदुओं के बीच कोई एकीकृत प्रहसन नहीं है। जबकि गैर-हिंदुओं में ऐसे बहुत से जैविक तंतु हैं जो उन्हें एक साथ बांधते हैं।" (डॉ बी.आर. अम्बेडकर, XIX, जाति का विनाश)

डॉ अम्बेडकर द्वारा आदर्श समाज को निर्धारित करने के लिए पूछे गए पाँच सवाल अगर सिख समाज पर लगाए जाएं, तो हम सहजता से कह सकते हैं कि सिखों में एक साथ बांधने वाले "ऑर्गेनिक फिलामेंट्स" सबसे मजबूत हैं। सिखी में भले लोगों की संगत (सतसंगत) के अनिवार्य विधान का सामाजिक महत्व है कि यह व्यक्तिगत कमज़ोरियों से ऊपर उठा कर सांझे मकसद की प्राप्ति का मंच प्रदान करता है। अन्याय, असमानता और विघटन का विरोध अपने-आप में सिख संगत एवं धर्म का अंग बन गया है। सतसंगत का संगठन व्यक्ति को उसकी निजी कमज़ोरियों से उभरने में उत्प्रेरक की भूमिका निभाता है।

जापान के बौद्धों का म्यानमार के बौद्धों से कोई वास्ता नहीं। और विदेशों में रहने वाले बौद्धों का भारत के बौद्धों से कोई लगाव नहीं। "ऑर्गेनिक फिलामेंट्स" के अभाव में 'बुद्ध समाज' जैसी कोई इकाई देखने को नहीं मिलती। लेकिन 'सिख समाज' एक प्रतत्यक्ष इकाई की तरह अस्तित्व रखता है। पंजाब के सिख, बाकी भारत के सिख, विदेशों में रहने वाले सिख, या दूसरे मतों से सिख धर्म में आए लोग सभी सिख समाज के भले के लिए अपना योगदान पाते हैं। सभी खुद को केंद्रिय बिंदु से जुड़े पाते हैं। यकीनन गुरु ग्रंथ वह अटूट केंद्रिय बिंदु है।

यह केवल सिख धर्म ही है जहां तथाकथित पिछड़ी जाति से ज्ञानी दित्त सिंघ गुरु नानक के 'वंशज' खेम सिंघ बेदी को चुनौती दे सकता है। चुनौती गुरबाणी की रोशनी में होने के कारण सिख समाज ने ज्ञानी दित्त सिंघ को अपना नायक माना है न कि खेम सिंघ बेदी को। प्रधानता सदा सरब सांझी गुरबाणी की ही रहेगी, जो अति मजबूत "ऑर्गेनिक फिलामेंट्स" है। याद रहे, गुरु ग्रंथ साहिब में विभिन्न जाति व धर्म के 35 सत्पुरुषों की बाणी है जिसे गुरबाणी कहा जाता है। जब भी कोई गुरबाणी के आधार पर विकृतियों को उजागर करता है तो सिख समाज के सभी वर्गों का साथ मिलता है। दलित सिखों का दरबार साहिब में कड़ाह प्रसाद की अनुमति के लिए संघर्ष को भी सभी ने मिलकर लड़ा और जीता।

गुरुद्वारा सुधार लहर ने गुरबाणी की रोशनी में बहुत सी विकृतियों को दूर किया पर बहुत बाकी भी रह गई। क्योंकि इस लंबे समय दौरान निर्मला संप्रदाय से जुड़े लेखारियों ने बहुत सा साहित्य लिखा; गुरुओं के जीवन पर लिखा जिसे जन्म-साखियाँ कहते हैं। इनके वैदिक झुकाव के कारण इनके लेखन में कहीं जानबूझकर तो कहीं श्रद्धा-भाव से इतिहास और मिथकों का मिश्रण साफ़ झलकता है। गुरुओं के साथ चमत्कारी व पुनर्जन्म से जुड़ी कहानियाँ लिखी गई, जिनकी कथा गुरुद्वारों में होने लगी। मूल सिद्धांतों से टूटने के कारण साधारण श्रद्धालु पर इन कहानियों का प्रतिगामी प्रभाव पड़ता है। लेकिन गुरबाणी की रोशनी में मिथकों के प्रभाव से बचा जा सकता है।

गैर-कुदरती रिधि-सिधि या चमत्कारों में आस्था का गुरबाणी कड़े शब्दों में खंडन करते हुए इन्हें भटकाने वाला "अवरा साद" (द्वैत का स्वाद) और "धिग्ग" (धिक्कार) कहती है:

आपि नाथु नाथी सभ जा की रिधि सिधि अवरा साद ॥
(गुरु ग्रंथ साहिब, महला १, अंग 6)

अर्थ: सभी का नाथ स्वयं अकाल-पुरख है, जिसने सारी सृष्टि को नाथ डाली हुई है (वश में किया हुआ है), ऐसे में यह रिद्धियां और सिद्धियां तो भटकाने वाला द्वैत का स्वाद है (ईश्वर की राह से परे ले जाता है)।

बिनु नावै पैनणु खाणु सभु बादि है धिगु सिधी धिगु करमाति ॥
सा सिधि सा करमाति है अचिंतु करे जिसु दाति ॥
नानक गुरमुखि हरि नामु मनि वसै एहा सिधि एहा करमाति ॥
(गुरु ग्रंथ साहिब, महला ३, अंग 650)

अर्थ: (रूहानी गुण) नाम के बिना खाना और पहनना सभी व्यर्थ है, धिक्कार है सिद्धि और धिक्कार है करामात।

सही सिद्धि और सही करामात वही है, जिसे हासिल करके चिन्ता से रहित होने की दात मिले।

हे नानक! गुरु के सन्मुख होकर नाम मन में बस जाए, यही सिद्धि है, यही करामात है।

चमत्कारी कहानियों में विश्वास जहां ब्राह्मणी प्रभाव की गवाही है, वहीं गुर-उपदेश से भटकने की निशानी भी है। इतने स्पष्ट गुरबाणी फरमान होने के बावजूद अगर कोई गुरुओं के नाम से करामातों की कहानी जोड़ता है, तो उसे केवल एक प्रश्न ही करना बनता है: जिन कर्मों को गुरु "अवरा साद" और "धिग" कह रहे हैं, क्या वह कर्म गुरु खुद करेंगे?

अहम बात यह है कि सिख समाज के लिए प्रेरणा स्रोत सदा ही मानव मूल्यों को स्थापित करते ऐतिहासिक प्रकरण रहे हैं। क्योंकि गुरुओं और उनके नक्शे कदम पर चलने वाले सिखों द्वारा रचा विशाल बेमिसाल इतिहास कुरबानियों से इस कदर भरा है कि काल्पनिक कहानियाँ सिख मानसिकता में हावी हो ही नहीं पाती। ठीक उसी तरह जैसे पुनर्जन्म की अवधारणा एक निरर्थक ख़्याल से अधिक जगह नहीं ले पाता। सिखों के जितने भी अभिनंदन या नारे हैं, उन सभी का जन्म भी समानता और न्याय को स्थापित करती विरासत में से हुए हैं। जैसे:

बोले सो निहाल, सत श्री अकाल;

देग तेग फतह;

पंथ की जीत;

राज करेगा खालसा;

नानक नाम चढ़दीकला, तेरे भाणे सरबत दा भला;

वाहेगुरु जी का खालसा, वाहेगुरु जी की फतह।

गुरुद्वारा सुधार लहर का गौरवमय इतिहास रहा है। इसका यह मतलब नहीं यह स्थाई हल था। 1925 में पास हुआ गुरुद्वारा अधिनियम अपने समय की बड़ी

उपलब्धि थी। लेकिन आज के दिन यह कानून भारत के संविधान के अधीन होने के कारण ब्राह्मणी सरकारों के हस्तक्षेप का ज़रिया बन गया है। अंग्रेज़ सरकार द्वारा गुरुद्वारों पर नियंत्रण बनाने के पीछे सिखों की राजनीतिक ताकत पर रोक लगाने की मंशा थी। लेकिन 1947 के बाद की ब्राह्मणी सरकारें न सिर्फ सिखों की राजनीतिक ताकत को क्षीण करना चाहती हैं, बल्कि सिख धर्म को हिन्दू धर्म में निगल लेने की भी प्रबल इच्छा रखती हैं।

सिखों का बड़ा हिस्सा गुरुद्वारा प्रबंधक कमेटियों में हस्तक्षेप से भली-भांत परिचित हैं और इस पर खुल कर विचार-चर्चा होती रहती है। साल 2015 में अकाल तख्त के जत्थेदार ज्ञानी गुरबचन सिंघ के खिलाफ जोरदार विरोध हुआ और इसकी तुलना जत्थेदार अरूड़ सिंघ से की जाने लगी। ज्ञानी गुरबचन सिंघ सिख पंथ के गुस्से का शिकार बना क्योंकि उस पर अकाली दल (बादल) और भाजपा के राजनीतिक लाभ के दबाव में सिरसा डेरा प्रमुख राम रहीम सिंघ को बिन मांगे माफी देने का आरोप था। डेरा प्रमुख के ऊपर गुरु गोबिन्द सिंघ जी का स्वांग करना और गुरु ग्रंथ साहिब की योजनाबद्ध बेअदबी करवाने के गंभीर आरोप थे। 10 नवम्बर 2015 को चब्बा गांव, अमृतसर में कम से कम 5 लाख लोगों का इकट्ठ हुआ, जिसमें संगत ने जत्थेदार को पद से हटाने के साथ-साथ जत्थेदार की नियुक्ति में पारदर्शिता लाने की प्रमुख मांग रखी।

समाज की अगुआई भले लोगों के हाथों में रहे, यह मकसद निरन्तर रहना चाहिए। लेकिन, समाज का हर हिस्सा पूर्णता प्राप्त कर ले, 'सतयुग' वाला ऐसा समय न तो कोई था, न ही आएगा। गुरबाणी एवं सतसंगत से जुड़े परिवार सिखी मूल्यों अनुसार जीवन जीते हैं और दूसरों के लिए प्रेरणा बनते हैं। वहीं गुरबाणी-विचार से टूटकर सिख का विकारों के प्रभाव में जाना स्वाभाविक है। निराला नुक्ता यह है कि सिख जगत में गुरु ग्रंथ साहिब में दर्ज गुरबाणी सदैव सर्वोपरि रहेगी। यह संकल्प पूर्णता से स्थापित है। सत्ताधारी की चाहे जितनी भी कोशिश रहे, लेकिन सिख धर्म में पुजारी को कभी प्रधानता नहीं मिल पाएगी। जागरूक सिख समय-समय पर गुरबाणी की रोशनी में समाज की अगवाई में अपना योगदान देते रहेंगे। सामाजिक बुराइयों के खिलाफ प्रतिरोध द्वारा 'जालउ ऐसी रीत' सिख धर्म का अभिन्न अंग स्थापित हो चुका है। निरंतर अंतरावलोकन का रास्ता ही 'बेगमपुरा' की ओर लेकर जाता है।

भगत साहिबानो के साथ भी कई प्रकार की कहानियाँ जोड़ी जाती हैं। जैसा कि भगत रविदास जी को पिछले जन्म में ब्राह्मण बताया गया ताकि वर्ण-व्यवस्था के

अनुसार ब्राह्मण की श्रेष्ठता को चुनौती न मिले। बल्कि इन काल्पनिक कहानियों के भार के नीचे भगतों का संघर्षमय इतिहास लगभग लुप्त कर दिया गया है। अगर गुरु नानक साहिब भगतों की बाणी को संरक्षित न करते तो इनके इंकलाबी विचार संसार के सामने न आ पाते। इसका प्रत्यक्ष प्रमाण यह है कि सिखी के प्रभाव के कारण पंजाब में बने अधिकतर रविदास मंदिर या भवन में रविदास बाणी को केंद्रीय स्थान हासिल है। लेकिन पंजाब से बाहर स्थित रविदास मंदिर (जैसे जन्म-स्थान वाराणसी) में ब्राह्मणी मूर्ति-पूजा ही मुख्य बिंदु है। यकीनन अगर सिखी का प्रभाव न होता तो भगत रविदास जी की केवल मूर्ति ही हर जगह मिलती। ऐसा क्यों है कि रविदास जी की मूर्ति पूजा के खिलाफ या रविदास समाज के प्रधान बन बैठे पुजारी वर्ग के खिलाफ कभी असरदार आवाज़ न उठ पाई? इसके कारणों पर भी चिंतन होना चाहिए।

भाग2- सामाजिक व सांस्कृतिक पक्ष

कुदरत जाती जिनसी रंगी

ब्राह्मणी साहित्य का ज्यादा भाग गंगा-यमुना के इलाके में ही सिमटा हुआ है। परंतु सिंधु सभ्यता वाला पंजाब जिसका नाम ही पाँच नदियों के कारण पड़ा, उसकी नदियां ब्राह्मणी मिथकों का हिस्सा न बन पाई। इसका कारण है कि पंजाब आर्य सभ्यता के अनुसार विदेश धरती थी और रहने के अयोग्य था।

डॉ. सुरेंद्र कुमार शर्मा 'अज्ञात' ने कई हवाले देकर बताया है कि आर्यों को पंजाब से कितनी घृणा थी:

धर्म शास्त्र देवल समृति में कहा गया है:

सिंधु-सौवीर-सौराष्ट्र-तथा प्रत्यन्तवासिन:
कलिंगकौंकणान वंगान गत्वा संस्कारमर्हिति (देवल समृति 16)

अर्थात सिंधु प्रदेश, सौवीर, काठियावाड़, सीमा प्रदेश, कलिंग, कोंकण, और पूर्वी बंगाल में जा कर आदमी अपवित्र हो जाता है, अतः उसका संस्कार (शुद्धीकरण) करना चाहिए।

महाभारत में पंजाब की निंदा करते हुए आदेश है:

मलं प्रथिव्यां वाहीका:,
स्त्रीणां मद्रस्त्रियो मलम्
मानुषाणां मलं म्लेच्छा:
व्रषला दाक्षिणात्या: स्तेना वाहिका:
संकरा वै सुराष्ट्र:
आरट्टजान पंचनदान धिगस्तु   *(महाभारत, कर्णपर्व 45/23, 25, 28, 38)*

अर्थात वाहीक (पंजाबी) लोग सारी धरती का गंद हैं। सारी दुनिया की स्त्रियों का गंद मद्र देश की स्त्रियां हैं। दक्षिण वासी लोग मूर्ख- शूद्र हैं। पंजाबी चोर हैं। सौराष्ट्र के लोग दोगले हैं। पंजाबियों को लानत है।

पंच नधो वहन्त्येता यत्र पीलुवनान्युता
शतद्रुशच विपाशा च त्रतीयैरापवती तथा
चंद्रभागा वितस्ता च सिंन्धुषष्ठा बहिर्गिर:
आरट्टा नाम ते देशा नष्टधर्मा न तान व्रजेत्
पंच नधो वहन्त्येता यत्र नि:स्तय प्रवतात्
आरट्टा नाम वाहीका न तेष्वार्यो द्व्हं वसेत्

(महाभारत, कर्णपर्व, 44/31-33, 40-41)

अर्थात जहां सतलज, व्यास, इरावती (रावी), चंद्रभागा (चिनाब), वितस्ता (झेलम) और छठी सिंधु नदी बहती है, वहां आरट्टा (जट / जाट) नाम के लोग रहते हैं, वे धर्महीन हैं, वहां आर्य न जाएं।

जहां पर्वत से निकल कर पाँच नदियां बहती हैं, वह आरट्टा (जट / जाट) नाम के पंजाबियों (वाहीक) का इलाका है, इसलिए आर्य लोग वहां दो दिन भी न बसें।

इस पर टिप्पणी करते हुए खुशवंत सिंघ ने लिखा है: जाटों में स्वतंत्रता और समानता की भावना थी। अतः उन्होंने ब्राह्मणवादी हिंदु धर्म को स्वीकारने से इनकार कर दिया और इस तरह वे गंगा के मैदानों के विशेषाधिकार संपन्न ब्राह्मणों की निंदा के पात्र बने जिन्होंने यह उद्घोषणा की थी कि किसी 'आर्य को पंजाब में दो दिनों तक भी नहीं रहना चाहिए।' (ए हिस्ट्री आफ सिक्स, जिल्द 1)

गुरुकुल कांगड़ी विश्वविद्यालय के पूर्व उपकुलपति डॉ. सत्यकेतु विधालंकार ने अपनी पुस्तक 'भारतीय संस्कृति और उस का इतिहास' में लिखा है- "विजय प्राप्त करने के लिये आर्यों को घनघोर युद्ध करने पड़े। प्रतीत होता है कि आर्यों के प्रवेश से पूर्व जो जाति इस देश में निवास करती थी, उस की संज्ञा दस्यु या दास थी। आर्यों ने उसे परास्त किया। प्राचीन संस्कृत में ऐसे निर्देशों की कमी नहीं है, जिनसे दस्यु का अभिप्राय एक जाति विशेष प्रतीत होता है। वैदिक आर्यों ने जिन दस्यों को परास्त किया, वे सिंधु घाटी में निवास करते थे और उन्हीं की सभ्यता के भग्नावशेष पंजाब में रावी नदी के और सिंध में सिंधु नदी के तट पर पाए गए हैं।" (क्या बालू की भीत पर खड़ा है हिंदु धर्म? डॉ. सुरेंद्र कुमार शर्मा 'अज्ञात')

यहां एक बात ध्यान देने वाली है कि तीसरे गुरु अमर दास जी, जो 'भला' कुल से थे, और चौथे गुरु राम दास जी, जो 'सोढ़ी' कुल से थे, दोनों के नाम के साथ 'दास' लगता है। चौथे गुरु से लेकर दसवें गुरु तक सभी सोढ़ी ही हुए। गुरु नानक साहिब

जी के पिता का नाम भी इतिहास में मैहता कलियान दास ही लिखा मिलता है। पाँच प्यारों में से एक हस्तिनापुर के जाट थे जिनका नाम भाई धरम दास था। दास उत्तर भारत में विभिन्न जनजातियों के साथ लगता है, इनका खत्री, शूद्र इत्यादि में बटवारा बहुत बाद में हुआ।

भारत में लोग अकसर वर्ण-आश्रम द्वारा कृत्रिम जाति का कुदरती तौर में बनती-बिगड़ती अकृत्रिम जनजाति या बिरादरी में फर्क नहीं समझ पाते। ब्राह्मणवाद के विरोध की धुन में अपनी जनजाति के अस्तित्व को अस्वीकार करने से वर्ण-व्यवस्था को और बल मिलता है। जनजातियों का अकृत्रिम ढंग से बनना-टूटना उसी तरह से है जैसे भाषा में समय के साथ बदलाव आते रहते हैं। जीवों में जनजाति, नस्ल, रंग की विविधता सभी कुदरत का हिस्सा ही है:

कुदरति जाती जिनसी रंगी कुदरति जीअ जहान ॥

(गुरु ग्रंथ साहिब, महला १, अंग 464)

जीअ जाति रंगा के नाव ॥ सभना लिखिआ वुड़ी कलाम ॥

(गुरु ग्रंथ साहिब, महला १, अंग 3)

अठारहवीं शताब्दी के महान सिख जरनैल—जसा सिंघ रामगड़िया और जसा सिंघ आहलुवालिया—की फौज में शामिल सिखों की आने वाली पीढ़ियां रामगड़िया और आहलुवालिया कुल से प्रचलित हुई। इन बिरादरियों की पिछली कुल धूमिल पड़ गईं और नए समीकरणों से नई बिरादरियों ने जन्म लिया।

भारत में 7000 से ज़्यादा जनजातियां सूचीबद्ध की गई हैं। परंतु इन्हें प्रमुख चार जतियों में श्रेणीबद्ध कर ऊंच-नीच का जाल स्थापित करने को वर्ण-व्यवस्था कहते हैं। वर्ण-व्यवस्था के अमानवीय पर्दे को उतारकर देखें तो 7000 जनजातियां बाग में लगे हज़ारों फूलों की भाँती दिखेंगी, जिनकी अपनी भिन्न पहचान होते हुए सभी बराबर हैं। इसे स्वीकारना ही विविधता में एकता है।

अज्ञानता में या सिखों को *बैकफुट* पर करने के लिए जान-बूझकर 'जट्टवाद' का नाम गढ़ा गया है। यह जट्टों द्वारा दूसरों के साथ भेदभाव को दर्शाने की भावना से निकला हो सकता है, लेकिन इसका बहुआयामी प्रयोग होता है। अकसर जट्ट पहचान को दर्शाते पंजाबी गीतों को भी 'जट्टवाद' के पदनाम से निशाना बनाया जाता है। चमार जाति के लोग भी वाल्मीकि, भंगी, आदि से भेदभाव करते हैं। रविदास डेरों, मंदिरों पर एकाधिकार केवल चमारों का ही रहता है। गीतों में भी

'चमार' पहचान स्वग्रहिता से कही जाती है। तो क्या इसे 'चमारवाद' कहा जाए? पिछड़ी जातियों के शोषण के कारण वे प्रायः हीन भावना के शिकार होते हैं। क्या इस कमजोरी को शूद्रवाद कहें? जट्टवाद, चमारवाद, या शूद्रवाद जैसी कोई विचारधारा नहीं है। यह पद नाम बीमारी को समझने में सहाय न होकर दूसरी जाति के खिलाफ अपनी नफरत का इज़हार करने के हथियार से बढ़कर कुछ नहीं। जाति के गरब (अहंकार) या हीनता से उत्पन्न सामाजिक अव्यवस्था को उसी नाम से पुकारना चाहिए जिससे यह रोग उधार लिया गया है। वह है ब्राह्मणवाद। रोग को पहचानेंगे, तभी तो इलाज कर सकेंगे।

अपनी जन-जाति या कबीले की पहचान के प्रति स्वग्रहिता से किसी को परेशानी नहीं होनी चाहिए, अगर किसी दूसरे को नीचा न दिखाया जाए। जाति के 'अहंकार' का जन-जाति के 'अस्तित्व' के लिए दावे में अंतर है। जब कोई कहता है कि उसे मराठी, पंजाबी, गोंड या भारती होने पर मान है, तो इसका यह मतलब नहीं कि वह गुजराती, हिंदी, भील या अमरीकियों को नीचा दिखा रहा है। अगर फिर भी किसी को परेशानी है, उसे सबसे पहले भारतीय सेना के खिलाफ ही मोर्चा खोल देना चाहिए। जो जन-जाति, नस्ल या धर्म के आधार पर सेना टुकड़ियां को कायम रखे है- जाट, महार, गोरखा, सिख, नागा, बिहार, डोगरा, राजपूत रेजिमेंट इत्यादि। और इन लोगों को आज़ादी के संघर्ष से जुड़ा प्रचलित गीत 'पगड़ी संभाल जट्टा' के बारे में भी अपने विचार रखने चाहिए।

पूरी दुनिया में भिन्न-भिन्न बिरादरी-नस्लों का अस्तित्व परवान है। विकसित देशों में कबायली परम्पराओं को संरक्षित करने के लिए मूलनिवासियों को विशेषाधिकार प्राप्त हैं। यह जनजातीय चेतना भेदभाव समाप्त करने और शांति स्थापित करने में सहाय होती है। भारत में भी पिछड़ी जनजातियों के अस्तित्व को स्वीकार करके ही आरक्षण निर्धारित किया गया है। सवर्ण जातियों द्वारा आरक्षण का विरोध भी जनजातीय चेतना को धूमिल करने की साजिश है। जनजातियों के अस्तित्व को नकारना उत्पीड़क के पक्ष में उसी तरह जाता है जैसे कबूतर का आंखें बंद करना बिल्ली के पक्ष में।

भारत की विभिन्न नस्लें किसी न किसी समय भारत के बाहर से ही आई थी, कोई पहले तो कोई बाद में। मानवविज्ञानी ए.सी. हैडॉन ने भारत की जनसंख्या को इन पाँच भागों में बांटा है: (1) पूर्व-द्रविड़ जंगल की जनजातियां, (2) द्रविड़ जो लंबे सिर वाले और काले बाल वाले हैं, (3) इंडो-आर्यन जो गोरे रंग के और लंबे सिर वाले हैं,

(4) इंडो-ऐल्पीय जो चौड़े सिर वाले हैं, और (5) मंगोलियाई। दूसरे मानवविज्ञानियों ने किसी और तरह से कम-ज्यादा नस्लों का नाम देकर विवरण किया है। मगर सभी में सहमति है कि भारत में समय-समय पर विभिन्न नस्लों के लोग बसे और नई मिश्रित जनजातियां बनी।

मानव जाति का एक जगह से दूसरी जगह का पलायन निरंतर प्रक्रिया है। बेहतर जीवन स्तर के लिए आज यह पहले से कहीं ज्यादा तेज़ी से हो रहा है। वैज्ञानिकों का मानना है कि आज के मनुष्य (होमो सेपियन्स) 20 लाख साल से भी पहले अफ्रीका में विकसित हुए थे, और अधिकांश मानव विकास उस महाद्वीप पर ही हुआ। अफ्रीका से ही एशिया, यूरोप, ऑस्ट्रेलिया, और अमरीका में प्रवास और बसना शुरु किया। कौन तीन लाख साल पहले आया और कौन तीन हज़ार साल पहले, हम सभी के पूर्वज एक ही हैं। उससे भी पहले सारी कायनात का सिरजनहार एक है। ऐसे में कोई जन्म के आधार पर खुद को उच्च और दूसरे को नीच कहे, इसे मूर्खता और अमानवीयता से कम नहीं कहा जा सकता है।

एकु पिता एकस के हम बारिक तू मेरा गुर हाई ॥
(गुरु ग्रंथ साहिब, महला ५, अंग 611)

आर्यों ने दूसरी जातियों के ऊपर अपना वर्चस्व कायम करने के लिए, धर्म के आधार पर खुद को श्रेष्ठ स्थापित किया। महाराष्ट्र के चित्तपवन ब्राह्मण आर्यों की वंशावली से माने जाते हैं। प्रमुख हिंदुत्व संस्था राष्ट्रीय स्वयंसेवक संघ (R.S.S.) के सरसंघचालक हमेशा (एक बार को छोड़कर) चित्तपवन ब्राह्मण ही हुए हैं।

नस्ल-आधारित अत्याचार दूसरे देशों में भी होता था और है, लेकिन वह सैद्धांतिक रूप से भारत से अलग हैं। भारत एकमात्र ऐसा क्षेत्र है जहाँ भेदभाव को धार्मिक अधिकार प्राप्त हैं। यह धार्मिक अधिकार ब्राह्मणवादी वर्ण-व्यवस्था से मिलता है। इस के अनुसार चारों वर्णों का धार्मिक कर्म अलग-अलग हैं। धर्म द्वारा मान्यता इस असमता को चिरकालिक बना देता है।

बाबासाहेब अम्बेडकर ने इसे श्रेणीबद्ध असमानता (graded inequality) का नाम दिया है।

"असमानता हर समाज में मौजूद है। लेकिन यह ब्राह्मणवाद की बात अलग थी। ब्राह्मणों द्वारा प्रचारित असमानता इसका आधिकारिक सिद्धांत था। यह मात्र बढ़त नहीं थी। ब्राह्मणवाद समानता में विश्वास ही नहीं करता। वस्तुतः

यह समानता के विरोधी थे। ब्राह्मणवाद असमानता से ही संतुष्ट नहीं था। ब्राह्मणवाद की आत्मा श्रेणीबद्ध असमानता में निहित है।" (बुद्धा एंड हिज़ धम्म, खंड पहला, भाग 5.3)

जैसे-जैसे आर्य भारती उपमहाद्वीप पर फैलते गए, अपना वर्चस्व बरकरार रखने के लिये ब्राह्मणवाद का जाल भी बुनते गए। पंजाब में भी यही हुआ, वर्णाश्रम को स्थापित किया गया। बहुसंख्यक लोगों के ऊपर नियंत्रण रखने के लिये कुछ जनजातियों को ऊंचा होने का भ्रम बना दिया गया। गांवों में रहने वाले बहुसंख्यक जाट और श्रमिकों को शूद्र या अति शूद्र में वर्गीकृत किया। व्यापार करने वाली जातियां बनिया या वैश्य बन गईं। पंजाब की जिन जनजातियों को ब्राह्मण वर्ण में श्रेणीबद्ध किया गया वह भी मूलतः याचक नहीं हैं। कई ब्राह्मण जनजातियां तो किसानी से संबंधित हैं। इसी तरह पंजाब की जिन बिरादरियों की शहरों में नौकरशाही के लिये जरूरत थी उन्हें क्षत्रिय का बिगड़ा रुप खत्री बना दिया गया। जबकि पंजाब की यह जनजातियां राजपूतों की तरह जंगजू नहीं थी, यह प्रशासनिक व व्यापारिक पेशे में अग्रणी थी, और खत्री कहलाने के बाद इनके पास कभी राज-सत्ता नहीं आई। सिख गुरुओं की खत्री कुल से होने पर जात-पाती आरोप को केवल इसी तथ्य से ध्वस्त किया जा सकता है कि खत्री कहे जाने वालों का सिख समाज में कभी उल्लेखनीय राजनीतिक वर्चस्व नहीं रहा। बाबा बंदा सिंघ बहादुर, सिख मिस्लों, और महाराजा रणजीत सिंघ सभी का मिलाकर तकरीबन सौ साल सिखों का राज रहा है। इस समय दौरान राजनीतिक ताकत हमेशा किसानों श्रमिकों के हाथ में ही रही।

पंजाब के खत्रियों का जो हिस्सा सिखी के प्रभाव से अछूता रहा, वह हमेशा खुद को 'राजा से ज्यादा वफादार' साबित करते हुए ब्राह्मणवादी व्यवस्था के सिपाही बने रहे। यही कारण है कि जो खुद अल्पसंख्यक हैं वह सदैव ही किसान श्रमिक बहुजनो के हितों के खिलाफ खड़े नज़र आते हैं। इस तथ्य को किसानों के महानायक सर छोटू राम के वक्तव्य में आसान शब्दों में समझा जा सकता है जब उन्हें पंजाब के हिंदू साहूकारों द्वारा बहुजनो के हित में कर्ज़ा कानून का विरोध झेलना पड़ा:

"क्या मैं तथाकथित हिंदु प्रैस, तथाकथित हिंदु सभा और तथाकथित हिंदु लीडरों से यह सवाल कर सकता हूं कि 63 लाख हिंदुओं को छोड़कर सिर्फ 30 हज़ार हिंदुओं की वकालत क्यों करते हैं। क्या जाट, राजपूत, गौड़ ब्राह्मण, माली, रोड़ तथा दलित जातियां, जिनका बाल-बाल कर्ज के बोझ

में लदा हुआ है हिंदु नहीं हैं, क्या तमाम जनता हिंदू बिरादरी के दायरे से खारिज है? क्या यह सभी लोग सिर्फ इसी वक्त तक हिंदू हैं जब तक की उनकी गिनती से फायदा उठा कर हक की बात करने के लिए ही हैं? क्या यह सभी लोग सिर्फ उन 30 हजार साहूकारों की गुलामी करने के लिए पैदा हुई है? क्या हिंदू प्रैस, हिंदू सभा और हिंदू लीडर इन 63 लाख हिंदुओं को तीस हजार साहूकारों की खातिर कुर्बान करके फिर भी हिंदुओं की भलाई का दम भर सकते हैं? क्या यही हिंदू सभा है गैर जरूरतमंदों का साथ छोड़कर दौलतमंदों की मदद की जावे। क्या यही सभ्यता का नमूना है कि ताकतवर को फायदे की खातिर कमजोरों को दबाया जाये।" *(जाट गज़ट, 25 अप्रैल 1934)*

महाराजा रणजीत सिंघ से पहले पंजाब में प्रमुख बारह सिख मिस्लों का राज था जिसने किसान-श्रमिकों के अपने हाथ में ताकत देने की ज़मीन तैयार की थी। यह मिस्लें सिखों के हर वर्ग से मिलकर बनी थीं। रामगढ़िया मिस्ल में अधिकांश लोहार और तरखान सिख थे और यह सबसे शक्तिशाली मिस्लों में से एक थी। 1783 में दिल्ली फतह में इसका प्रमुख योगदान था। इस मिस्ल के मुखिया सरदार जस्सा सिंघ रामगढ़िया ने लाल क़िला से तख्त-ए-ताऊस को उखाड़ के हरिमन्दिर साहिब, अमृतसर, में भेंट किया था। इसी तख्त-ए-ताऊस पर बैठकर औरंगज़ेब ने गुरु तेग बहादुर जी और तीन सिखों को शहीद करने का फ़रमान जारी किया था। महाराजा रणजीत सिंघ ने इन मिस्लों को संगठित करके विशाल खालसा राज स्थापित किया। रणजीत सिंघ शुक्रचकिया मिस्ल के सरदार थे, इनके पुरखे सिखी में आने से पहले अति पिछड़े 'सांसी' कबीले से थे। खालसा राज के महानतम और सफ़ल जरनैलों में हरी सिंघ नलवा का नाम आता है जो उप्पल खत्री परिवार से थे, जिन्हें महाराजा रणजीत सिंघ ने, जब वह केवल 14 साल के थे, अपनी फौज में शामिल किया।

संक्षेप में कहें तो सामाजिक विकास में बनती-बिगड़ती भिन्न-भिन्न कुल या जन-जातियां आर्यों ने नहीं बनाई। आर्यों ने पहले से चली आ रही बिरादरियों को वर्ण-व्यवस्था में ऊंच-नीच में बांटने का विकराल कार्य किया है। कुदरती तौर पर विकसित होती जनजातियां या बिरादरियों को जाति में श्रेणीबद्ध करने के अमानवीय कार्य को ही वर्ण-व्यवस्था कहते हैं। वर्ण-व्यवस्था ब्राह्मणवाद का मजबूत स्तंभ है। गुरु साहिब ने इस अमानवीय वर्ण-व्यवस्था को नकारा है और सारी मानवता के

लिये गुरबाणी का उपदेश साझा किया है। चारों आश्रमों, चारों वर्णों के जीवों की मुक्ति केवल करतार की सेवा से ही हो सकती है जो सभी में बसता है:

खत्री ब्राहमण सूद वैस उपदेसु चहु वरना कउ साझा ॥

(गुरु ग्रंथ साहिब, महला ५, अंग 747)

चारि आसरम चारि बरंना मुकति भए सेवतोऊ ॥

(गुरु ग्रंथ साहिब, महला ५, अंग 535)

यह ज़रूर कहा जा सकता है कि वह एकमात्र प्लैटफ़ॉर्म (संगत) सिखी ने प्रदान किया जिसने सभी वर्गों के लोगों को एक सिद्धांत के नीचे इकट्ठा किया। इस प्लैटफ़ॉर्म ने सभी जनजातियों, कबीलों की खूबियों को एक दूसरे से साझा करने का अवसर दिया। चाहे कोई पहले ब्राह्मण, खत्री, वैश्य, शूद्र, मुस्लिम, इत्यादि हो, परन्तु सिख बनने के बाद उसका स्वभाव लगभग एक समान बन जाता है। इसलिए सिख का मूलतः स्वभाव जंगी, प्रशासनिक, व्यापारिक व श्रमिक गुणों का सुमेल है। इन्हीं गुणों के चलते सिख हर क्षेत्र और दुनिया भर में सफलता के नए-नए कीर्तिमान स्थापित कर रहे हैं। एक दूसरों के गुणों को साझा करने का सतसंगत रूपी यह प्लैटफ़ॉर्म सिख धर्म से पहले कोई उपलब्ध नहीं करा पाया।

गुणा का होवै वासुला कढि वासु लईजै ॥
जे गुण होवन्हि साजना मिलि साझ करीजै ॥
साझ करीजै गुणह केरी छोडि अवगण चलीऐ ॥
पहिरे पट्मबर करि अड्मबर आपणा पिड़ु मलीऐ ॥
जिथै जाइ बहीऐ भला कहीऐ झोलि अम्रितु पीजै ॥
गुणा का होवै वासुला कढि वासु लईजै ॥

(गुरु ग्रंथ साहिब, महला १, अंग 766)

सतसंगति मेलापु जिथै हरि गुण सदा वखाणीऐ ॥
नानक सचा सबदु सलाहि सचु पछाणीऐ ॥

(गुरु ग्रंथ साहिब, महला १, अंग 1280)

जाति का गरब न कर मूरख गवारा

भगत कबीर जी, भगत रविदास जी, भगत नामदेव जी और दूसरे भगतों ने ब्राह्मणवाद के खिलाफ मजबूत और प्रभावी आवाज उठाई। लेकिन उनके तथाकथित 'नीच' जाति से होने के कारण, उन्हें तथाकथित सवर्णों का समर्थन नहीं मिल सका। इस प्रकार उनकी सत्य की आवाज क्रांति का रूप न ले सकी और समाज में समानता लाने का कारण न बन सकी। कुदरत ने इस चुनौती को सर करने के लिये गुरु नानक को चुना जो 'बेदी' कुल से थे, जिसे वर्णाश्रम में खत्री श्रेणी में रखा था। गुरु नानक साहिब ने पंडित का हाथ पकड़ कर कहा कि वह जनेऊ (यश्नोपवीत) नहीं पहनेंगे। क्योंकि दयाशून्य से पैदा हुआ कर्मकांड समाज को विभाजित करता है। यह कार्य गुरु नानक साहिब से पहले हुए संत क्यों न कर पाए? क्योंकि वर्णाश्रम के अनुसार शूद्र होने के कारण भगत साहिबानो को यह चुनौती देने का मौका ही न मिल सका।

> दइआ कपाह संतोखु सूतु जतु गंढी सतु वटु ॥
> एहु जनेऊ जीअ का हई त पांडे घतु ॥

(गुरु ग्रंथ साहिब, महला १, अंग 471)

अर्थ: जिसकी कपास दया हो, जिसका सूत संतोष का हो, जिसमें जत की गाँठें हों, और जिसे ऊँचे आचरण से गूंथा हो।

हे पंडित! अगर (तेरे पास) जीव के काम में आने वाला ऐसा जनेऊ है तो (मेरे गले में) डाल दे।

गुरु नानक साहिब जी ने अपने जीवन के आखिरी 18 सालों में किसानी की। उन्होंने रावी नदी के किनारे नया गांव बसाया जिसका नाम करतारपुर रखा, यहीं खेती की। यह ज़मीन तलवंडी के बड़े मुस्लिम जमींदार राए बुलार भट्टी ने अपनी वसीयत में गुरु नानक साहिब जी के नाम की थी। राए बुलार जी गुरु साहिब के अनन्य श्रद्धालु थे और गुरु साहिब इन्हें पिता समान आदर देते थे। गुरु जी के पिता कलियान दास राए बुलार के पास ही पटवारी की बहुत अच्छी सरकारी नौकरी करते थे। खत्री

लोगों का किसानी से संबंध भी नहीं था। परंतु उन्होंने अपनी जाति के निर्धारित प्रशासनिक व व्यापारिक पेशे से बाहर और तथाकथित 'नीचे' जाकर किसानी को चुना। यह अपने आप में समाज के लिये एक अपूर्व संकेतक था, जिसे उन्होंने केवल प्रवचनों से नहीं बल्कि खुद अपने जीवन में जी कर सिखाया। अपनी जाति के बाहर का पेशा गुरु नानक साहिब से पहले हुए संत जनों ने न तो चुना और न ही समाज उन्हें ऐसा करने की मंजूरी देने के लिये उदार था।

समाज के इस क्रूर सत्य को समझते हुए गुरु नानक साहिब जी के सामने तीन बड़े लक्ष्य थे: दलितों व औरतों का सशक्तिकरण, तथाकथित सवर्णों को जाति के अहंकार से उन्हें निकालना, और विश्व शांति के लिए सभी धर्मों व जातियों में आपसी सौहार्द बनाना।

जाति का अहंकार गंभीर व्यक्तिगत और सामाजिक रोग है। अहंकार से पैदा हुई जिस मूर्खता को लोगों ने धर्म समझ लिया था, गुरु साहिब ने उसे भ्रम बताया। दस गुरुओं के खत्री समाज से होने के कारण, इस रोग पर इस तरह काम किया जैसे कांटे को निकालने के लिए कांटे का प्रयोग किया जाए।

जाति का गरबु न करि मूरख गवारा ॥
इसु गरब ते चलहि बहुतु विकारा ॥ (गुरु ग्रंथ साहिब, महला ३, अंग 1127)
उतम मधिम जातीं जिनसी भरमि भवै संसारु ॥
(गुरु ग्रंथ साहिब, महला २, अंग 1243)

ब्राह्मणवाद का वर्चस्व मनुष्य के विकारों के उष्मा पर खड़ा है। पुजारी की 'काम-वासना' के लिए ही देवदासियों की प्रथा को धार्मिक मान्यता प्राप्त थी। छोटी-छोटी बात पर श्राप देने वाले ऋषि व देवताओं का पूजनीय हो जाना 'क्रोध' को सामान्य बनाने के लिए है। धन के 'लोभ' को ही लक्ष्मी-पूजा का रूप मिला है। कभी लंबी उमर तो कभी शारीरिक सुखों की प्राप्ति के लिए व्रत रखना 'मोह' की उपज है। जाति का अभिमान तो 'अहंकार' की चरम सीमा है। मनुष्य विकारों में जितना लिप्त होगा, ब्राह्मणवाद उसे उतना ही लुभाएगा। विकारों पर नियंत्रण ही ब्राह्मणवाद की जकड़ से आज़ादी दिला सकता है। विकारों में अहंकार प्रधान है। सभी जीवों में एक करतार की अनुभूति हो जाए, यही परम चेतना है:

सभे साझीवाल सदाइनि तूं किसै न दिसहि बाहरा जीउ ॥
(गुरु ग्रंथ साहिब, महला ५ अंग 97)

सभु को मीतु हम आपन कीना हम सभना के साजन ॥

(गुरु ग्रंथ साहिब, महला ५, अंग 671)

गुरु साहिब ने 'अहं कार' से रोगमुक्त करने के लिए 'एकं कार' की लौ जगाई:

संत कै संगि मिटिआ अहंकारु ॥
द्रिसटि आवै सभु एकंकारु ॥   *(गुरु ग्रंथ साहिब, महला ५, अंग 189)*

पाँचवें गुरु के समकाली आदरणीय भाई गुरदास ने बहुत खूब लिखा:

गुरमुख वरन अवरन होइ निव चलणा गुर सिख विसेखै।
ता कछ घाल पवै दर लेखै॥   *(भाई गुरदास, वार1, पउड़ी 25)*

अर्थ: गुरु के उपदेश से वर्णों में बटे लोग अवर्ण (समकक्ष) होकर निम्रता में चलते हैं, यही गुरसिख कि विशेषता है।

तभी (धर्म के राह पर की गई) कुछ मेहनत सच्चे दरबार में मंज़ूर होती है।

गुरु नानक साहिब जी एवं बाद के गुरु एकंकार (एक करतार) का संदेश देने के लिये मंदिर, मस्जिद, मठ, और तीर्थों पर निरंतर जाते रहे और पुजारी को उसी के घर पर जाकर चुनौती दी। यह कार्य शूद्र जाती से आने वाले सत्पुरुष नहीं कर सकते थे। भगत नामदेव जी ने तो अपना अनुभव खुद बयान किया है, कि जब वह सत्य का प्रचार करने मंदिर जाते हैं तो वहाँ के पंडित खुद को ऊँची जाति वाले (आलावंती) होने के भ्रम में उन पर क्रोधित (कोप) होते हैं; शूद्र-शूद्र कहते हैं और मार-पीट करके उठा देते हैं:

आलावंती इहु भ्रमु जो है मुझ ऊपरि सभ कोपिला ॥
सूदु सूदु करि मारि उठाइओ कहा करउ बाप बीठुला ॥

(गुरु ग्रंथ साहिब, भगत नामदेव, अंग 1292)

हसत खेलत तेरे देहुरे आइआ ॥ भगति करत नामा पकरि उठाइआ ॥
हीनड़ी जाति मेरी जादिम राइआ ॥ छीपे के जनमि काहे कउ आइआ ॥ रहाउ॥

(गुरु ग्रंथ साहिब, भगत नामदेव, अंग 1164)

लेकिन जब तीसरे गुरु अमर दास जी कुरुक्षेत्र गए तो स्थिति बिलकुल ओर थी। (गुरु) राम दास जी जो खुद उनके साथ थे लिखते हैं कि लोगों में गुरु अमर दास

जी की संगत कर उपदेश सुनने का उत्साह जाग उठा। लोगों के लिए सतगुरु की संगत करने वाला वह पवित्र दिन बन गया। उनके पहुंचने की खबर दूर-दूर तक फैल गई। खुद को सुर (देव) तथा मुनि कहने वाले सभी गुरु को देखने (मिलने) आए। जोगी, नांगे, सन्यासी, सारे ही वर्गों के अगुआ ने गुरु के साथ परस्पर गोष्ठी की:

प्रथम आए कुलखेति गुर सतिगुर पुरबु होआ ॥

खबरि भई संसारि आए त्रै लोआ ॥

देखणि आए तीनि लोक सुरि नर मुनि जन सभि आइआ ॥

जिन परसिआ गुरु सतिगुरू पूरा तिन के किलविख नास गवाइआ ॥

जोगी दिग्मबर संनिआसी खटु दरसन करि गए गोसटि ढोआ ॥

प्रथम आए कुलखेति गुर सतिगुर पुरबु होआ ॥

(गुरु ग्रंथ साहिब, महला ४, अंग 1116)

गुरु नानक साहिब जी ने देश-विदेश में लंबी-लंबी यात्राएं की और हर मज़हब के आगुओं से चर्चा की। इन यात्राओं के लिए उन्होंने भाई मरदाना जी को अपना साथी चुना, जो मुस्लिम मरासी परिवार से थे जिसे बहुत ही निम्न बिरादरी का माना जाता था। जब गुरु नानक साहिब जी गुरबाणी का गायन करते तो भाई मरदाना जी रबाब बजाकर उनका साथ देते। भाई मरदाना जी का नाम जुबान पर आते ही हर सिख के मन में असीम श्रद्धा का चश्मा फूटने लगता है।

इक बाबा अकाल रूप दूजा रबाबी मरदाना।

(भाई गुरदास, वार1, पउड़ी 35)

हजारों वर्षों से समाज पर ब्राह्मणों की पकड़ का मुख्य कारण यह है कि उन्होंने पूरी सामाजिक संरचना को अपने अनुसार कर रखा था। समाज का कोई भी पहलू ऐसा नहीं बचा था जो उत्पीड़ितों को ऊपर उठने में मदद कर सके। जिस हालात में समाज पहुँच गया था, उसमें सुधार की कोई गुंजाइश नहीं थी। सुधार केवल उसी में हो सकता है जिसका मूल ढाँचा सही हो। लेकिन ब्राह्मणवादी समाज का तो आधार ही झूठ और भ्रम है जो बना ही जन-साधारण की संप्रभुता पर कब्ज़ा करने के लिए है। गुरु साहिब ने इस गंभीर समस्या को बूझकर इसमें सुधार करने की बजाय नई संस्कृति और एक नए समाज की सृजना की। यह कार्य बहुत विशाल था जिसके लिए गुरु नानक साहिब दस स्वरूपों में विचरे। गुरु नानक साहिब द्वारा अपना उत्तराधिकारी चुन कर गुरगद्दी की परंपरा को चलाने को इसी संदर्भ में विचारने की आवश्यकता है।

सतिगुर की बाणी सत सत कर जाणो गुरसिखो

ब्राह्मणों ने समाज में अधिकार जमाने के लिए भाषा को एक हथियार के रूप में इस्तेमाल किया था। आम बोलचाल वाली कुदरती विकसित होने वाली मातृ भाषा को नकारकर, अस्वाभाविक रूप से आविष्कृत संस्कृत को देव भाषा घोषित किया गया था। संस्कृत भारत के किसी भी प्रांत की मातृ भाषा नहीं है। इसे बालक अपने माँ-बाप से नहीं सीखता, निर्धारित शिक्षक से ही शिक्षा ली जा सकती है। ब्राह्मणों ने संस्कृत को पढ़ने और पढ़ाने का अधिकार अपने पास आरक्षित रखा।

संस्कृत का ज्ञान शूद्रों के लिए पूरी तरह से निषेध था। संस्कृत में लिखा गया साहित्य केवल सवर्ण जाति का ही प्रतिनिधित्व करता है, जिसमें मानवीय मूल्यों के लिये कोई स्थान नहीं है। इस साहित्य का एकमात्र उद्देश्य ब्राह्मणों की प्रभुता को अविरत रखना था। सारांश यह है कि लोक भाषाओं को निम्न दर्जा देकर ब्राह्मणवादी संस्कृत का दैवीय भाषा होने का भ्रम बना दिया गया।

इसमें कोई आश्चर्य नहीं होना चाहिए कि संस्कृत साहित्य को अपने ज्ञान का प्राथमिक स्रोत मानने वाले सवर्ण जाति के हिंदू कभी भी दलितों, आदिवासियों, महिलाओं या अन्य अल्पसंख्यकों के अधिकारों के प्रति संवेदनशील नज़र नहीं आते। उलटा राष्ट्रवाद की आड़ में दूसरों के अधिकारों का दमन करने वालों के पक्ष में ही खड़े रहते हैं।

इस पृष्ठभूमि में गुरु नानक जी ने आम लोगों द्वारा बोली जाने वाली मातृ भाषा पंजाबी में गुरबाणी की रचना की। भगतों की एकत्र की गई बाणी भी देश के विभिन्न हिस्सों में बोले जाने वाली मातृ भाषाओं में ही उच्चारी गई थी। गुरबाणी के जिन पद्यों में संस्कृत शब्द हैं, वह भी गुरुमुखी में ही लिखे हैं। इससे ब्राह्मणों के भ्रम, कि आध्यात्मिक ज्ञान केवल संस्कृत भाषा में पाया जा सकता है, को कड़ी चुनौती मिली। पंजाबी में रचित दिव्य बाणी का कीर्तन, पाठ, और विचार हर सिख के जीवन का अभिन्न अंग बन गया। मातृ भाषा में आध्यात्मिक और प्रभुता के ज्ञान से आम लोग सशक्त हुए और

संस्कृत के ठेकेदार ब्राह्मणों पर निर्भरता समाप्त हुई। संस्कृत साहित्य में जहां शूद्रों की आवाज को दबाया गया, वहीं गुरबाणी में श्रमिकों का केंद्रीय स्थान है। एक तरफ जहां सवर्ण वर्चस्वी संस्कृत देव भाषा स्थापित थी, वहीं गुरुमुखी में लिखी सरब सांझी गुरबाणी जन-साधारण के लिए रूहानी खुराक बनी:

सतिगुर की बाणी सति सति करि जाणहु गुरसिखहु हरि करता आपि मुहहु कढाए ॥   *(गुरु ग्रंथ साहिब, महला ४, अंग 308)*

अर्थ: हे गुरसिखो! सतिगुरु की वाणी पूर्णतः सत्य समझो (क्योंकि) प्रभु करतार ने स्वयं यह बाणी सतिगुरु के मुंह से कहलवाई है।

गुरु नानक साहिब ने स्वयं गुरुमुखी लिपि के 35 अक्षर लिखे, इन सभी के ऊपर विसमादी निराला चिन्ह '੧ਓ' लिखा। दूसरे गुरु, गुरु अंगद साहिब जी, ने गुरुमुखी लिपि के विकास पर विशेष ध्यान दिया। वह खुद बच्चों और संगत को गुरुमुखी सिखाने में बहुत समय देते थे। अगर गुरु नानक साहिब जी का उत्तराधिकारी उस बिरादरी से आता जिसे अमानवीय वर्ण-आश्रम में शूद्र का स्थान था, तो क्या समाज उनसे विद्या ग्रहण करने और नई लिपी के विकास करने की इजाजत देता? जो समाज शम्भूक के ज्ञान प्राप्ति को अपराध मान उसके कातल को अवतार मानकर पूजा करता हो, क्या वह इस तबदीली के लिये तैयार हो चुका था? जिस समाज में गुरु का सम्मान उसे हासिल हो जो एकलव्य के ज्ञान प्राप्ति के 'दोष' में उसका अंगूठा काट ले, क्या वह शूद्र से ज्ञान हासिल करने के लिये तैयार हो चुका था? बेशक नहीं। गुरु नानक के सर्व-साझा उपदेश को रुपमान करने में अभी बहुत कार्य और कुरबानियों का सफर तय करना बाकी था, जिसके लिए निरंतरता अनिवार्य थी।

अगर गुरुओं ने गुरुमुखी लिपी को प्रफुल्लित न किया होता तो आज गुरबाणी के ऊपर भी हिंदी का दबदबा होता। लेकिन राष्ट्रवाद की आड़ में हिंदी-हिंदु-हिंदुस्तान के समाविष्ट संकल्प को उत्तर भारत में गुरुमुखी ने कड़ी चुनौती दी हुई है। सिखों के लिए गुरुमुखी सर्वोपरि रहेगी क्योंकि गुरु ने बाणी इसी लिपी में लिखी है, और गुरबाणी सिखी की प्राणवायू है।

सतिगुर की बाणी सति सरूपु है गुरबाणी बणीऐ ॥
(गुरु ग्रंथ साहिब, महला ४, अंग 304)

आरम्भ काज रचाइआ

गुरु नानक के आगमन से पहले पंजाब में योग मत का बहुत प्रभाव था। योगियों ने गृहस्थ जीवन को परमार्थ के रास्ते की रुकावट मानकर ब्रह्मचर्य को उत्तम माना। ब्रह्मचारी जीवन की झूठी महिमा का सबसे नकारात्मक असर औरतों पर हुआ, क्योंकि औरत के संग को ही तो पाप माना गया था।

गृहस्थ को बंधन मानकर जहां एक तरफ योगियों ने ब्रह्मचर्य का मार्ग बताया, वहीं इसके विपरीत वामाचार ने व्यभिचार को ही काम वासना से मुक्ति बताया। मध्य बीसवीं सदी के मशहूर दार्शनिक रजनीश 'ओशो' ने भी गृहस्थ के रिश्तों को कामुक प्रवृत्ति से मुक्त होने में रुकावट माना और व्यभिचारिता को प्रोत्साहित किया।

इसके ठीक विपरीत सिखी गृहस्थ को बंधन नहीं, बल्कि प्रभु के गुणों के साक्षात अनुभव करने के लिए प्रधान आश्रम स्थापित करती है। गुरबाणी ने परमात्मा के स्वभाव को समझने के लिए माता-पिता (खासकर माँ) के स्वभाव से तुलना की। क्या माँ की ममता के बिना संसार की कल्पना की जा सकती है? परमात्मा ने अपने प्रतिपालक गुणों को माता-पिता में सम्मिलित किया है, उसी से नवजात का पालन-पोषण होता है।

तेरै भरोसै पिआरे मै लाड लडाइआ ॥
भूलहि चूकहि बारिक तूं हरि पिता माइआ ॥

(गुरु ग्रंथ साहिब, महला ५, अंग 51)

सुतु अपराध करत है जेते ॥
जननी चीति न राखसि तेते ॥   *(गुरु ग्रंथ साहिब, भगत कबीर, अंग 478)*

किरत करो, नाम जपो, और वंड छको—सिखी के तीन सुनहरी असूल प्रचलित हुए, जो गृहस्थी ही निभा सकता है।

पुजारी ने तो समाज को शुभ-अशुभ लगन और ज्योतिष में ही उलझाकर मानसिक गुलाम बना दिया था। लगन और ज्योतिष को गुरु ने पांडे का झूठ बताया और जन-साधारण को एककार की विचार से जोड़ा:

साहा गणहि न करहि बीचारु ॥ साहे ऊपरि एकंकारु ॥
जिसु गुरु मिलै सोई बिधि जाणै ॥ गुरमति होइ त हुकमु पछाणै ॥१॥
झूठ न बोलि पांडे सचु कहीऐ ॥ हउमै जाइ सबदि घरु लहीऐ ॥१॥ रहाउ ॥
गणि गणि जोतकु कांडी कीनी ॥ पड़ै सुणावै ततु न चीनी ॥
सभसै ऊपरि गुर सबदु बीचारु ॥ होर कथनी बदउ न सगली छारु ॥२॥

(गुरु ग्रंथ साहिब, महला १, अंग 904)

अर्थ: हे पंडित! तू (विवाह आदि समय में जजमानों के लिए) शुभ-लगन गिनता है। पर तू यह विचार नहीं करता कि हर समय (और ग्रह) से ऊपर एकंकार (एक करतार) है।

जिस मनुष्य को गुरु मिल जाए वह सही ढंग (रीत) जान जाता है। गुरु की शिक्षा प्राप्त हो जाने से परमात्मा के हुक्म (सर्वव्यापक नियम) की समझ आ जाती है।1।

हे पंडित! झूठ मत बोलो, सच कहो। गुरु के शब्द की विचार से जुड़ने से ही अहंकार (के कारण अज्ञानता) दूर होता है, तब (आत्मिक आनंद की अवस्था वाला) घर प्राप्त होता है।1। रहाउ।

ज्योतिष (के लेखे) गिन-गिन के जनम-पत्री बनाते हो, तुम खुद पढ़ते हो और (जजमान को) सुनाते हो, पर असलियत को नहीं पहचानते।

सच तो यह है कि (शुभ-महूरत आदि के) सारे विचारों से उत्तम है गुरु के शब्द को मन में बसाने की विचार। मैं (शब्द-गुरु के मुकाबले) और किसी बात की परवाह नहीं करता, और सारी विचारें राख समान व्यर्थ हैं।2।

इकट्ठे में बैठकर खाना कोई नई बात नहीं थी। ब्रह्म भोज, भंडारा, इफ्तार जैसे धार्मिक कर्म तो चल ही रहे थे। परन्तु यह निजी स्वार्थ की भावना से, खास लोगों के लिए, व खास दिनों के लिए निर्धारित होने के कारण कर्मकांड होकर रह गए थे। मनुष्य के भोजन की बुनियादी जरूरत को गुरु के लंगर द्वारा पहली बार सामाजिक और अध्यात्मिक क्रांति के लिए व्यवहार में लाया गया। लंगर में भोजन की स्वच्छता का विधान तो है, लेकिन लंगर कौन बना रहा है और कौन खा रहा है इस पर कोई प्रतिबंध नहीं। गृहस्थियों की ईमानदारी और मेहनत की कमाई से संगती रूप में बने और खाए जाने वाले भोजन को ही गुरु-का-लंगर कहते हैं। यही इसे निराली संस्था बनाता है जो सिख समाज का अटूट अंग बन गई। कई बार दूसरे धर्मों के लोग हैरान होते हैं कि सिख हर जगह बड़ी जनसंख्या के लिए लंगर लेकर कैसे

हाज़िर हो जाते हैं। इस का अभ्यास सिखों को गुरुद्वारों से मिलता है। किसी भी गुरुद्वारे का आर्किटेक्चर और मूलभूत व्यवस्था लंगर के प्रबंध के बिना संपूर्ण नहीं माना जाता। दूसरे धर्म अस्थान जो मूलतः पूजा स्थल ही हैं इसका अनुकरण नहीं कर पाते।

समाज को केवल क्रांतिकारी विचार ही नहीं बल्कि विचारों के प्रतिरूप नई रीत और व्यवस्थाएं भी चाहिए थी जिनके सहारे गुलामी के बंधन काटे जा सकें।

समाज ने शुरू से ही गृहस्थी में प्रवेश के लिए विवाह को स्वीकारा है। लेकिन मर्द-प्रधान समाज ने स्त्री को पुरुष के उपयोग के लिए वस्तु माना और विवाह को 'कन्यादान' का नाम दिया। प्राचीन मिथकों में राजकुमार एक खास प्रतियोगिता में एक-दूसरे के साथ प्रतिस्पर्धा करते और जीतने वाला महिला को एक पुरस्कार के रूप में शादी करने का हकदार होता, जिसे 'स्वयंवर' कहा जाता। वहीं इस्लाम में 'निकाह' मर्द और औरत एक-दूसरे की जरूरत पूरी करने के लिए इक़रार की तरह है।

गुरु साहिब ने इस सभी से हटकर गृहस्थ जीवन में शब्द-विचार से जुड़ने को पति-पत्नी दोनों का साझा लक्ष्य रखा। गृहस्थ को अकाल पुरख के हुक्म में सदा आनंद में जीने का साधन बताया और विवाह को 'आनंद-कारज' का नाम दिया। आनंद-कारज को तीसरे और चौथे गुरु ने स्थापित किया। बिना किसी शुभ-लगन के शब्द-गुरु की पोथी के चार लांव (फेरे) लेने की प्रथा का आरंभ हुआ। आज सिख गुरुद्वारे में चौथे गुरु द्वारा लिखे लांव के पाठ, कीर्तन और विचार के साथ गुरु ग्रंथ साहिब जी के इर्द-गिर्द चार फेरे लेकर आनंद-कारज अर्थात शादी करते हैं।

पति-पत्नी को साझा उपदेश देती पहली लांव का शब्द और अर्थ इस तरह है:
हरि पहिलड़ी लाव परविरती करम द्रिड़ाइआ बलि राम जीउ ॥
बाणी ब्रहमा वेदु धरमु द्रिड़हु पाप तजाइआ बलि राम जीउ ॥
धरमु द्रिड़हु हरि नामु धिआवहु सिमृति नामु द्रिड़ाइआ ॥
सतिगुरु गुरु पूरा आराधहु सभि किलविख पाप गवाइआ ॥
सहज अनंदु होआ वडभागी मनि हरि हरि मीठा लाइआ ॥
जनु कहै नानकु लाव पहिली आरम्भु काजु रचाइआ ॥१॥
(गुरु ग्रंथ साहिब, महला ४, अंग 773)

अर्थ: प्रभु-पति से (जीव-स्त्री के विवाह की) पहली सुंदर लांव यह है कि गुरु ने (शब्द विचार की) कर्म प्रवृत्ति दृढ़ करवाई है। हे राम जी! मैं तुझसे बल-बल (सदके) जाता हूँ।

गुरु की बाणी ही (सिख के लिए) ब्रह्मा के वेद हैं। इस बाणी की इनायत से धर्म (अपने हृदय में) पक्का करो। यही पाप दूर करने का तरीका है। हे राम जी! मैं तुझसे सदके जाता हूँ।

(अपने अंदर) यह धर्म पक्का कर लो कि परमात्मा के नाम की विचार करते रहना है। सिख के लिए नाम ही स्मृतियों (का उपदेश) है, यह ही (गुरु ने) दृढ़ करवाया है।

पूरे गुरु (के इस उपदेश को) हर वक्त याद रखो, सारे पाप विकार (इसकी इनायत से) दूर हो जाते हैं।

जिस मनुष्य के मन में परमात्मा का नाम प्यारा लगने लग जाता है, उस अति भाग्यशाली को आत्मिक अडोलता का सुख मिला रहता है।

दास नानक कहता है! पहली लांव के इस उपदेश को ग्रहण करने से ही (प्रभु-पति से जीव-स्त्री के विवाह) कारज का आरम्भ होता है।1।

गुरुओं ने मनुष्य के जन्म से लेकर मृत्यु तक पुजारी (ब्राह्मण, मौलवी) के हाथों होते शोषण से मुक्त कराकर नई रीतों और व्यवस्थाओं को स्थापित किया। इन्हें करने के लिए किसी पुजारी की आवश्यकता नहीं, पारिवारिक सदस्य खुद भी कर सकते हैं। सिखों में नामकरण के लिए सबसे प्रचलित रीत अनुसार गुरु ग्रंथ साहिब में से सांयोगिक ढंग से हुक्मनामा (शब्द) लिया जाता है, वह पद्य जिस अक्षर से शुरु होता है, उसी से नवजात का नाम रख दिया जाता है। मरण उपरान्त भी हर तरह के कर्मकांड का गुरबाणी खंडन करती है—पिंड दान, सूतक, श्राद्ध, इत्यादि।

गृहस्थियों के संस्कारों का हिस्सा बन चुके त्योहारों ने समाज पर बहुत नकारात्मक प्रभाव डाला था। राखी, करवा चौथ, भाई दूज जैसे त्योहारों ने महिलाओं को हमेशा एहसास कराया कि उनका जीवन पुरुष के लिए है और वह जीवन के हर चरण (बेटी, बहन, पत्नी या माँ) में पुरुष पर निर्भर हैं। शास्त्रों के अनुसार समस्त स्त्री जाति ही शूद्र है, जिस कारण वह धर्म से वंचित है:

नास्ति स्त्रीणां क्रिया मन्त्रैरिति धर्मो व्यवस्थित: ।
निरिन्द्रिया ह्यमन्त्राश्च स्त्रियोऽनृतमिति स्थिति: ॥   *(मनु स्मृति, 9-18)*

अर्थ: स्त्रियों के जाति कर्म आदि संस्कार मन्त्रों से नहीं होते, यह धर्म शास्त्र की मर्यादा है।

स्त्रियों के निरिन्द्रिया (ज्ञानेन्द्रियों की क्षमता में कमी) और अमन्त्रा (शास्त्र द्वारा मंत्र वंचित होने) के कारण उनकी स्थिति असत्य रूप है।

गुरु साहिब ने असमानता पर खड़े त्यौहारों और रिवाजों को सख्ती से मना किया। गुरु अमरदास जी ने सती और पर्दा-प्रथा के खिलाफ लोगों को जाग्रत किया। गुरु दरबार में औरत को पर्दा करने की मनाही थी। गुरबाणी ने अज्ञानता में अन्न के त्याग (उपवास) को धर्म का अंग मानने को असंतोष का कारण बताया। मनुष्य की मानसिकता इस अज्ञानता में पल-पल जन्म-मरण के चक्कर में पड़ी रहती है:

अंनु न खाहि देही दुखु दीजै ॥
बिनु गुर गिआन त्रिपति नही थीजै ॥
मनमुखि जनमै जनमि मरीजै ॥   *(गुरु ग्रंथ साहिब, महला १, अंग 905)*

गुरु नानक साहिब उन अग्रिम सत्पुरुषों में हैं, जिन्होंने युद्ध के कारण समाज पर पड़ने वाले भयावह परिणामों को औरत की दृष्टि से बयान किया। इन्हीं विचारों के चलते बाबा नानक जी को बाबर की जेल में भी जाना पड़ा। सन 1526 में बाबर के हमले के समय, गुरु नानक साहिब एमनाबाद (अब पाकिस्तान) में गरीब मेहनती तरखान भाई लालो के घर ठहरे हुए थे। उनका यह शब्द उस स्थिति को बयान करता है:

जैसी मै आवै खसम की बाणी तैसड़ा करी गिआनु वे लालो ॥
पाप की जंञ लै काबलहु धाइआ जोरी मंगै दानु वे लालो ॥
सरमु धरमु दुइ छपि खलोए कूड़ु फिरै परधानु वे लालो ॥
काजीआ बामणा की गल थकी अगदु पड़ै सैतानु वे लालो ॥
मुसलमानीआ पड़हि कतेबा कसट महि करहि खुदाइ वे लालो ॥
जाति सनाती होरि हिदवाणीआ एहि भी लेखै लाइ वे लालो ॥
खून के सोहिले गावीअहि नानक रतु का कुंगू पाइ वे लालो ॥
          (गुरु ग्रंथ साहिब, महला १, अंग 722)

अर्थ: हे (भाई) लालो! मुझे जैसी प्रभु से प्रेरणा आई है उसी अनुसार मैं ज्ञान बता रहा हूँ।

(बाबर) काबुल से पाप-जुल्म की बारात (फौज) लेकर आ चढ़ा है, और जोर-जबरदस्ती से हिन्द की हकूमत रूपी कन्या-दान माँग रहा है।

हया और शर्म दोनों अलोप हो चुके हैं, झूठ ही झूठ चौधरी बना फिरता है।

काज़ियों व ब्राह्मणों की बनाई मर्यादा को कोई नहीं पूछ रहा, अब तो शैतान विवाह पढ़ रहा है।

मुसलमान औरतें इस विपदा में (अपनी धर्म-पुस्तक) कुरान (की आयतें) पढ़ रही हैं, और ख़ुदा के आगे अरदास कर रही हैं।

क्या उच्च जाति, क्या नीच जाति, और भी सारी हिन्दू स्त्रियाँ, सभी का एक ही हाल है।

नानक कहते हैं: हे लालो! इस खूनी विवाह में विरलाप के गीत गाए जा रहे हैं और लहू का केसर छिड़का जा रहा है।

बाबर के हमले को लेकर हिन्दूत्व लोग मुसलमानों के प्रति नफरत फैलाने का जो काम करते हैं, यह शब्द उनके मनसूबों पर पानी फेर देता है। गुरु साहिब बाबर के सिपाहियों द्वारा किए जुल्मों को बयान करते हुए हिन्दू औरतों से पहले मुस्लिम औरतों की दयनीय हालत का जिक्र करते हैं। पूरे शब्द में जुल्मों और समाज में फैले झूठ के बोलबाले का जिक्र है, मगर हिन्दू-मुस्लिम फिरकापरस्ती का एक अंश मात्र भी नहीं।

मौसमी त्योहारों के नाम पर होली बहुत लोकप्रिय है। लेकिन इसने समाज का मार्गदर्शन क्या करना था? गंद से खेले जाते त्योहार ने नशा-सेवन को प्रोत्साहित कर समाज को पतन की तरफ धकेला। गुरु गोबिन्द सिंघ जी ने लोगों को इससे दूर करने के लिए कमाल का विकल्प देते हुए आनंदपुर में 'होला महल्ला' मनाना शुरू किया। 'होला' का मतलब होता है हमला, और 'महल्ला' का हमले वाला स्थान। होला महल्ला का अर्थ हुआ निर्धारित स्थान पर हमला करना। इसमें प्रतिभागियों के दो समूहों का गठन करके निर्धारित स्थान पर कब्जा करने का लक्ष्य रखा जाता था। गुरु साहिब विजेता टीम को खुद पुरस्कृत करते थे। इससे सिखों के बीच घुड़सवारी,

तलवारबाजी, तीरंदाजी, और अन्य जंगी कला का अभ्यास होता, आत्म-सम्मान पैदा होता, और दर्शक भी इससे प्रेरित होते। गुरु साहिब ने होली जैसे नकारात्मक त्यौहार को होला महल्ला में बदलकर गृहस्थी को चढ़दी-कला में जीने के लिए निर्देशित किया।

होला महल्ला आज भी बड़े हर्ष के साथ मनाया जाता है। अनंदपुर में लोग दूर-दूर से निहंग सिखों के जोहर देखने आते हैं। निहंगों ने प्राचीन सिखों के जंगी जीवन शैली को जीवित रखा हुआ है। पाठकों को यह जानकर हैरानी होगी कि निहंग सिख साधारण और गरीब परिवारों से आते हैं, लेकिन इनके पास बेहतरीन नस्ल के घोड़े और बाज होते हैं, जिनकी कीमत लाखों में हो सकती है। यह अपने घोड़े की परवरिश अपनी संतान की तरह करते हैं। निहंग अपने घोड़ों को प्यार से जानभाई (भाई की तरह जान बचाने वाला) कहते हैं। विकसित लोकतांत्रिक देशों में प्राचीन परंपराओं को जीवित रखने के लिए आदिवासी एवं कबायली जनजातियों को लाखों डालरों की आर्थिक मदद दी जाती है। बड़े-बड़े रहीसों के लिए भी घोड़ों को पालना कोई सामान्य नहीं है। ऐसे में निहंग सिखों का घोड़े रखना अपने-आप में कमाल है। एक तरफ गुरु की लाडली निहंग फौज घोड़ों के साथ जीते-मरते हैं, वहीं दूसरी तरफ राजस्थान, गुजरात, और उत्तर प्रदेश जैसे राज्यों में दलित दुल्हों की अपनी ही शादी में घोड़ी चढ़ने पर सवर्णों द्वारा मार-पीट की घिनौनी खबरें सामान्य है। क्या दलित चिंतकों ने दलित समाज की इन दो चरम सीमाओं के कारणों को समझने की कोशिश की?

सिख धर्म में जहां जन्म से मरण तक कर्मकांडों रहित अपने अलग रीती रिवाज हैं वहीं निराले त्यौहार भी हैं। गुरुओं के जन्मदिवस को गुरपुरब, शहीदी दिवस को शहीदी-पुरब कहते हैं। बैसाखी खालसा साजना दिवस के रूप में मनाई जाती है। होला महल्ला के बारे में हम पहले ही चर्चा कर चुके हैं। जिन भगतों की बाणी गुरु ग्रंथ साहिब जी में है उनके जन्मदिवस भी गुरुद्वारे में सिख बड़े उत्साह से मनाते हैं। हर रीत और त्यौहार को मनाने का मुख्य बिंदु शब्द-विचार, कीर्तन व इतिहास पर चर्चा होता है, और समागम का समापन 'सरबत के भले' की सामूहिक अरदास और लंगर से होता है।

गुरु नानक साहिब जी से पहले हुए भगतों ने भी कर्मकांडों का कड़ा खंडन किया और उनकी यह क्रांतिकारी बाणी गुरु ग्रंथ साहिब में दर्ज है। परंतु गुरु नानक से

पहले हुए संत अपने अनुयायियों के लिए वैकल्पिक व्यवस्था का रूपांतरण क्यों न कर पाए? इसका मुख्य कारण उनकी कथित जाति की सीमाएं और संघर्ष में निरंतरता का अभाव था। गुरु नानक जी के नौ उत्तराधिकारियों ने जहां संघर्ष को निरंतरता प्रदान की वहीं दस गुरुओं की कथित जाति ने वर्ण-व्यवस्था की सीमाओं को लांघ कर नई व्यवस्थाएं स्थापित करने का काम किया।

सिखी केवल विचारधारा का नाम नहीं, बल्कि जन-साधारण के लिए विचारधारा का व्यवहारिक रूपांतरण भी है।

बेगम पुरा सहर को नाउ

समाज के उत्थान के लिए केवल जागरूकता नहीं, समान अवसर प्रदान करने वाला बुनियादी ढांचा भी चाहिए। लेकिन भेदभावपूर्ण शहरी संरचना में दलितों के लिए आगे आना नामुमकिन था। सवर्णों ने तो तथाकथित निचली जातियों को अपने कुँओं से पानी भरने पर भी पाबंदी लगा रखी थी, इकट्ठे बैठकर भोजन करना तो बहुत दूर की बात थी। शहरी व्यापार में भी सवर्णों का वर्चस्व था और दलितों के पास आगे आने के अवसर नहीं थे। निश्चित रूप से शहरों-कस्बों की संरचना सुधार से परे थी। ऐसे माहौल में गुरु साहिब ने ऐसा अनोखा कार्य किया जैसा पहले किसी और पैगंबर ने नहीं किया था—वह था नए शहरों का निर्माण। यह पुरानी रेखा के सामने नई लंबी रेखा खींचने की प्रक्रिया थी ताकि पुरानी रेखा अपने आप छोटी हो जाए।

इस कार्य की शुरुआत गुरु नानक साहिब जी ने ही अपनी लंबी यात्राओं की समाप्ति के बाद रावी नदी के तट पर 'करतारपुर' शहर के निर्माण से कर दी थी। यहीं पर उन्होंने किसानी को अपनाया, अपने हाथों से खेतों में हल चलाया। यहीं पर सबसे पहले संगत-पंगत (सतसंग-लंगर) को संस्था का रूप दिया। गुरु साहिब ने अपने भौतिक जीवन के अंतिम 18 वर्ष यहीं बिताए।

दूसरे गुरु अंगद जी ने 'खडूर' को अपने केंद्र के रूप में विकसित किया। गुरुमुखी की शिक्षा के साथ-साथ मल्लयुद्ध के अखाड़े भी बनाए। खडूर में लंगर की व्यवस्था गुरु अंगद जी की पत्नी माता खीवी जी की निगरानी में प्रफुल्लित हुई। खडूर में गुरुद्वारे के लंगर हाल का नाम आज 'माता खीवी लंगर' से प्रसिद्ध है। बाद में 'गोइंदवाल' नगर का निर्माण शुरू किया, जिसे तीसरे गुरु अमर दास जी ने पूरा किया। गुरु अमर दास जी ने गोइंदवाल में एक बावड़ी का निर्माण किया जिसमें सभी को बिना किसी भेदभाव के पानी मिल सके। यह बावड़ी आज तक इस नगर की पहचान है। गुरु अमर दास जी ने जाति के अहंकार व हीन भावना पर चोट करते हुए यह अनिवार्य कर दिया, जो भी व्यक्ति गुरु दरबार में आए वह पहले

सांझी पंगत में बैठकर भोजन करे। कई बार जाति-अहंकारी लोग गुरु दरबार से केवल इस लिए मुड़ जाते थे कि उन्हें 'नीची' जाति वालों के साथ और उनके हाथों का बना लंगर खाना पड़ेगा। लंगर की संस्था ने जहां जात-पात के भेदभाव पर असरदार चोट की, वहीं ब्राह्मणवादी ताकतों को गुरुओं के खिलाफ सख्त कदम उठाने के लिए उत्तेजित किया।

गुरु राम दास जी ने गुरु-का-चक्क बसाया जिसमें बड़े शहर की जरूरतों को पूरा करने के लिए पाँच सरोवरों का निर्माण किया। इन पाँचों में से प्रमुख सरोवर का नाम अमृतसर है; इसी से गुरु-का-चक्क शहर का नाम 'अमृतसर' पड़ा। अमृतसर में लोगों के रहने के लिए घर बनवाए गए जिन्हें गुरु-के-महल कहा गया। सिखों की आर्थिक स्थिति को सुधारने के लिए व्यापार में अवसर बढ़ाने ज़रूरी थे। इसलिए व्यापारिक केंद्र का निर्माण किया जिसे गुरु-का-बाज़ार कहा। गुरु जी ने 52 विभिन्न कौशल वाले श्रमिकों को अमृतसर में बसाया। इन कार्यों ने सिखों की आर्थिक स्थिति को बहुत मजबूत किया।

पाँचवें पातशाह, गुरु अरजन साहिब जी, ने सिखों को घोड़ों के व्यापार के लिए प्रोत्साहित किया। सिखों ने पंजाब से काबुल और बल्खबुखारो तक व्यापार और जीवनयापन के लिए जाना शुरू किया। पाँचवें गुरु ने ही 'तरण-तारन' और 'करतारपुर' (जलंधर के पास) शहरों की स्थापना की। तरण-तारन में कुष्ठ रोगियों के इलाज के लिए चिकित्सालय बनवाया। गुरु अरजन जी ने 'हरगोविंदपुर' नामक कस्बे की भी स्थापना की। उन्होंने पंजाब के कई हिस्सों में कुँए लगवाए। अमृतसर से कुछ दूरी पर छह हाटों (फ़ारसी-पहियों) वाली बावली लगवाई, इसीलिए उस जगह का नाम 'छेहरटा' प्रसिद्ध हुआ। गुरु अरजन जी द्वारा छह फ़ारसी-पहियों (छेहरटा) के साथ कुँए की खुदाई से माझा क्षेत्र के उन किसानों को बहुत राहत मिली जिन्हें अपनी सिंचाई जरूरतों के लिए मुगल अधिकारियों की ओर देखना पड़ता था। इसी तरह तरण-तारन के पास गुरु की वडाली में थट्टे खेरा में चार सौ साल पुराना तालाब है जो गुरु अरजन जी का ग्रामीण किसानों की जरूरतों के साथ जुड़े होने का सबूत देता है। सरोवर और कुँए जहां छूत-अछूत के अमानवीय सामाजिक रोग के समाधान थे, वहीं शहरों की ज़रूरतें और गांवों में किसानों की सिंचाई के लिए वरदान साबित हुए।

गुरु अरजन साहिब ने अमृतसर में हरिमन्दिर साहिब बनवाया जो सिखों का केंद्रीय धर्म स्थान बना। गुरु साहिब ने दसवंध की परंपरा शुरू की जिससे निर्माण कार्य को

गति मिली। आज भी दुनिया के कोने-कोने में होने वाली लंगर और अन्य सामाजिक कल्याण की सेवाएं दसवंध की प्रेरणा से ही चलती हैं। दसवंध का भाव अपनी कमाई का दसवां हिस्सा गुरु उपदेश अनुसार समाज सेवा या सिखी के प्रचार में भेंट करना है। सिखी में दान की ऐसी अवधारणा का खंडन किया गया है जो काल्पनिक सवर्ग की लालसा या निजी फल प्राप्ति के बदले किया गया हो। क्योंकि कादर कुदरत में ही बसता है, तो दुनिया में रहते मानवता की सेवा ही परमात्मा की पूजा है। ईमानदारी और मेहनत (घाल) की कमाई जरूरतमंदों की सेवा में लगाना सच्चे धर्म का अभिन्न राह है:

घालि खाइ किछु हथहु देइ ॥
नानक राहु पछाणहि सेइ ॥   (गुरु ग्रंथ साहिब, महला १, अंग 1245)
विचि दुनीआ सेव कमाईऐ ॥
ता दरगह बैसणु पाईऐ ॥
कहु नानक बाह लुडाईऐ ॥   (गुरु ग्रंथ साहिब, महला १, अंग 25)

कादर को कुदरत में देखने की अकल से किया दान ही गुणकारी है। दसवंध ने सेवा को बहुत खूबसूरती से रूपमान किया।

अकली पड़्िह कै बुझीऐ अकली कीचै दानु ॥
            (गुरु ग्रंथ साहिब, महला १, अंग 1245)

छठे गुरु हरगोबिन्द जी ने अमृतसर में हरिमन्दिर साहिब के सामने अकाल तख्त का निर्माण किया, जिसने मीरी-पीरी के सिद्धांत को रूपमान किया। मीरी से भाव है राजनीति, आर्थिक, वैज्ञानिक और वह सभी सांसारिक सामर्थ्य जो भौतिक जीवन की सफलता व प्रभुसत्ता के लिए ज़रूरी है। पीरी से भाव है रूहानी एवं आध्यात्मिक उत्थान। सिखी का अध्यात्म, संसार के त्याग की मत नहीं देता। बल्कि ऐसे सांसारिक सामर्थ्य को हासिल करने की प्रेरणा करता है जो अकाल पुरख के सर्वव्यापी हुक्म की विचार के अनुकूल हो। पीरी की प्रेरणा से मीरी का कौशल मानव सेवा में लगे, यही मीरी-पीरी का सिद्धांत है।

तखति राजा सो बहै जि तखतै लाइक होई ॥
जिनी सचु पछाणिआ सचु राजे सेई ॥
            (गुरु ग्रंथ साहिब, महला ३, अंग 1088)

गुरु हरगोबिन्द जी ने अमृतसर में हथियार तैयार करने के प्रबंध किए, जिसे बनाने में सिकलीगर कारीगरों का बड़ा योगदान रहा। बठिंडा के पास गांव 'मेहराज' भी गुरु हर गोबिन्द साहिब की प्रेरणा से बना। छठे गुरु ने ही सतलज के तट पर 'कीरतपुर' शहर बसाया।

सातवें पातशाह गुरु हर राय जी ने कीरतपुर में पातालगढ़ किले का निर्माण किया और एक विशाल औषधालय बनवाया जिसमें देश भर से दवाएँ आयात की जाती थीं। सभी जरूरतमंद लोगों का बिना किसे भेदभाव के नि:शुल्क इलाज किया जाता और सिख प्रचार केंद्रों में भी दवाइयां यहीं से भेजी जाती।

नौवें पातशाह गुरु तेग बहादुर जी ने कीरतपुर से दस किलोमीटर दूर एक और शहर बनवाया—'आनंदपुर'। दसवें पातशाह गुरु गोबिन्द सिंघ जी ने आनंदपुर में आने वाले युद्धों की तैयारी के लिए पाँच किले बनाए—आनंदगढ़, होलगढ़, तारागढ़, लोहगढ़ और फतेहगढ़। गुरु गोबिन्द सिंघ जी ने नाहन के पास यमुना तट पर 'पांवटा' शहर की भी स्थापना की।

इससे पहले शहरों-कस्बों का निर्माण शाही खज़ाने से ही संभव था, जिनमें शाही परिवारों और नौकरशाहों के विलासमय जीवन के लिए रंग-महलों का निर्माण साधारण प्रवृत्ति थी। लेकिन गुरुकाल के 239 वर्षों के दौरान बनाए गए नए शहर अपने आप में अचरज उपलब्धि थी। यह सिखों के श्रम की कमाई से बने बेगमपुरा शहर थे जो समानता के सिद्धांतों पर संप्रभुता की दिशा में बढ़ते कदम थे:

बेगम पुरा सहर को नाउ ॥ दूखु अंदोहु नही तिहि ठाउ ॥
नां तसवीस खिराजु न मालु ॥ खउफु न खता न तरसु जवालु ॥
(गुरु ग्रंथ साहिब, भगत रविदास, अंग 345)

आज भी पंजाब में जगह-जगह सांझे सरोवर, बावड़ी, नगर, धर्म अस्थान, इत्यादि की निशानियों ने क्रांतिकारी सिख इतिहास को जीवित रखा हुआ है। इसमें पिछड़े वर्ग और तथाकथित सवर्णों ने मिलकर अपना योगदान पाया। प्रथम दृष्टि में जिज्ञासु के मन में यह प्रश्न विचार अधीन आना चाहिए कि क्या यह कार्य अत्यावश्यक नहीं थे? गुरु नानक जी से पहले यह प्रारम्भ क्यों न हो पाए? दलित चिंतक इतिहास की इस बेमिसाल उपलब्धि की खोज क्यों नहीं करते?

भाग3- ऐतिहासिक पक्ष

सिर धर तली गली मेरी आउ (ख़ालसा)

ख़ालसा सभी संदेहों का उत्तर है।

दसवें गुरु तक आते-आते सिखी ने लंबा सफर तय कर लिया था। संगत-पंगत की नई संस्थाओं के साथ अपने अलग धर्म स्थान, मातृ भाषा की नई लिपी, शब्द-गुरु के सिद्धांत पर धर्मग्रंथ, व्यवहारिक रीती-रिवाज, समानता पर बने नगरों का ढांचा, व्यापारिक अवसरों से बेहतर आर्थिक अवस्था, हथियारबंद अथवा युद्ध कला के साथ लासानी कुरबानियों की विरासत। भिन्न-भिन्न वर्गों में बंटे लोग एक करतार की विचारधारा के नीचे संगठित हो चुके थे। अब समय आ गया था गुरु नानक के मिशन को संपूर्णता देने का। यह संपूर्णता थी जन-साधारण को पूरे अधिकारों के साथ संप्रभुता प्रदान करने की। उपासक और पैगंबर में भेद समाप्त करने का। ऐसा रूपांतर मानव इतिहास में पहले कभी नहीं हुआ था। सिख इतिहास का यह अहम दिन ख़ालसा प्रकट दिवस कहा जाता है।

गुरु गोबिन्द राए (सिंघ) जी ने गहरे चिंतन के बाद 1699 की बैसाखी वाले दिन अनंदपुर शहर में भारी जनसमूह करने का फैसला किया। गुरु के बुलावे पर देश के कोने-कोने से सिख इकट्ठे हुए; इतिहासकार अस्सी हज़ार की गिनती बताते हैं। हमेशा की तरह गुरबाणी के शब्द-कीर्तन और विचार से संगत आनंदित महसूस कर रही थी। मंच पर गुरु गोबिन्द सिंघ खुद विराजमान थे। फिर गुरु अपने स्थान से उठे और म्यान से शमशीर निकाल कर गंभीरता के साथ गरजे, "सिखी के लिए मुझे एक सिर की जरूरत है। है कोई गुरु का सिख जो बिना किसे शंका के अभी अपना सिर इस तलवार की धार के आगे रख दे।"

गुरु की इस विचित्र मांग से सभी अचंभित थे। जंग में लड़ते हुए शहीद होना तो समझ में आता है, लेकिन गुरु की यह मांग जनसमूह की समझ से परे थी। गुरु नानक साहिब जी की बाणी है जिसमें वह सच से प्रेम करने वालों को अपना सिर हर समय तली पर रखने की शर्त रखते हैं। बिना 'काण' (झिझक) के 'सिर धर तली' रखने की शर्त। 'सिर धर तली' को तन और मन दोनों अर्थों में करना है। जो गुरु को

मन अर्पण करने का दावा करता हो, लेकिन तन अर्पण से पीछे हट जाए, उसका दावा झूठा है। जो मुहावरा प्रतीत हो रहा था, दसवें नानक उसे यथार्थ करने का आग्रह कर रहे थे:

जउ तउ प्रेम खेलण का चाउ ॥ सिरु धरि तली गली मेरी आउ ॥
इतु मारगि पैरु धरीजै ॥ सिरु दीजै काणि न कीजै ॥

(गुरु ग्रंथ साहिब, महला १, अंग 1412)

हज़ारों की सभा में सन्नाटा छा गया। गुरु ने दोबारा अपील की। तीसरी बार आह्वान करने पर एक आवाज़ आई, "गुरु जी मैं तैयार हूँ। देरी से उठने के लिए क्षमा चाहता हूँ।" यह आवाज़ थी भाई दया राम की, जो लाहौर (पंजाब) से सोबती कुल से थे जिसे खत्री वर्गीकृत किया गया था। गुरु गोबिन्द राए जी दया राम का हाथ पकड़कर पास में ही लगे एक तंबू के अंदर ले गए। कुछ देर बाद गुरु जी अकेले बाहर आए और इस बार हाथ में जो शमशीर थी वह खून से रंगी हुई थी। मंच पर आकर एक और सिर की मांग रख दी। इस बार भाई धरम दास उठे जो हस्तिनापुर (उत्तर प्रदेश) के रहने वाले जाट बिरादरी से थे जिसे वर्ण-आश्रम में शूद्र कहा जाता है। भाई धरम दास को भी गुरु जी तंबू में ले गए और फिर अकेले बाहर आए। खून से लथपथ तलवार फिर उनके साथ थी।

इस तरह कुल पाँच बार हुआ, अर्थात कुल पाँच सिर की बारी-बारी मांग की गयी। बाकी तीन सिख जो प्रेम के बंधे सिर देने के लिए आगे आए वह भी तथाकथित शूद्र ही थे। इन पाँच (प्यारों) के नाम, कुल और स्थान निम्नलिखित थे:

भाई दया राम, सोबती, लाहौर (पंजाब)
भाई धरम दास, जाट, हस्तिनापुर (उत्तर प्रदेश)
भाई हिम्मत राए, झीवर, पुरी (ओडिशा)
भाई मोहकम चंद, छिम्बा, द्वारका (गुजरात)
भाई साहिब चंद, नाई, बिदर (कर्नाटक)

इन पाँचों के नामों का अनुक्रम अपने-आप में अलौकिक संदेश है। 'दया' (करुणा) के आधार पर 'धर्म' होना चाहिए। धर्म का रास्ता 'हिम्मत' वालों का है जो निर्भयता के गुण से आता है। 'मोहकम' अर्थात स्थिरता व संतोष जीवन में ज़रूरी है जो

निरवैरता की उपज है। इस रास्ते का अनुसरण करने वाला ही 'साहिब' है, भाव संप्रभुता को प्राप्त कर सकता है।

सतु संतोखु दइआ धरमु सीगारु बनावउ ॥
सफल सुहागणि नानका अपुने प्रभ भावउ ॥

(गुरु ग्रंथ साहिब, महला ५, अंग 812)

दूर-दूर से आई संगत गुरु के नए रूप को देखकर हैरान थी। कुछ दबी आवाज़ में एक-दूसरे से फुसफुसा रहे थे। तभी गुरु गोबिन्द राए जी पाँचवीं बार फिर तंबू से बाहर निकले। इस बार अकेले नहीं, पाँच सिखों के साथ जिन्होंने एक जैसी सुंदर पोशाक पहनी थी, सिर पर दस्तार (पगड़ी), हाथ में कृपाण थी। दशमेश गुरु ने भरे दीवान में एलान किया, "यह पाँच प्यारे हैं।"

तंबू के अंदर क्या हुआ इस पर कुछ इतिहासकारों ने अपने अंदाज़े लगाए हैं, लेकिन जो गुरु ने पर्दे के पीछे रहने दिया, उस पर अटकलें लगाना ठीक नहीं। इसे गुरु और पाँच प्यारों ने पर्दे में ही रखा। क्योंकि गुरु जी उसके ऊपर हमारा ध्यान केंद्रित रखना चाहते हैं जो आगे होने वाला था। जो हो चुका था, वह इतिहास की एक बार की अनोखी घटना थी। जो आगे होने वाला था, वह सभी के लिए है और बार-बार दोहराने के लिए है। गुरु साहिब जन-साधारण को संपूर्ण अधिकारों के साथ धर्म के संचालन का उत्तरदायित्व देने जा रहे थे।

गुरु गोबिन्द राए जी की मांग पर जिन पाँच स्वैच्छिक ने अपना सिर भेंट किया, वह सभी भिन्न-भिन्न जनजातियों से तो थे मगर कोई महिला आगे नहीं आई। कोई महिला स्वेच्छया पूर्ण आगे क्यों नहीं आई? इसका कारण कहीं न कहीं मर्द-प्रधान समाज में औरत के आत्मविश्वास की कमी रही होगी। उपस्थित महिलाओं को तलवार और शीश पर मर्दों का प्राधिकार परिवर्तित दिखा होगा। इसलिए वहां मौजूद महिलाओं (जो गिनती में भी कम उपस्थित होंगी) ने खुद को इस परीक्षा के योग्य ही नहीं समझा होगा।

लेकिन दुनिया की सबसे बड़ी दलित जाति और मानवता का आधा हिस्सा औरत है। इसलिए दस गुरुओं में कोई महिला क्यों नहीं, इसका कारण भी यथार्थतः वही

है जो अब तक हम इस किताब में पिछड़ी जाति संबंधित समझने की कोशिश कर रहे हैं। जिस तरह से समाज 'शूद्र' का मार्गदर्शन लेने के लिए अभी तैयार नहीं था, उसी तरह औरत के मार्गदर्शन के लिए भी मर्द-प्रधान समाज तैयार नहीं था; न सवर्ण, न पिछड़ा वर्ग, न ही अन्य धर्म। यहां तक कि औरत भी औरत को गुरु मानने के लिए तैयार नहीं थी। डॉ अम्बेडकर भी अज्ञानता के परिणामस्वरूप औरत को ब्राह्मणवाद के खिलाफ विद्रोह न कर पाने को बड़ा कारण मानते हैं। उनका कहना था:

शूद्र और महिलाएं - दो वर्ग जिनकी मानवता को ब्राह्मणवाद ने सबसे अधिक विकृत किया था - के पास व्यवस्था के खिलाफ विद्रोह करने की कोई शक्ति नहीं थी।

उन्हें ज्ञान के अधिकार से वंचित कर दिया गया था, इस थोपी गई अज्ञानता के परिणामस्वरूप वे यह महसूस ही नहीं कर सके कि उनकी स्थिति इतनी खराब हो गई थी। वे यह नहीं जान सकते थे कि ब्राह्मणवाद ने उनके जीवन के महत्व को पूरी तरह से लूट लिया है। ब्राह्मणवाद के खिलाफ विद्रोह करने के बजाय, वे ब्राह्मणवाद के भक्त और समर्थक बन गए थे। (बुद्ध एंड हिज़ धम्म, खंड पहला, भाग 5.3)

अब तक जितने धर्म आए उनमें औरत को हमेशा मर्द के अधीन ही रखा गया था। जितने धर्म संचालक आए वह सभी पुरुष ही थे।

सिखी के कारण नारी के जीवन में बहुत तबदीली आ रही थी। लेकिन अभी भी आत्मविश्वास की जो कमी रह गई थी, गुरु उस प्रति सचेत थे। तो क्या हुआ अगर औरत स्वेच्छया पूर्ण आगे नहीं आई? गुरु ने खुद ही नामांकित कर दिया। गुरु गोबिन्द राए जी ने सभा में मौजूद अपनी पत्नी, माता साहिब देवां, को चुन लिया। अब गुरु गोबिन्द राए जी और माता साहिब देवां ने मिलकर पाँच प्यारों का अनुष्ठान शुरु किया।

आगे बढ़ने से पहले महात्मा बुद्ध के जीवन की कहानी का जिक्र करना बनता है। जिस समय तथागत शाक्यों के न्योग्रोधाराम में ठहरे हुए थे, उनके पास उनका पालन-पोषण करने वाली माँ महाप्रजापति गौतमी धर्म-दीक्षा लेने आई। माँ गौतमी के साथ बुद्ध की पत्नी यशोधरा तथा अन्य स्तियां भी आई थीं। लेकिन बुद्ध ने औरतों

को दीक्षा देने के लिए मना कर दिया। महाप्रजापति गौतमी मानी नहीं और भिक्षुओं जैसा भेस धारण कर लिया। सिर के बाल मुंडवाकर भगवा वस्त्र पहन लिए। फिर वेशाली में बौद्ध विहार नंगे पांव आकर बुद्ध से धम्म-दीक्षा लेने की दोबारा प्रार्थना की। लेकिन बुद्ध ने फिर से मना कर दिया। तब महाप्रजापति गौतमी बाकी स्त्रियों के साथ बरामदे के दरवाज़े पर ही खड़ी हो गई। बुद्ध के अति नजदीकी भिक्षु आनन्द ने स्त्रियों की हालत को देखा। उनके पैर सूजे हुए थे, वस्त्र मिट्टी से गंदे, और आंखों में आंसू थे। आनन्द के बहुत मनाने पर आखिर बुद्ध मान गए। लेकिन औरतों के लिए अतिरिक्त आठ शर्तें रखीं जिनका पालन करने पर ही औरतों को धम्म-दीक्षा देकर संघ में शामिल किया गया। (डॉ. अम्बेडकर, बुद्ध एंड हिज़ धम्म, खंड दूसरा, भाग 7.1 का संक्षिप्त वर्णन)

इसके ठीक विपरीत सिखी में जब पहली बार दीक्षा देने के अनुष्ठान की तैयारी हो रही थी, तो स्त्री दीक्षा लेने के लिए नहीं, बल्कि दीक्षा देने के अधिकार के साथ बराबर सहयोगी थी। माता साहिब देवां (कौर) को ख़ालसे की माता भी कहा जाता है।

इस अनुष्ठान को 'खंडे की पाहुल' अथवा 'अमृत छक्ना' कहते हैं। एक लोहे के बाटे (बरतन) में स्वच्छ जल लिया, जिसमें माता साहिब देवां जी ने पतासे (चीनी) डाले और गुरु साहिब ने खंडे के साथ घोलना आरंभ किया। इसके साथ-साथ सातों ने मिल कर गुरबाणी का पाठ किया।

खंडे की पाहुल तैयार करते समय कौन सी बाणी पढ़ी गई होगी, इसे लेकर इतिहासकारों तथा सिख संप्रदायों में मतभेद है। निर्मला संप्रदायों द्वारा बहुत सी रचनाएं गुरु गोबिन्द सिंह जी के नाम से बाद में लिखी गई थी। इस 'कच्ची बाणी' को एकत्र करके कुछ ग्रंथ तैयार किए गए, जैसे बचित्र नाटक, सरब लोह, सौ साखी, इत्यादि। बाद में बचित्र नाटक का नाम बदल के दसम-ग्रंथ रख दिया गया जिससे लोगों को भ्रमित करना आसान हो सके। बेशक, गुरु गोबिन्द सिंह जी ने ख़त (हुक्मनामे), काव्य, इत्यादि लिखे। लेकिन, अगर गुरु गोबिन्द सिंह जी इन्हें गुरबाणी के तौर पर लिखते तो उसे गुरु ग्रंथ साहिब में दर्ज ज़रूर करते, जैसे उन्होंने गुरु तेग बहादुर जी की बाणी दर्ज की थी। गुरु गोबिन्द सिंह जी ने खुद ही तो गुरु ग्रंथ साहिब को गुरिआई दी थी, जिसमें उनकी कोई रचना नहीं है। गुरु ग्रंथ साहिब जी की संरचना से भी यह स्पष्ट हो जाता है कि पहले 13 पृष्ठ में दर्ज बाणी को नितनेम

(रोजाना) पढ़ने की हिदायत है। यह बाणी है: मूल मंत्र, जपु, सो दर, सो पुरख, सोहिला। खंडे की पाहुल तैयार करते समय भी यही पढ़ी गई होगी, या गुरु ग्रंथ साहिब जी में से ही कोई और रचना हो सकती है। लेकिन गुरु ग्रंथ साहिब से बाहर कोई बाणी पढ़ी हो, यह मानने योग्य नहीं।

पाहुल तैयार करने के बाद, गुरु जी ने वह मीठा जल पाँच प्यारों को बारी-बारी बाटे से मुंह लगाकर पिलाया। सभी को एक दूसरे की झूठ मिले, इसके लिए दोबारा फिर उलटे क्रम में मीठा जल पिलाया गया। उन सभी को बोला, "आज से आपका पिछला धर्म नाश, कर्म नाश, जन्म नाश, श्रम नाश और भ्रम नाश। आज से आप ख़ालसा हो।" ख़ालसा का अर्थ ही आज़ाद होता है। जो केवल अकाल पुरख को जवाबदेह है, किसे दुनियावी हस्ती को नहीं।

पाँचों को नया नाम मिला। दया राम से भाई दया सिंघ हुए। इसी तरह भाई धरम सिंघ, भाई हिम्मत सिंघ, भाई मोहकम सिंघ और भाई साहिब सिंघ। अभी कौतक समाप्त नहीं हुआ था। इसके बाद गुरु जी ने एक और अलौकिक फैसला लिया जिसके कारण सिख संगत गुरु की महिमा में अकसर गाते हैं, "वाह वाह! गोबिन्द सिंघ आपे गुर-चेला।" गुरु गोबिन्द राए जी ने पाँच प्यारों को विनती की वह उन्हें और माता साहिब देवां को भी खंडे की पाहुल प्रदान करें और ख़ालसा पंथ का हिस्सा बनाए। फिर पाँच प्यारों ने मिलकर उसी बाटे से अपने गुरु और माता जी को खंडे की पाहुल दी। तभी से वे गुरु गोबिन्द राए से गुरु गोबिन्द सिंघ हुए और साहिब देवां से माता साहिब कौर।

पुरुषों के नाम के साथ सिंघ और महिलाओं के नाम के साथ कौर निर्धारित किया। सिंघ का मतलब शेर है, कौर का मतलब शहजादी। दुनिया का एकमात्र सिख पंथ ही है जिनके नामों के साथ एक पिछेतर लगता है।

इस पश्चात सातों मंच पर इकट्ठे खड़े हुए और गुरु गोबिन्द सिंघ जी ने स्वेच्छया से सभी को पाँच प्यारों से खंडे की पाहुल लेने का आग्रह किया। उन पाँचों ने उपस्थित संगत को दीक्षा दी। फिर दीक्षा प्राप्त नर-नारी ने खुद पाँच प्यारों के रूप में बाकी इच्छुक संगत को खंडे की पाहुल प्रदान की। इस तरह उस दिन उपस्थित संगत में से हज़ारों ने खंडे की पाहुल प्राप्त की। अपने-अपने गांव लौटकर उन्होंने इसे दोहराया और दूसरों को बिना किसे भेद-भाव के ख़ालसा पंथ में शामिल किया।

यही नियम आज तक चल रहा है। संगत अपने में से ही पाँच सिंघ या कौर चुनती है जिन्होंने पहले से दीक्षा प्राप्त की हो, वही पाँच प्यारे कहलाते हैं, जो दूसरों को भी खंडे की पाहुल प्रदान करते हैं। क्योंकि यह सभी के लिए है और बार-बार दोहराने के लिए है। गुरु साहिब ने जन-साधारण नर-नारी को संपूर्ण अधिकारों के साथ धर्म के संचालन का उत्तरदायित्व दे दिया है।

पुजारी श्रेणी हर समय खुद को स्थापित करने की कोशिश में रहती है, फिर चाहे वह कोई भी धर्म हो। लेकिन जन-साधारण में से चुने गए 'पाँच' के पास अधिकार होने के कारण किसी एक जाति, नस्ल, या लिंग के व्यक्ति के पास अधिकार न रहा। इसी कारण से सिखी में न तो कोई जाति विशेष और न ही पुजारी कभी प्रमुखता हासिल कर सकता है। साधारण सिख ही उत्कृष्ट रहेंगे।

ख़ालसा को पाँच चिन्ह धारण करने का निर्देश दिया। इनकी अनिवार्यता हर नस्ल व रंग के पुरुष और महिला के लिए समान हैं। इन सभी के नाम 'क' से शुरु होते हैं, इसलिए इन्हें 'कक्कार' कहते हैं। गुरबाणी विचारधारा के अनुकूल ख़ालसे के पाँच कक्कार इस प्रकार हैं:

1) केश: सिख को अपने शरीर के केश (बाल) कभी नहीं काटने। अकाल पुरख की रज़ा में आते मनुष्य के बाल हुक्म में रहने की विचारधारा को दृढ़ करवाते हैं। केशों के सत्कार के लिए सिर पर दस्तार बांधी जाती है जो सिख के लिए किसे ताज से कम नहीं। दस्तार न केवल पुरुष बल्कि महिलाएं भी पहन सकती हैं।

2) कंघा: सिख न तो योगियों की तरह जटा रखते हैं और न ही भिक्षुओं की तरह मुण्डन करते हैं। सिख केश के साथ कंघा रखते हैं। गांठदार उलझे केश उसी तरह निकाल देने हैं जिस तरह लंबे हो चुके नाखून हम काट देते हैं। केश संवारने के लिए कंघा जहां शारीरिक स्वच्छता बनाए रखने को समझाता है, वहीं हुक्म को मध्य मार्ग के अनुकूल परिभाषित करता है।

3) कड़ा: कलाई में पहने जाने वाला लोहे का बना कड़ा अमीर-गरीब सभी के लिए आभूषण है जो समानता दर्शाता है। गोल आकार होने के कारण यह

सिख को केवल उस अकाल पुरख की याद दिलाता है जिसका न आरंभ है न अंत। लोहे के साथ कई वहम जुड़े हुए हैं। सिख का हर समय लोहे को पहनना समाज में फैली भ्रांतियों को चुनौती देता है।

4) कच्छ: गुप्त अंगों को ढकने के लिए सिलाई करके बना कच्छ (कच्छा) सिख को ऊंचे आचरण को बनाए रखने की प्रतिज्ञा याद दिलाता है। सिख ने विवाह के बाहर नर-नारी से शारीरिक संबंध नहीं रखने।

5) कृपाण: माला, कमंडल या भिक्षा के कटोरे को गुरु ने धर्म का चिन्ह नहीं स्वीकारा। मज़लूम पर होते अत्याचार को रोकने के लिए अथवा अपने हकों की रक्षा के लिए सिख को कृपाण धारण करने का आदेश दिया है। कृपाण का अर्थ है 'कृपा' या 'आन' के लिए है। यह सिख को अपनी स्वतंत्रता सुरक्षित रखने की लिए संघर्ष के लिए प्रेरित करती है।

इस पाँच कक्कारी स्वरूप को 'बाणा' कहते हैं। सिखी बाणी और बाणे का सुमेल है। अकसर जाति के आधार पर पहनावा भी निर्धारित होता था। या यूं कहा जा सकता है कि पहनावे से जाति पहचानी जा सकती थी। बाणे का स्वरूप सभी जाति, रंग, नस्ल, और लिंग के लोगों के लिए एक समान होने के कारण समानता लाने का बड़ा कारण बना। हर कोई अपने सिर पर पगड़ी सजा सकता है।

निराला बाणा अनुशासन में रहने के लिए साहस बनाई रखता है। इसे संभाले रखना निरंतर प्रयास की मांग करता है जो कौम में उधम बनाए रखता है। देश-विदेश में विभिन्न कार्यक्षेत्रों में लंबी कानूनी लड़ाइयों के बाद मिली केश, दस्तार व कृपाण रखने की आज़ादी की आए दिन मिलती खबरें, कौम में नया जोश भर देती हैं।

छोटे बच्चों के केश की संभाल तो माता-पिता को ही करनी होती है। जब माँ अपने बेटे या बेटी के बाल संवारती है या पिता उनके सिर पर दस्तार सजाता है, तो यह बच्चों के सिर पर माता-पिता के स्पर्श का सुसंयोग प्रदान करता है। सचेत माता-पिता कंघा करने तथा दस्तार बांधने के समय को अकसर बच्चों के साथ गुरबाणी पाठ या गुरु इतिहास पर चर्चा के सुअवसर में बदल देते हैं।

रोहतक, हरियाणा से जाट बिरादरी से संबंधित मनोज सिंघ दूहन बहुत ही सफलता पूर्वक युनाईटिड सिख मिशन चला रहे हैं। वह पहले मनोज कुमार दूहन थे, यानी खुद को हिंदु मानते थे। लेकिन अब मनोज सिंघ अपने मिशन के अधीन सभी जन-जातियों को सिख धर्म से जोड़कर युनाईट करने का प्रभावशाली कार्य कर रहे हैं। उनका सिखी स्वरूप के प्रति अलग नज़रिया पाठकों के लिए ताजी हवा का झोंका हो सकता है:

"अगर हम ख़ालसा स्वरूप को देखें तो इस स्वरूप में और कबीलाई स्वरूप में मोटा मोटी कोई अंतर नहीं है। बलोच, पठान, अफ़रीदी, गुज्जर, जाट, मीणा, इत्यादि, हमारे पूर्वज जिस स्वरूप में थे, सिखी ने उस स्वरूप को ही मान्यता देकर धर्म का हिस्सा बना लिया। सिखी कोई आरोपित धर्म नहीं है, बल्कि हमारी ही देशज परम्पराओं का विस्तार है। सिखी हमारे पुरखों को खत्म नहीं करती, बल्कि उन्हें अकाल पुरख से जोड़कर महान शक्ति में तबदील करती है। दुर्भाग्य से सिखी के शहरी प्रचारकों ने हमें यह तो बताया कि केश मूँछ दाढ़ी रखना प्राकृतिक है, लेकिन इस प्राकृतिक स्वरूप के पीछे की कबीलाई बैकग्राउंड को अनजाने में छिपा दिया, जिससे एशिया के मजबूत कबीलों में सिखी के प्रति वह आकर्षण पैदा नहीं हो पाया जो पैदा होना चाहिए था। अन्यथा, क्या कारण है कि एक जीसस की क़ुर्बानी ने ईसाइयत को दुनिया का सबसे बड़ा धर्म बना दिया, जबकि यहाँ क़ुर्बानी पर क़ुर्बानी होने पर भी हम भारत में ही दो प्रतिशत पर सिमट गए। इसका कारण मैं यह मानता हूँ कि सिखी के शहरी प्रचारकों ने इसकी केवल वही व्याख्या की जो कि व्यापार सम्मत थी, न कि वह व्याख्या जो कि कबीलाई संस्कृति सम्मत थी। मेरी समझ मुताबिक सिखी कबीलों को खत्म नहीं करती, बल्कि उन्हें मकसद देती है। क्या मकसद देती है? मकसद देती है आपस में प्रेम से रहने का, बाँट कर खाने का, मेहनत करने का, एक अकाल पुरख से जुड़ने का, जुल्म के खिलाफ अड़ जाने का, मानस की जात सब एक पहचानने का। इस मकसद का नाम ख़ालसा है।" (सरदार मनोज सिंघ दूहन, 4 मार्च 2022, फेसबुक पोस्ट)

कुछ लोग कहते हैं कि केशों की बाध्यता अगर न हो तो सिखी बहुत फैल जाएगी। उन्हें बोध होना चाहिए, सिन्धियों की बहुत बड़ी गिनती है जो मूलतः पाकिस्तान के सिन्ध प्रांत से हैं। सिन्धी खुद को गुरु नानक जी के अनुयायी मानते हैं लेकिन उन्होंने

खुद को खालसे के बाणे से नहीं जोड़ा। इसका नतीजा यह हुआ कि वह बाणी से भी न जुड़ पाए और समय के प्रभाव में अधिकांश सिन्धी परिवार ब्राह्मणवादी मुख्य धारा में सम्मिलित हो चुके हैं।

गुरु गोबिन्द सिंघ जी ने खालसे को सावधान किया कि खालसे का तेज इसके अपने निराले गुणों के कारण है। अगर यह बिपरन (ब्राह्मणवादी) रीतों में फंस गया तो इसका तेज भी जाता रहेगा:

> जब लग ख़ालसा रहे निआरा॥ तब लग तेज किओ मैं सारा॥
> जब इह गहै बिपरन की रीत॥ मैं न करों इन की प्रतीत॥
>
> *(गुरु गोबिन्द सिंघ जी)*

कुछ लोग पाँच कक्कारों को पुराने समय का बताने के लिए कृपाण पर सवाल करते हुए कहते हैं कि आधुनिक ज़माना तो पिस्तौल का है। यह लोग इतिहास को अच्छी तरह से समझते नहीं। बारूद का इस्तेमाल तो गुरु नानक साहिब जी के समय से ही शुरु हो गया था। गुरु साहिब ने खुद लिखा कि बाबर और लोधी सुलतान के बीच हुए युद्ध में बाबर के पास बंदूकें होना उसकी विजय के मुख्य कारणों में से एक था:

> मुगल पठाणा भई लड़ाई रण महि तेग वगाई ॥
> ओन्ही तुपक ताणि चलाई ओन्ही हसति चिड़ाई ॥
> जिन्ह की चीरी दरगह पाटी तिन्हा मरणा भाई ॥
>
> *(गुरु ग्रंथ साहिब, महला १, अंग 418)*

अर्थ: जब मुग़लों और पठानों की लड़ाई हुई, लड़ाई के मैदान में (दोनों पक्षों ने) तलवार चलाई।

मुग़लों ने बंदूकों के निशाने साध-साध के गोलियां चलाई, पर पठानों ने हाथियों को आगे किया।

पर हे भाई! जिनकी चिट्ठी (मौत का फर्मान) दरगाह में फट ही गई, उन्होंने तो मरना ही हुआ।

गुरु गोबिन्द सिंघ जी और उस समय की सिख फौज के पास भी बंदूकें थीं। मंडी, हिमाचल प्रदेश, गुरुद्वारे में गुरु गोबिन्द सिंघ जी की बंदूक आज भी संरक्षित पड़ी है। कहने का मतलब सत्रहवीं सदी के अंत तक आते-आते बंदूकों का इस्तेमाल होना आम बात हो चुकी थी और इनका तलवार के मुकाबले घातक होना सभी को पता था। जरूरत के अनुसार किसी को लगता है कि उसके पास तीर-कमान, तलवार, कटार या बंदूक होनी चाहिए, वह उसकी अपनी मर्जी है। खालसे के पाँच कक्कारों में गुरु गोबिन्द सिंघ जी ने कृपाण ही दी है। धार्मिक चिन्ह का मकसद जरूरत पूर्ति के साथ-साथ समाज में आत्म सम्मान और समता लाना भी है। कड़ा भी तो सोने या चांदी का हो सकता था, लेकिन लोहे का ही दिया है। पाँच कक्कारों को आधुनिक या पुरातन कहना गलत है। यह हर समय एक समान ही रहेंगे।

अकसर ऐसी चर्चा भी सुनने को मिलती है कि पहले सच्चा सिख बनना होगा, फिर खालसा। कुछ विचारक इसे सिख-सिंघ-खालसा का सफर कहते हैं। खालसे की साजना दसवें गुरु के समय होने के कारण यह विचार ऐतिहासिक क्रम के आधार पर तो सही है, लेकिन इसी को सिद्धांतक क्रम कहना सही नहीं है। क्योंकि खालसा गुरु नानक के मिशन की ही 'सम्पूर्णता' है। सम्पूर्णता का यह मतलब नहीं कि अब हर किसी को शुरू से शुरू करना होगा। यह सम्पूर्णता प्रतिमान (आदर्श) की है जो लक्ष्य प्राप्ति की ओर सरलता से ले जाता है। प्रतिमान अपने आप में लक्ष्य प्राप्ति नहीं है। खालसा जाब्ते में रहने की वचनबद्धता है। पाँच कक्कारों के रूप में यह स्थूल दृष्टिगोचर वचनबद्धता है। यही कारण है कि जब कोई जाब्ते को भंग करता है तो सबसे पहले उस पर बाणे को कलंकित करने का लांछन लगता है।

इसे समझने के लिए एक उदाहरण देखिए। हमने समझा कि 'कच्छा' विवाह के बाहर नर-नारी से शारीरिक संबंध न रखने के जाब्ते की वचनबद्धता है। लेकिन गुरु ग्रंथ साहिब में पराई औरत या पराया धन को देखने को ही आंखों का सूतक (अपवित्रता) कहा गया है। इसलिए पराई स्त्री के रूप को अपनी आँखों से देखने की वासना नहीं रखनी चाहिए:

अखी सूतकु वेखणा पर त्रिअ पर धन रूपु ॥

(गुरु ग्रंथ साहिब, महला १, अंग 472)

पर त्रिअ रूपु न पेखै नेत्र ॥

(गुरु ग्रंथ साहिब, महला ५, अंग 274)

यकीनन सिख बनने की शर्त खालसे के जाब्ते से कठिन है। जाब्ता जब सहज आचरण बन जाए, तो वही गुरसिख की अवस्था है। तो रास्ता सिख से खालसे का नहीं, खालसा से सिख की तरफ का है।

ख़ालसे की साजना की विचार सभी संदेहों का अंत कर देती है। सिद्धांतक तल पर तो गुरु की कोई जाति व कुल नहीं। लेकिन जो पूछते हैं कि सिख-गुरु पिछड़ी जाति से क्यों नहीं। उन्हें यह तो समझना होगा कि जहां गुरबाणी रचयिता सभी जातियों से आते हैं, वहीं पाँच प्यारों के रूप में भौतिक शरीर भी सभी जाति व लिंग से आता है। गुरु गोबिन्द सिंघ जी ने तो खुद ही पाँच प्यारों से दीक्षा प्राप्त की, जिनमें पिछड़े वर्ग के व्यक्ति भी थे। तो पिछड़ी जातियों को अगर किसी ने आधिकारिक तौर पर गुरु स्थापित किया है तो केवल सिख धर्म ने। तो आओ, जो भी महिला या पुरुष अपना जीवन ईश्वरीय हुक्म अनुसार संप्रभुत्व से जीना चाहता है, ख़ालसा सिख बने और सम्पूर्ण अधिकारों के साथ दूसरों को भी सिखी की दीक्षा दें। *वाह वाह! गोबिन्द सिंघ आपे गुर-चेला।*

सबद मरहु फिर जीवहु सद ही

सिख धर्म चाहे दुनिया का सबसे नया धर्म हो, लेकिन इसका इतिहास बहुत विशाल और गरिमापूर्ण है। दूसरे धर्मों में आने के लिए तो जन्नत या स्वर्ग का लालच मिलता है, लेकिन गुरबाणी स्पष्ट रूप से सच के रास्ते के लिए 'सिर धर तली' की शर्त रखती है। गुरुओं ने खुद कुरबानियों का उदाहरण स्थापित करके नेतृत्व किया है। सिख अपने गुरुओं के दर्शाये आदर्श से विषम से विषम परिस्थितियों में अडोल रहकर मुकाबला करना सीखते हैं। शहीदों को याद करना सिख मानसिकता का अविभाज्य पहलू है।

गुरु नानक साहिब से पहले पंजाब में प्रमुख पाँच विचारधाराएं थी—ब्राह्मणी मत, योग मत, कब्रों की पूजा करने वाले सखी-सरवर, कट्टर इस्लामिक नक्शबंदी सूफ़ी, और उदारचित्त इस्लामिक सूफ़ी। उदारचित्त सूफ़ियों को छोड़कर बाकी चारों ने सिखी का हर मुमकिन विरोध किया। चाहे यह चारों एक-दूसरे के कट्टर विरोधी थे, लेकिन सिखी के खिलाफ सभी इकट्ठे थे।

बाबा फरीद उदारचित्त सूफ़ी परंपरा से ही थे जिनकी बाणी गुरु ग्रंथ साहिब जी में है। साईं मिया मीर और पीर बुद् शाह जी गुरु काल के समय के सूफ़ी हैं जो गुरुओं के साथ खड़े हुए।

क्षत्रिय राजे और कट्टर इस्लामिक मुग़लों की सिखी के खिलाफ हमेशा जुगलबंदी रही, जिसने क्रूरता की सभी हदें पार कर दी। इस गठबंधन को कम शब्दों में समझने के लिए भंगानी के युद्ध की उदाहरण पाठकों के लिए सही रहेगी। हिंदु क्षत्रिय पहाड़ी राजाओं ने सन 1688 में गुरु गोबिन्द सिंघ जी के ऊपर जोरदार हमला किया, जिसे भंगानी का युद्ध कहा जाता है। यह गुरु गोबिन्द सिंघ जी के समय की पहली जंग थी। इस जंग में पीर बुद् शाह जी ने गुरु गोबिन्द सिंघ जी का साथ दिया था, जिसमें पीर जी के दो पुत्र और एक भाई शहीद हुआ। गुरु का साथ देने के कारण सरहिंद के फौजदार उसमान खान ने 1704 में पीर बुद् शाह का

बड़ी बेरहमी से कत्ल कर दिया था। बाबा बंदा सिंघ बहादुर ने उसमान खान को 1709 में मौत के घाट उतार उसे उसके किए की सज़ा दी।

पंजाब के खत्री ब्राह्मणवाद के मजबूत स्तंभ थे। अज्ञानता वश यह वर्ण-व्यवस्था की मलिनता में ही प्रमुदित थे। गुरुओं की खुद की तथाकथित खत्री जाति होने के कारण, इनमें से बड़ी संख्या ने ब्राह्मणवाद का त्याग किया और सिख बने। इनके सिख बनने से ब्राह्मणवाद के तन्तुजाल में सेंध लग पाई। जिन खत्रियों ने खुद को सिखी की महक से दूर रखा, वह हर समय गुरुओं और सिखों के खिलाफ ही भुगते। यह सिलसिला आज तक जारी है।

पंजाबी हिंदूओं में अधिकांश खत्रियों का प्रभाव है। राष्ट्रवाद की आड़ में पंजाब व सिखों के हकों के खिलाफ इन्हें खड़ा कर दिया जाता है। सिखी के प्रति नफरत के कारण पंजाबी हिंदूओं ने 1951 और 1961 की जनगणना में पंजाबी के बजाय अपनी मातृ भाषा हिन्दी दर्ज की। शायद यह दुनिया की एक मात्र कौम होगी जिसने अपनी माँ बोली के खिलाफ ही जिहाद किया हो। संघी ढांचे को बचाने के लिए चले पंजाबी सूबे के संघर्ष को केंद्र सरकार ने हिंदु-सिख का मुद्दा बना दिया, जिसमें पंजाबी हिंदु स्वैच्छिक मोहरा बने। 1980-90 के दशक में चले खूनी दौर का मुख्य कारण यही था कि पंजाब को पंजाबी हिंदूओं का साथ नहीं मिला। जो लोग गुरुओं के तथाकथित खत्री जाति से होने के कारण सिख धर्म को खत्रियों का धर्म समझने की भूल करते हैं, वह हिन्दू खत्रियों की सिखी को ध्वस्त करने की कोशिशों के बारे में ज़रूर पढ़ें।

प्रतिक्रांति तो उसी दिन से शुरु हो गई थी जब गुरु नानक ने ब्राह्मण के दिए जनेऊ (यज्ञोपवीत) को पहनने से मना कर दिया था। जैसे-जैसे सिखी असूल ज़मीनी तल पर रूपमान होते गए, प्रतिक्रांति भी क्रूर होती गई। तीसरे गुरु अमर दास जी तक आते-आते तो सिखी बहुत फैल गई थी। हिन्दू, मुसलमान और शूद्र, सभी सिखी को अपना रहे थे।

गोइंदवाल में बहुत बड़ा कुँआ (बाउली) लगवाया, जिससे बिना किसे भेद-भाव के हर कोई जल प्राप्त करता था। संगत में आने से पहले सांझी पंगत में बैठकर भोजन करने को अनिवार्य कर दिया। कुछ जाति-अभिमानी लोग इस अनिवार्यता को न मानते हुए चिढ़ कर वापस चले जाते। गुरु अमर दास जी ने स्त्रियों के पर्दा

करने और क्रूरता भरपूर सती-प्रथा के खिलाफ जोरदार आवाज़ उठाई। उन्होंने महिलाओं को पर्दा करके गुरु दरबार में आने की सख्त मनाही की हुई थी, तथा विधवा पुनर्विवाह को प्रोत्साहित किया। बीरबल मुग़ल दरबार में ब्राह्मणवादियों का प्रतिनिधि व सिखों का विरोधी था। अकबर जब लाहौर गया तो उस पास शिकायतें पहुंचाई गई कि गुरु अमर दास हिंदु धर्म का अपमान कर रहे हैं।

अकबर ने गुरु साहिब को दरबार में पेश होने का नोटिस भेजा। गुरु अमर दास जी ने अपने दामाद (गुरु) राम दास जी को भेजा, जो बाद में चौथे गुरु बने। जब अकबर ने शिकायतों का उत्तर गुरबाणी की रोशनी में सुना, तो वह समझ गया कि शिकायतें ईर्ष्या और नफरत वश निराधार थी। अकबर ने (गुरु) राम दास जी का आदर किया और ब्राह्मण शिकायतकर्ता अपमानित हुए। अकबर जब लाहौर से दिल्ली के लिए रवाना हुआ तो वह रास्ते में गोइंदवाल गुरु अमर दास जी से मिला और पंगत में बैठकर लंगर खाया। सिख इतिहास के अनुसार सन 1569 में हुई इस भेंट वार्ता में गुरु अमर दास जी ने अकबर को सती-प्रथा के ऊपर कानूनी रोक लगाने का आग्रह भी किया था। नए नगर अमृतसर के लिए ज़मीन भी अकबर से मूल्य देकर खरीदी गई।

अकबर दोबारा 1598 में गोइंदवाल आया तो पाँचवें गुरु, गुरु अरजन जी, से मुलाकात हुई। इस बार वह पंजाब में पड़े भयंकर सूखे में गुरु द्वारा जन-साधारण की सेवा से बहुत प्रभावित था। गुरु जी के आग्रह पर अकबर ने उस साल का किसानों का राजस्व माफ किया जो बरसात न होने के कारण बुरी हालत में थे।

गुरु अरजन जी और उनके परिवार के ऊपर कई बार जान से मारने के हमले हो चुके थे। जिसमें उनका बड़ा भाई प्रिथी चंद भी ईर्ष्या के चलते षड्यंत्र में शामिल था। दिल्ली दरबार में उच्च अधिकारी दीवान चंदू लाल खत्री की गुरु अरजन जी के प्रती निजी रंजिश भी थी। चंदू ने अपनी लड़की का रिश्ता उनके पुत्र (गुरु) हरगोबिन्द जी के लिए भेजा था। चंदू के जाति अभिमानी रवैये के चलते गुरु अरजन जी ने रिश्ता ठुकरा दिया था। चंदू लाहौर निवासी था। इसका लाहौर और दिल्ली दरबार दोनों जगह रसूख था। दीवान चंदू लाल खत्री के आग्रह पर राजस्व अधिकारी व फौजदार सुलही खान ने अमृतसर पर हमले का मनसूबा बनाया। पहले उसने अमृतसर तथा हरिमन्दिर साहिब की उसारी के लिए बने ईंटों के भट्ठे पर धावा बोला। यहीं किसी कारण उसका घोड़ा भट्ठे की आग में ही कूद गया जिससे सुलही खान अपने

घोड़े के साथ जलकर मर गया। इस उपरान्त सुलही खान के भाई सुलबी खान ने हमला करना चाहा, वह भी रास्ते में अपने ही दूसरे सिपाहियों के साथ वेतन को लेकर हुए निजी झगड़े में मारा गया। इन्ही षड्यंत्रों के चलते एक बार किसी ब्राह्मण ने बालक (गुरु) हरगोबिन्द को धोखे से ज़हर देने की कोशिश की लेकिन वह भी खुद ही मर गया। गुरु अरजन जी ने अपनी बाणी में भी कुछ साजिशों का जिक्र किया है:

सुलही ते नाराइण राखु ॥
सुलही का हाथु कही न पहुचै सुलही होइ मूआ नापाकु ॥
(गुरु ग्रंथ साहिब, महला ५, अंग 825)

अर्थ: हे प्रभु! सुलही (खान) से आप ही ने बचाया है। (प्रभु की मेहर से) सुलही का (जुल्मी) हाथ नहीं पहुँच सका, सुलही (खान) नापाक मौत मरा (मुस्लिम होकर उसका शरीर जल कर मरा)।

लेपु न लागो तिल का मूलि ॥ दुसटु ब्राहमणु मूआ होइ कै सूल ॥
(गुरु ग्रंथ साहिब, महला ५, अंग 1137)

अर्थ: हे भाई! (परमात्मा की मेहर से बालक हरगोबिन्द पर) बिल्कुल भी बुरा असर नहीं हो सका। दुष्ट ब्राह्मण (पेट में) शूल उठने के कारण मर गया।

यह साजिशें अभी तक सरकारी दरबारियों, पुजारियों और ईष्यालु पारिवारिक संबंधियों के गठजोड़ से हो रही थीं। यह गठजोड़ अनेक कोशिशों के बावजूद दिल्ली सल्तनत को शामिल करने में असफल रहा था। अकबर उदार चित्त था। अकबर ने तो नया धर्म दीन-ए-इलाही चलाया था, जिसे इस्लामिक पंथी कभी बर्दाश्त नहीं कर सकते थे। अकबर अपने पोते खुसरो को राजगद्दी देना चाहता था; वह भी खुले विचारों का था। लेकिन कट्टर इस्लामिक ताकतों ने शरीअत लागू करने की बाध्यता की शर्त पर शाहज़ादा सलीम (जहांगीर) का साथ दिया। अक्तूबर 1605 में अकबर की मौत के बाद जहांगीर राजगद्दी पर बैठा। कट्टर इस्लामिक नक्शबंदी संप्रदाय के अगुआ शेख अहमद सरहिंदी के शागिर्द शेख फरीद बुखारी का खुसरो की बगावत को कुचलने में अहम योगदान था। जहांगीर ने शेख फरीद बुखारी को मुरतज़ा खान का ख़िताब दिया जिसे बाद में लाहौर का गवर्नर भी नियुक्त किया।

इन राजनीतिक तबदीलियों के कुछ समय पहले ही गुरु अरजन जी ने वह कदम उठाया जो न केवल सिख समाज के लिए अति महत्वपूर्ण था, बल्कि मानव इतिहास में भी अनूठा था। गुरु अरजन साहिब ने आदि ग्रंथ का संकलन संपूर्ण कर 1 सितंबर 1604 को दरबार साहिब, अमृतसर, में स्थापित किया। गुरु जी ने आदि ग्रंथ को ऊंचा स्थान दिया और खुद संगत के साथ नीचे बैठे। यह इतिहास में पहली बार था कि गुरु या पैगंबर ने न केवल अपने जीवन काल में धर्मग्रंथ का संकलन किया बल्कि अपने से ऊंचा दर्जा भी दिया। सिख जगत इस दिन को 'पहला प्रकाश पुरब' के रूप में हर साल बड़े उत्साह से मनाता है। गुरुमुखी में लिखे इस ग्रंथ में 34 सत्पुरुषों की बाणी थी जिनमें मुस्लिम सूफी, तथाकथित नीची जाति के शूद्र, तथाकथित ऊंची जाति के ब्राह्मण और पाँच गुरुओं की बाणी थी जो तथाकथित खत्री जाति से थे। नौवें गुरु, गुरु तेग बहादुर जी, की बाणी को दशमेश गुरु ने बाद में शामिल किया जिससे गुरु ग्रंथ साहिब में कुल 35 सत्पुरुषों की बाणी हो गई।

इस बहुआयामी कदम से सिख समाज के पास अब अपने अलग धर्म स्थान के साथ-साथ निराला धर्मग्रंथ भी आ गया। यकीनन पुरोहित और मौलवी अपने ग्राहक को निर्बाध कैसे देख सकते थे। एक दूसरे के विरोधी होने के बावजूद सिखी लहर को कुचलने के लिए कट्टर ब्राह्मणवादी और इस्लामिक ताकतें साथ-साथ थीं। नए सियासी समीकरण ने वह मौका प्रदान कर दिया जिसकी घात में कट्टरपंथी कई दशकों से बैठे थे। आदि ग्रंथ की रचना अवरोध में तीव्रता का कारण बना।

जहांगीर के पास जिस तरह की खबरें पहुंचाई गई, उसके आधार पर उसने गुरु अरजन जी को शहीद करने के कारणों को अपनी डायरी में लिखा है:

"गोइंदवाल में, जो ब्यास नदी पर है, अरजन नाम का एक हिंदू रहता था। एक धार्मिक रहनुमा होने का नाटक करते हुए उसने संत होने के अपने दावों को प्रसारित करके कई सरल हिंदूओं और यहां तक कि कुछ अज्ञानी, मूर्ख मुसलमानों को भी शागिर्दों के रूप में जीत लिया था। वह उसे गुरु कहते थे। हर तरफ से बहुत से मूर्ख लोगों ने उसका सहारा लिया और उस पर पूर्ण विश्वास प्रकट करने के लिए उमड़ पड़ते थे। तीन या चार पीढ़ियों से उन्होंने इस दुकान को चला रखा था। कई बार मेरे मन में यह विचार आया कि मैं इस फालतू काम को बंद कर दूं या उसे इस्लाम में ले आऊं।

अंत में जब खुसरो इस रास्ते से गुजरा तो इस तुच्छ व्यक्ति ने उस की प्रतीक्षा करने का प्रस्ताव रखा। खुसरो वहीं रुका जहां वह था, और वह बाहर आकर उससे मिला। उसने खुसरो के साथ कुछ विशेष तरीके से व्यवहार किया, और उसके माथे पर भगवा रंग में एक उंगली का निशान बनाया, जिसे हिंदु कश्का (तिलक) कहते हैं और उसे शुभ माना जाता है। जब यह बात मेरे कानों में पड़ी, मैं उसकी मूर्खता को स्पष्ट रूप से समझ गया, तो मैंने उसे पेश करने का आदेश दिया और उसके घर-संपत्ति को जब्त कर और बच्चों को मुरतज़ा खान को सौंप, उसे मार डालने का आदेश दिया।" (तौज़कि जहांगीरी)

खुसरो गुरु दरबार में पहले भी कई बार जा चुका था; अपने दादा अकबर के साथ भी गया होगा। लेकिन उसका रास्ते में रुकने को बगावत की कहानी के साथ जोड़ना शेख अहमद सरहिंदी की प्रेरणा से मुरतज़ा खान का काम ही था। तिलक लगाने की कहानी भी चंदू लाल जैसे हिन्दू दरबारियों ने ही घड़ी होगी, क्योंकि अतिथियों को तिलक लगाने की परंपरा गुरु दरबार में कभी नहीं रही। खुसरो को तो कैद में रखा, और 1622 में मार दिया। तो फिर केवल आशीर्वाद देने वाले को भीषण यातनाएं देकर मार देने का मुख्य कारण "सरल हिंदूओं और यहां तक कि कुछ अज्ञानी, मूर्ख मुसलमानों को भी शागिर्दों के रूप में जीत" लेना ही था। यह धारना राजगद्दी के लिए कट्टरपंथी इस्लामिक ताकतों की सहायता पाने के लिए किए गए इकरार के प्रभाव में बनी थी।

गुरु अरजन जी को जान बचाने के बदले दो लाख रुपए के जुरमाने के साथ आदि ग्रंथ में से इस्लामिक तथा हिंदु संदर्भों को हटाने का विकल्प दिया गया और इस्लाम स्वीकार करने की पेशकश की गई। न तो सिखों की मेहनत की कमाई के पैसे को जुरमाने में देना स्वीकारा, न ही आदि ग्रंथ में एक मात्रा-भर की तबदीली को ही स्वीकारा। शब्द-गुरु के सिद्धांत को स्थापित करना ही तो गुरु नानक का उद्देश्य था, इसे रूपमान करने के लिए ही तो उन्होंने उत्तराधिकारी की परंपरा शुरू की। गुरु अरजन जी ने शब्द-गुरु के सिद्धांत को पदासीन करने के लिए अपनी शहादत को चुना। जिस शब्द में अमृत रूपी नाम है, उसकी पवित्रता से किसी तरह के समझोते को सिरे से नकार दिया। सिखी के सदीवी जीवन के लिए, यह अनिवार्य था।

सबदि मरहु फिरि जीवहु सद ही ता फिरि मरणु न होई ॥
अम्रितु नामु सदा मनि मीठा सबदे पावै कोई ॥
(गुरु ग्रंथ साहिब, महला ३, अंग 604)

इस्लाम स्वीकार करने की बात तो दूर है, गुरु अरजन जी ने सिखी को नई दिशा दिखाने का सही समय जाना। लाहौर जाने से पहले ग्यारह वर्षीय (गुरु) हरगोबिन्द जी को शस्त्र धारण करने का आदेश वह खुद दे गए थे। बालक (गुरु) हरगोबिन्द जी की शस्त्र-विद्या गुरु अरजन जी की देख-रेख में ही हुई थी। जिससे साफ ज़ाहिर है कि गुरु अरजन जी ने न केवल शहादत को चुना, बल्कि शहादत के बाद सिख समाज के लिए नए आशावादी परिवर्तन की तैयारी भी कर गए थे।

जहांगीर के आदेश पर 30 मई, 1606 ईस्वी को गुरु अरजन जी को लाहौर में भीषण गर्मी के दौरान 'यासा' कानून के तहत लोहे के गर्म तवे, जिसके नीचे आग जल रही थी, पर बिठाकर शहीद किया गया। 'यासा' चंगेज़ खान का बनाया भयानक यातनाओं के साथ मौत देने का कानून है। जिसके अनुसार धार्मिक व्यक्ति का रक्त धरती पर गिराए बिना उसे यातनाएं देकर मार दिया जाता है। यह माना जाता है अगर खून धरती पर गिरेगा तो और बागी पैदा होंगे। गुरु अरजन जी के शीश पर गर्म रेत डाली गई, जब गुरु जी का शरीर बुरी तरह से जल गया तो उनके शरीर को रावी नदी में बहा दिया गया। यह महापाप दीवान चंदू लाल खत्री की निगरानी में हुआ।

भाई गुरदास गुरु अरजन जी के समय की प्रमुख सिख हस्तियों में से थे। उन्होंने शहादत को जिस भावना में दर्ज किया है, सिख समाज उसी भावना में इसे याद करता है। अति विपरीत परिस्थिति में गुरु अरजन जी ने शांत अवस्था में रहकर शहादत को प्रभु की दात समझाया। सिख समाज इस दिन जहां गुरबाणी की कथा व कीर्तन और इतिहास से गुर-उपदेश से जुड़ते हैं, वहीं जगह-जगह ठंडे मीठे जल की छबील लगाकर दूसरों को भीषण गर्मी में राहत पहुंचाते हैं।

सबद सुरत लिव मिरग जिउ भीड़ पई चित अवर न आणी।
चरण कवल मिल भवर जिउ सुख संपट विच रैण विहाणी।

...

गुर अरजन विटह कुरबाणी॥   (भाई गुरदास: वार 24 पउड़ी 23)

अर्थ: (गुरु अर्जन जी ने) अपना ध्यान शब्द में ऐसे लगा लिया जैसे विपत्ति में पड़े हिरन का ध्यान कहीं और नहीं जाता।

जैसे भँवरा फूलों की पत्तियों की सुगंध में अपना जीवन समाप्त कर देता है, (गुरु जी ने भी असह्य यातनाओं के बावजूद) सारी रात (करतार की याद की सुगंध में) आनंद में गुज़ारी।

मैं गुरु अरजन से कुरबान जाता हूं॥

"गुरु के पास विशेष दात है जो हर सिख प्राप्त कर सकता है। वह है शहादत की दात। जिन्हें यह दात मिलती है, वह गुरु तो नहीं बनते। लेकिन गुरु के बाद हमारी कौम के सबसे ज्यादा सत्कारत लोग बनते हैं।" (शहीद जसवंत सिंघ खालड़ा)

पिछले कुछ समय में लेखकों ने उन सत्पुरुषों की शहादतों को उजागर करने की भी कोशिश की है जिन्हें समाज याद नहीं करता। जाति अभिमानियों ने सत्ताधारियों से मिलकर भगत नामदेव, भगत कबीर और भगत रविदास जी को यातनाएं दी थी, इसमें कोई दो राय नहीं। गुरु ग्रंथ साहिब जी में दर्ज इनकी अपनी बाणी से इसका प्रत्यक्ष प्रमाण मिलता है। पारिस्थितिक साक्ष्य (circumstantial evidence) इशारा करते हैं कि इन्हें शहीद भी किया होगा। पारिस्थितिक साक्ष्य जैसे ही ऐतिहासिक तथ्य स्थापित होंगे, एक तरफ तो शिरोमणि भगतों की महिमा और बढ़ेगी, दूसरी तरफ उनके समकालीन अनुयायियों के ऊपर गंभीर सवाल खड़े हो जाएंगे। यह सवाल पूछा जाएगा (जाना चाहिए) कि अपने रहनुमा की शहादत (या यातनाओं) के बाद उनके निकटवर्ती चेलों का क्या प्रतिकार रहा था? भगतों के बाद अनुयायी संघर्ष में निरंतरता क्यों न बना पाए?

कोई शहादत को चाहे न भी माने, सत्पुरुषों के क्रांतिकारी विचारों के प्रतिरोध में इन्हें दी गई यातनाओं से तो कोई मुंह नहीं मोड़ सकता। यह सवाल तो बना ही रहेगा कि इनकी कुरबानियां अनुयायियों की मानसिकता का हिस्सा क्यों न बन पाई? सिखों की तरह, वह अपने रहनुमाओं की कुरबानियां को याद क्यों नहीं करते?

इन्हीं प्रश्नों का चिंतन ही इस किताब का मज़मून है। इन प्रश्नों के चिंतन से ही संदेहों से मुक्ति मिलेगी और पिछड़े समाज के उत्थान का रास्ता दिखने लगेगा।

अंतरजातीय विवाह समाज सुधार का पूर्ववर्ती नहीं

सिख इतिहास के अगले अध्याय और अहम मोड़ की तरफ जाने से पहले अंतरजातीय विवाह के विषय पर विश्राम लगा रहे हैं।

जो लोग ब्राह्मणवाद को केवल जातिवाद में सीमित करके गुमराह करना चाहते हैं वह अकसर अंतरजातीय विवाह से जातिवाद को तोड़ने की वकालत करते हैं। ब्राह्मणवाद केवल जातिवाद नहीं, इसके चार स्तंभ हैं जिसे समझे बिना ब्राह्मणवाद से मुक्ति नहीं पाई जा सकती। 'ब्राह्मणवाद के हैं चार स्तंभ' अध्याय में इस पर चर्चा की गयी है।

समाज सुधार के लिए अंतरजातीय विवाह का सुझाव न केवल सामाजिक चेतना के प्रति अज्ञानता दर्शाता है, बल्कि यह पितृसत्तात्मक भावना से प्रेरित है। पुरुष-प्रधान समाज की बनाई कुरीतियों को दूर करने के लिए एक बार फिर औरत को आगे कर दिया गया है। संतान को पिता की कुल ही मिलती है। अगर तथाकथित सवर्ण जाति की महिला तथाकथित पिछड़ी जाति के पुरुष से विवाह करती है तो संतान को पिता की शूद्र जाति ही मिलेगी। महार जाति से बाबा साहिब अम्बेडकर का दूसरा विवाह मराठी सारस्वत ब्राह्मण परिवार की शारदा कृष्णराव कबीर (सविता अम्बेडकर) से हुआ था। तो क्या यह विवाह ब्राह्मण-शूद्र की खाई को कम करने में सहाय हुआ? उलटा और बढ़ गई। अम्बेडकरवादियों का बड़ा तबका आज भी सविता अम्बेडकर को उनकी ब्राह्मण जाति से होने के कारण बाबा साहिब अम्बेडकर की मृत्यु का दोषी मानता है।

अंतरजातीय अविरोध के लिए पहले समाज में समानता और न्याय स्थापित करना होगा। समानता पर बने समाज में अंतरजातीय विवाह स्वाभाविक होते हैं। सिख समाज के लोगों ने दुनिया के हर कोने में नाम कमाया है। अमरीका, कनाडा, और इंगलैंड जैसे देशों में राजनीतिक क्षेत्र में भी अग्रणी हैं। लेकिन इस मुकाम तक पहुंचने के लिए क्या सिख पुरुष-महिलाओं को वहां के श्वेत या अश्वेत से शादी

करनी पड़ी? नहीं। पश्चिमी देशों में भारत के मुकाबले समानता भाव कहीं अधिक है, और इसी कारण सिखों के विवाह विदेशियों से भी होते हैं। लेकिन विदेशियों से विवाह होने न होने का सिखों की तरक्की से कोई लेना-देना नहीं है। सिखों में अंतरजातीय विवाह स्वाभाविक रूप से बढ़ रहे हैं। अमरीका में रंग के आधार पर नस्लभेद का लंबा इतिहास रहा है; आज भी है। लेकिन जैसे-जैसे लोगों में जाग्रति आ रही है, श्वेत और अश्वेत के बीच शादियां भी हो रही हैं। इसलिए अंतरजातीय विवाह की सफलता समाज सुधार का उपफल तो हो सकता है, लेकिन यह पूर्ववर्ती नहीं है।

कुछ लोग कहते हैं कि दस गुरुओं या उनकी संतान में से किसी ने भी पिछड़ी जाति में विवाह क्यों नहीं करवाया। वैसे ब्राह्मण जाति से भी नहीं हुआ। यह संदेह उसी तरह से है जैसे कोई इक्कीसवीं सदी का पर्यावरण प्रेमी यह आरोप लगाए कि राजपूत, सिख, मुग़ल, इत्यादि में से किसी ने भी जंगल के बाघों का संरक्षण नहीं किया, उलटा वे तो शिकार किया करते थे। यकीनन यह हास्यास्पद होगा। संदेहवादियों को समझ लेना चाहिए कि यह ज़रूरी नहीं इक्कीसवीं सदी के प्रश्न सत्रहवीं सदी में भी समाज पर प्रासंगिक हों। लेकिन अगर संदेह खड़ा कर ही दिया गया है तो निम्न लिखित कुछ बिन्दुओं पर ज़रूर ध्यान दिया जाए:

1)	प्रथम दृष्टि में हम चर्चा कर चुके हैं कि यह निरर्थक प्रश्न है जो ब्राह्मणवाद और समाज-शास्त्र की नासमझी से निकला है। क्योंकि अंतरजातीय विवाह समाज सुधार का उपफल हो सकते हैं, लेकिन यह पूर्ववर्ती बिलकुल भी नहीं है।

2)	अंतरजातीय विवाह के सबसे बड़े विरोधी वही चिंतक हैं जो सविता अम्बेडकर को बाबा साहिब अम्बेडकर की मौत का दोषी उनकी ब्राह्मण जाति के आधार पर मानते हैं। सिख गुरुओं के ऊपर दोष लगाना इनका दोगलापन दिखाता है। इनमें से ज्यादा खुद को बाबा रविदास जी या बाबा कबीर जी के अनुयायी मानते हैं। लेकिन यह नहीं बताते कि इन सत्पुरुषों के विवाह अपनी जाति से बाहर क्यों न हुए? चमार या जुलाहा जाति ने भंगी, चंडाल या आदिवासी से शादी क्यों न करवाई?

3)	सिख इतिहास में एक विवाहित जोड़ी का विशेष स्थान है। यह है तीसरे गुरु, गुरु अमरदास जी, की लड़की बीबी भानी का (गुरु) राम दास जी के साथ

रिश्ता करना। जो आगे चल कर चौथे गुरु बने। (गुरु) राम दास जी केवल सात वर्ष के थे जब इनके सिर से माता-पिता का साया उठ गया। यह अनाथ बालक अपना जन्म स्थल लाहौर छोड़कर अपनी नानी के पास गांव बासरके (अमृतसर के पास) रहने लगे। बहुत गरीबी और तंगहाली की हालत में वह अपनी उपजीविका के लिए गलियों में छोले बेचकर गुज़ारा करते। कुछ साल बाद नानी उन्हें गोइंदवाल ले आई, जहां गुरु अमरदास जी द्वारा नगर निर्माण और सांझी बाउली (कुआं) का कार्य भी जोरों से चल रहा था। यहां आकर भी (गुरु) राम दास जी छोले बेचकर गुज़ारा करते और साथ-साथ गुरु की संगत करने लगे। वह धार्मिक कार्यों और सिख संगत की दृढ़ता से सेवा करते। गुरु अमरदास जी ने निम्रता और सेवा के दिव्य गुणों को पहचान कर अपनी बेटी बीबी भानी के रिश्ते के लिए अति-गरीब और अनाथ (गुरु) राम दास जी को चुना। गुणों की परख पर आधारित यह रिश्ता सिखी की मज़बूती के लिए अनूठा साबित हुआ। क्योंकि अगले सभी गुरु गुरु राम दास जी की सोढी कुल से ही हुए। इस विषय (या संदेह) के बारे में 'अजर जिन जरिआ' अध्याय में विस्तृत चर्चा की गई है। लेकिन अभी के लिए यह समझना ज़रूरी है कि सिख इतिहास का सुप्रसिद्ध विवाह गुणों की खोज पर आधारित था।

4) गुरु राम दास जी और बीबी भानी जी का वह पहला रिश्ता था जिसमें लड़की और लड़का दोनों शादी से पहले सिखी में परिपक्व हो चुके थे। गुरु अंगद जी और गुरु अमरदास जी की शादी सिख संगत में आने से पहले ही हो चुकी थी। गुरु नानक जी की पत्नी माता सुल्खनी जी भी शादी से पहले गुरु नानक जी के मत से अपरिचित थी, क्योंकि वह शुरुआती समय था। पाँचवे गुरु तक आते-आते सरब सांझा आदि ग्रंथ तैयार हुआ, जिसमें विभिन्न जाति मतों से आने वाले सत्पुरुष एक साथ बैठे। जो लोग सिख बन रहे थे, वह भी अपने परिवारों तथा समाज की रीतियों को त्यागने के कारण संघर्ष के रास्ते पर थे। इसी बीच पाँचवें गुरु की शहादत हुई जिसने कमज़ोर इरादे वालों को सिखी में आने से रोक दिया होगा। मुद्दा एकंकार के हुक्म की रहनुमाई में मानव अधिकारों के लिए धर्म स्थापित करना था। इन बुनियादी मसलों के संघर्ष के बीच अंतरजातीय विवाह कोई मुद्दा और जरूरत ही नहीं थी। मुद्दा संगत-पंगत जैसी उन संस्थाओं को विकसित करना था जिनके सहारे न केवल सामाजिक परिवर्तन, बल्कि सांस्कृतिक परिवर्तन भी लाया जा सके।

5) पुरातन काल में पंजाब में अकसर लड़की वाले ही लड़के के घर रिश्ता लेकर जाते थे। सिख इतिहास में कई हवाले हैं कि संगत में से किसी साधारण सिख ने अपनी लड़की का रिश्ता गुरु या गुरु-संतान के लिए रखा जिसे गुरु जी ने स्वीकार किया। संदेहवादियों को कोई ऐसी उदाहरण देनी चाहिए कि पिछड़ी जाति की लड़की का रिश्ता आया हो और गुरु साहिब ने इनकार किया हो। परंतु ऐसा कोई हवाला नहीं कि पिछड़ी जाति के परिवार ने अपनी लड़की का रिश्ता गुरु परिवार के लिए रखा हो। हाँ या न का मौका ही नहीं आया। यकीनन सोलहवीं या सत्रहवीं सदी में यह कोई मुद्दा ही नहीं था।

6) सिख इतिहास में केवल एक ही हवाला मिलता है जहां गुरु जी ने किसी लड़की का रिश्ता ठुकराया था। वह है दीवान चंदू लाल 'खत्री' की लड़की का रिश्ता। दीवान चंदू लाल के सीधे संबंध दिल्ली और लाहौर दरबार से थे। गुरु और गुरु-परिवार के विवाह हमेशा ही साधारण परिवारों में हुए। यह इकलौता नामी परिवार का रिश्ता था। इस रिश्ते के साथ गुरुओं का मुग़ल दरबार में भी प्रभाव बढ़ सकता था। लेकिन दिल्ली की संगत से मिली जानकारी और सलाह से चंदू लाल के अहंकारी स्वभाव को सिख लहर के खिलाफ पाया गया। जिस कारण गुरु साहिब ने यह प्रभावशाली परिवार का रिश्ता ठुकरा दिया। चंदू लाल इस अपमान का बदला लेने की खातिर गुरु साहिब के खिलाफ हर मुमकिन साजिश का हिस्सा बना जो गुरु अरजन जी की शहादत के अंजाम तक गया।

अंतरजातीय विवाह की उच्च दर सामाजिक एकीकरण के उच्च स्तर पर पहुंचने का एक संकेत हो सकता है। लेकिन इसे सफल बनाने के लिए अंतरजातीय मेल-जोल और समता भाव का होना ज़रूरी है। गुरु ने सांझी संगत-पंगत का जो प्लेटफार्म दिया वह समाज-सुधार और सांस्कृतिक परिवर्तन के हर दृष्टिकोण से अनिवार्य संरचना है। इस संरचना के माध्यम से समाज सुधार के हर पहलू पर काम किया जा सकता है। अगर समाज सुधारकों को अंतरजातीय विवाह अहम मुद्दा लगता है, तो उसके लिए भी खालसे की संरचना से बेहतर कुछ नहीं।

एक तरफ जन-साधारण को अपने बुनियादी हकों के प्रति जाग्रत करने की संरचना प्रदान करने के लिए कुरबानियों भरा इतिहास है। वहीं दूसरी तरफ ईर्ष्या से भरे कुछ लोग संरचना-निर्माता के ऊपर ही आरोप लगाकर ब्राह्मणवादी प्रतिक्रांति

का हिस्सा बन रहे हैं। सामाजिक जटिलता की अनदेखी, इतिहास का सीमित ज्ञान और ब्राह्मणवादी चुंगल के अधीन पैदा हुए संदेहों से बेहतर उम्मीद नहीं की जा सकती।

गुरु अरजन जी की शहादत के बाद अनिवार्य संरचनाओं की रक्षा तथा विस्तार के लिए क्रांति का जो स्वरूप देखने को मिला, उसे समझना अति आवश्यक है।

पिछा फेर न मुहडड़ा

गुरु अरजन जी का कत्ल करने का मकसद तो सिख लहर का अस्तित्व मिटाना था, लेकिन इसने सिखों को निरभउ होकर जीना सिखाया और शहादत परंपरा को सिख पंथ की सामूहिक स्मृति का अभिन्न अंग बना दिया। 'यासा' का कानून उलटा पड़ गया, और सिखी हमेशा के लिए बागी पैदा करने वाली उपजाऊ भूमि बन गई।

आगाहा कू त्राघि पिछा फेरि न मुहडड़ा ॥
नानक सिझि इवेहा वार बहुड़ि न होवी जनमड़ा ॥
(गुरु ग्रंथ साहिब, महला ५, अंग 1096)

अर्थ: (जीवन को) आगे बढ़ाने का उद्यम कर, पीछे को कंधा न मोड़।

हे नानक! यही बारी है सफल होने की, दोबारा जन्म नहीं होगा।

छठे नानक गुरु हरगोबिन्द जी ने सिखों को हथियार बंद करना शुरु किया। प्रभुता सभी का अधिकार है और इसका रास्ता किसी पर निर्भर होकर नहीं है, खुद ही की स्वाधीनता से है। सांझी पंगत में बैठकर लंगर खाने की रीत ने प्रभुता को साझा मकसद बनाने की ज़मीन तैयार कर दी थी। गुरु की शहादत ने निराशावादी होने की जगह परिवर्तन का कारण व समय निर्धारित कर दिया। फिर भी, यह कोई साधारण परिवर्तन नहीं था। जिन लोगों के हाथ में तलवार थमानी थी, उनमें से अधिकतर उस पिछड़े वर्ग से थे जिन्होंने खुद हथियार उठाना तो दूर की बात है, वह कई पीढ़ियां से शस्त्रहीन होने को अपना भाग्य मान चुके थे। इस परिवर्तन को तेज़ी, लेकिन सहजता के साथ करने के लिए कई अनूठे कदम उठाए गए।

अब संत-सिपाही जीवन के रूपांतर का समय आ गया था। गुरु साहिब ने खुद दो तलवारें पहनी, नाम दिया- 'मीरी और पीरी'। मीरी से तात्पर्य ईमानदारी से सांसारिक सामर्थ्य हासिल करना है जो अच्छे गृहस्थ जीवन के लिए चाहिए। पीरी से तात्पर्य आध्यात्मिक उत्थान है। मीरी-पीरी की दो तलवारों का मकसद यह स्थापित करना था कि सांसारिक और आध्यात्मिक सामर्थ्य को हासिल करने के

लिए बनी संरचनाओं की रक्षा के लिए शस्त्रधारी होकर आत्म-निर्भर होना ज़रूरी है। आध्यात्मिक उत्थान की निशानी रूहानी गुण हैं। जो इंसान करतार के हुक्म में चलेगा वह निश्चित रूप से निरभउ के गुण को धारण कर अत्याचार और असमानता के खिलाफ खड़ा होगा। सच्चे मार्ग पर चलने वालों का रास्ता हमेशा दुष्कर होता है। जालिमों की तरफ से परेशान करना या उन पर हमले करना आम बात होती है। ऐसे में संत का सिपाही होना भी ज़रूरी बन जाता है। सिखी में आध्यात्मिक उत्थान का रास्ता बौद्ध भिक्षुकों या योगियों की तरह ग्रह-त्याग तथा शस्त्र-त्याग का रास्ता नहीं है। गुरु नानक का रास्ता दीन-दुनिया या संत-सिपाही या मीरी-पीरी का सुमेल सिखाता है। मीरी-पीरी का यह सुमेल ही प्रभुता की ओर लेकर जाता है।

सिखों को आदेश किया कि गुरु दरबार में धन की जगह घोड़े, शस्त्र, और जवानी का भेंट करें। गुरु खुद सिखों के घुड़सवार जत्थे के साथ जंगल में शिकार खेलने जाते। शिकारी कुत्ते और बाज़ उनके साथ होते। गुरु साहिब ने जंगी कला में निपुण पठानों को अपनी फौज में भर्ती किया। सभी वर्ग मिल कर जंगी अभ्यास करते और एक दूसरे से सीखते। सिखों का अपना मार्शल आर्ट विकसित हुआ जिसे गतका कहते हैं।

दरबार साहिब के ठीक सामने अकाल बुंगा बनाया, जिसे अकाल तख्त भी कहा जाता है। सिखों के निजी मसले सरकारी अदालतों में न होकर, अकाल बुंगा में मिल बैठकर होने लगे। राजनीतिक मसलों पर गंभीर चर्चा के लिए अकाल बुंगा ने अनुकूल व्यवस्था प्रदान की। अमृतसर में लोहगढ़ नाम से रक्षात्मक किला भी बनवाया। गुरु हरगोबिन्द साहिब ने गुरबाणी गायन के साथ-साथ ढाडी-वार गायन को भी परिष्कृत किया। ढाडी गीतों द्वारा वीर योद्धाओं के कारनामे जोशीले अंदाज़ में गाए जाते, जिससे सुनने वालों के मन में भी वीर-रस भर जाता। यह परंपरा आज भी कायम है, ढाडी जत्थे सिख इतिहास की वीरता की घटनाओं को बड़े जोश से गुरुद्वारों में गाते हैं। भाई नत्था और भाई अबदुल्ला गुरु हरगोबिन्द जी के समय के मशहूर ढाडी गायक थे। उनके द्वारा लिखी और गाई जाने वाली यह वार आज भी बहुत उत्साह से गाई जाती है:

दो तलवारां बधियां इक मीरी दी इक पीरी दी,
इक अज़मत दी इक राज दी,
इक राखी करे वज़ीरी दी,

हिम्मत बाहां कोट गढ़ दरवाजा बलख बखीर दी,
नाल सिपाही नील नल मार दुष्टं करे तगीर जी,
पग तेरी कि जहांगीर दी।   (भाई नत्था भाई अब्दुल्ला)

भाई गुरदास ने भी सिख लहर में आए इस परिवर्तन को बहुत खूबसूरती से लिखा है:

अरजन काइया पलटिकै मूरत हरिगोबिंद सवारी।
चली पीढ़ी सोढ़ीयां रूप दिखावण वारो वारी।
दलभंजन गुर सूरमा वड जोधा बह परउपकारी।
                    (भाई गुरदास: वार 1 पउड़ी 48)

30 मई 1606 में गुरु अरजन जी की शहादत हुई, 15 जून 1608 में अकाल बुंगा स्थापित हुआ। यह गुरु हरगोबिन्द जी, भाई गुरदास और बाबा बुड्ढा जी ने मिलकर अपने हाथों से बनाया था। अकाल बुंगा 3.5 मीटर ऊँचा एक साधारण मंच था, जिस पर गुरु खुद दरबार लगाकर बैठते, सिखों की याचिकाएँ प्राप्त करते तथा समाधान करते। यह मंच दिल्ली के मुगल बादशाह के तख्त से ऊँचा, लेकिन दरबार साहिब से नीचा था। यह दर्शाता था कि, बिना किसी दुनियावी राज की गुलामी स्वीकार किए सिख को मीरी (सांसारिक सामर्थ्य) को हासिल करना है, लेकिन अपना सामर्थ्य पीरी (शब्द-गुरु) के अधीन होकर ही विकसित करना है।

सिख समाज में तेज़ी से आई इस तबदीली से विरोधी बेखबर कैसे रह सकते थे। एक बार फिर चंदू लाल ने जहांगीर के कान भरे कि गुरु दिल्ली सल्तनत के लिए खतरा बन रहा है। जहांगीर ने गुरु हरगोबिन्द जी को दिल्ली बुलाया। खतरे को समझते हुए वह अपनी जगह किसी और को भी भेज सकते थे। लेकिन उन्होंने खुद ही जाना बेहतर समझा, जिससे सुलतान के फैसले का सिखों को प्रतिक्रम देने का अवसर मिल सके। गुरु साहिब को पूरा यकीन था कि प्रतिक्रम के परिणामों से सिखों में आत्म विश्वास बढ़ेगा। ऐसा ही हुआ।

जहांगीर ने गुरु हरगोबिन्द जी को ग्वालियर के किले में कैद कर दिया। ग्वालियर का किला राजसी कैदियों के लिए निर्धारित था। गुरु साहिब की कैद की खबर से सिखों में बेचैनी बढ़ने लगी। भाई गुरदास और बाबा बुड्ढा जी जैसे अग्रणियों के

नेतृत्व में सिखों के छोटे-छोटे जत्थे बनने शुरू हो गए। यह जत्थे बारी-बारी बिना किसे डर के पंजाब से ग्वालियर को रवाना होते। किले के बाहर सिख बैठकर गुरबाणी गायन करते और दीवार को ही नतमस्तक होकर वापस आ जाते। यह सिलसिला जारी रहा। किले का दारोगा हरि राम खुद भी गुरु साहिब का मुरीद हो गया था। किले के अंदर बाकी कैदियों के लिए गुरु की मौजूदगी राहत भरी थी। जहांगीर को सभी खबरें पहुंच रही थी।

सियासी समीकरण भी बदलने लगे थे। अब जहांगीर की बादशाहत को अंदरूनी चुनौती की चिंता नहीं थी। राजपूताने, गुजरात काठीआवाड़ तथा दक्खिन के बाहरी राजसी झमेलों ने जहांगीर को उलझा दिया था। सिखों की बढ़ती बेचैनी आंदोलन का रूप ले रही थी। जहांगीर पंजाब में नया मोर्चा खोलने की स्थिति में नहीं था। उसे अब कट्टर इस्लामिक ताकतों के साथ से ज्यादा राजनीतिक स्थिरता की जरूरत थी जिसके लिए सभी के साथ समन्वय होकर चलना था।

जहांगीर का 1611 में नूर जहां से निकाह हुआ, जो खुद साईं मियां मीर से प्रभावित थी। साईं मिया मीर ने दिल्ली दरबार में गुरु साहिब के पक्ष में असरदार भूमिका निभाई। इस सभी की पृष्ठभूमि में जहांगीर ने गुरु साहिब और सिखों के साथ अच्छे संबंध बनाने के लिए कुछ ऐसे फैसले उठाए जो असामान्य व ऐतिहासिक थे। यकीनन इन फैसलों के पीछे नूर जहां की समझ का प्रभाव था।

जहांगीर ने गुरु हरगोबिन्द जी को ग्वालियर के किले से रिहाई का फरमान जारी कर दिया। लेकिन गुरु साहिब ने किले के सभी राजसी कैदियों को छोड़ने की शर्त पर ही निकलना मंजूर किया, जिनकी कुल गिनती बावन थी। जहांगीर ने यह भी मान लिया। इन 52 राजसी कैदियों में अधिकतर राजपूत रजवाड़े थे। सभी कैदियों को बंधी से छुड़वाकर गुरु साहिब के किले से बाहर आने का दिन सन 1619 की दीवाली के आस-पास का था। सभी को बंधन-मुक्त करवाने के गुण के लिए सिख अपने गुरु को याद करते हैं। इसी लिए सिख-जगत में दीवाली को बंधी-छोड़ दिवस के रूप में मनाया जाता है।

एक तरफ जहांगीर ने गुरु हरगोबिन्द जी को रिहा किया, वहीं बाद में शेख अहमद सरहिंदी को ग्वालियर के किले में सन 1619 में ही कैद कर दिया गया। इतिहासकारों ने शेख अहमद सरहिंदी को कैद करने की वजह उसका शिया मुस्लिमों के खिलाफ नफरती रुख और हज़रत मुहम्मद साहिब की बराबरी करने का आरोप माना है।

लेकिन गुरु हरगोबिन्द जी की रिहाई और शेख अहमद सरहिंदी की कैद का एक जगह (ग्वालियर का किला) और लगभग एक ही समय में होना जहांगीर की बहुआयामी कूटनीति का हिस्सा हो सकता है।

लाहौर का सुबेदार मुरतज़ा खान सन 1616 में मर चुका था। जहांगीर को इस बात का एहसास हो गया था कि उसे खुसरो की बगावत में गुरु अरजन का साथ देने की जो खबरें पहुंचाई थी वह झूठी थी जिसकी पटकथा दीवान चंदू ने लिखी थी। जन-साधारण की मानसिकता में भी चंदू ही मुख्य दोषी था। चंदू लाल हवाओं का रुख देखते हुए इस्लाम धारण कर चंदू शाह बन चुका था। लेकिन इस सभी का कोई असर नहीं हुआ, जहांगीर ने दीवान चंदू शाह खत्री को लाहौर के सिखों के हवाले कर दिया। वह चाहता तो उसे खुद भी गिरफ्तार कर सकता था या मौत की सज़ा दे सकता था, लेकिन उसने उच्च पद के सरकारी अधिकारी को सिखों के हवाले करना ठीक समझा।

यह ऐसा है मानो भारत सरकार 1984 सिख नरसंहार के मुख्य दोषियों को दिल्ली के सिखों के हवाले कर दे, या गुजरात 2002 मुस्लिमों की हत्या के मुख्य दोषियों को अहमदाबाद के मुस्लिमों के हवाले कर उन्हें सज़ा देने का अधिकार दे। यह असंभव लग सकता है, लेकिन जहांगीर ने ऐसा ही किया।

लाहौर के लोगों ने चंदू का मुंह काला कर उसे शहर में घुमाया। हिंदु, मुस्लिम, सिख, हर किसे ने उसके मुंह पर थूका। अंत में उसके सिर पर भी उसी तरह गर्म रेत डाली जिस तरह उसने गुरु अरजन जी के ऊपर डलवाई थी। चंदू शाह खत्री बेइज़्ज़त होकर बुरी मौत मरा।

गुरु ने सिखों को मीरी-पीरी के सिद्धांत को ज़मीन पर फलीभूत होता दिखा दिया था। संगठित निज बल की कूटनीतिक अहमियत को सिखों ने अनुभव कर लिया था। शहादत में से नया जीवन पाने की सीख ले ली थी। कुरबानियों व शहादतों के पोषण से चरम वृद्धि को हासिल करने का अभी बहुत लंबा सफर बाकी था।

सिख इतिहास की पहली जंग की वजह सिखों द्वारा स्वाभिमान की रक्षा बनी। सन 1628 में शाहजहाँ दिल्ली दरबार में बैठा। सन 1628 में ही लाहौर में सिखों की धर्मशाला व बाउली को लाहौर के सुबेदार द्वारा तोड़-फोड़ किया गया। इसके

पश्चात, एक बार सिखों के एक जत्थे का जंगल में शिकार खेलते हुए शाही फौज से टकराव हो गया। एक बाज़ को लेकर झड़प हो गई जिसमें शाही फौज को मुंह की खानी पड़ी। सिखों ने शिकार में जीता हुआ बाज़ शाही फौज के हवाले करने से मना कर दिया था। शाही फौज के लिए बड़ी नामोशी की बात थी कि साधारण सिखों की टुकड़ी ने उनकी मांग के आगे सिर झुकाने से मना कर दिया था। यही पहली जंग का कारण बना।

लाहौर के सुबेदार कूलीज खान ने मई 1628 में 7000 की फौज के साथ अमृतसर के ऊपर हमला कर दिया, जिसका लक्ष्य जन-साधारण में आई नव-जाग्रति को कुचलना था। लेकिन सिखों का उद्देश्य अपने स्वाभिमान के साथ नई आज़ाद जीवन शैली की रक्षा था जिसे वह किसे हालत में खोना नहीं चाहते थे। गुरु हरगोबिन्द जी की अगवाई में लड़ी इस जंग में सिखों ने जान की बाज़ी लगा दी। फौजदार मुखलिस खान गुरु जी के वार से मारा गया। सिखों के जोश और पवित्र उद्देश्य के आगे तनख़्वाह पर रखी मुग़ल सेना टिक न पाई और सिखों की बड़ी जीत हुई। शाहजहाँ ने इस हार के बाद कूलीज खान को लाहौर की सुबेदारी से हटाकर इनायतउल्ला खान को सुबेदार नियुक्त किया। इस जंग में कई प्रमुख सिखों ने शहादत का जाम पिया जिनमें भट्ट मथरा और भट्ट कीरत भी थे जिनकी बाणी गुरु ग्रंथ साहिब में दर्ज है।

इसके बाद सितंबर 1629 में चंदू के पुत्र करम चंद व रिश्तेदार भगवान दास घेरड़ ने जलंधर के फौजदार अबदुल्ला खान के साथ मिलकर गुरु हरगोबिन्द जी के ऊपर हमला कर दिया। यह जंग पाँचवें गुरु के बसाए नगर हरगोबिन्दपुर में हुई, जब गुरु हरगोबिन्द जी वहां ठहरे हुए थे। इस जंग में भगवान दास घेरड़, करम चंद और अबदुल्ला खान मारे गए।

जब गुरु हरगोबिन्द जी बठिंडा के पास गांव महराज में थे तो नवंबर 1631 में मुग़ल जरनैल लाला बेग और कमर बेग ने हमला कर दिया। दोनों जरनैल मारे गए, और सिखों की निर्णायक जीत हुई।

अप्रैल 1635 में गुरु साहिब करतारपुर (जलंधर के पास) में थे, यह नगर भी पाँचवें गुरु ने बसाया था। इस बार शाहजहाँ के निर्देश पर सूबा लाहौर के फौजदार काले खान और जालंधर के फौजदार कुतुब खान ने बड़ी फौज के साथ हमला किया। पैंदे खान भी साथ था जो किसे समय गुरु हरगोबिन्द जी की ही फौज में था। अमृतसर की पहली जंग की जीत में पैंदे खान का अहम योगदान था। इसे अहंकार

हो गया था कि सिखों की जीत उसकी बहादुरी से हुई है। इसी अहंकार के चलते वह गुरु हरगोबिन्द जी से दूर होकर दुश्मनों से जा मिला। सिखों ने बहुत ही कम गिनती के बावजूद शानदार जीत हासिल की। काले खान और कुतुब खान समेत सभी प्रमुख फौजदार मारे गए। पैंदे खान भी गुरु जी के जोरदार वार से गिर गया। गुरु साहिब ने उसका सिर अपनी गोद में रखा और धूप में अपनी ढाल से उसे छाया की। पैंदे खान ने गुरु जी से अपनी गलती की माफी मांगी और गुरु की गोद में प्राण त्याग दिए। इस जंग में तकरीबन 700 सिखों की शहादत हुई और कई हज़ार मुग़ल सेना ने अपनी जान गवाई। गुरु हरगोबिन्द जी के छोटे पुत्र, चौदह वर्षीय त्याग मल्ल जी, ने इस युद्ध में अपनी तलवार (तेग) से कमाल के जौहर दिखाए। पिता ने खुश होकर उनका नाम त्याग मल्ल से तेग बहादुर रख दिया जो आगे चलकर सिखों के नौवें गुरु हुए।

इन सभी जंगों में सिख कभी हमलावर नहीं हुए और न ही किसी की ज़मीन पर कब्ज़ा किया। अपने घर और नगर पर हुए हमले की आत्मरक्षा के लिए ही जवाबी कार्रवाई की। पुजारियों, रजवाड़ों, नौकरशाहों और जमींदारों को जन साधारण पर अपना नियंत्रण खोते हुए दिख रहा था। इन फौजी आक्रमणों का कारण समाज में आ रही नव-जाग्रति को हमेशा के लिए कुचलना था। लेकिन सच्चे गुरु की अगवाई में यह उस अनुभव का हिस्सा बन गया जिससे और विकट हालातों में आत्म-सम्मान की रक्षा की जानी थी। संदेहवादियों को इस पर चिंतन ज़रूर करना चाहिए कि जन साधारण को भक्ति और शक्ति के सुमेल का ज़रूरी अनुभव पहले क्यों न मिल पाया?

सतिगुरू बिना होर कची है बाणी

अगर आक्रमणों का कारण जन जाग्रति को रोकना था, तो इनका और तीव्र होना भी तय था। क्योंकि गुरु नानक की परिपूर्ण विचारधारा का संपूर्ण रूपांतर अभी बाकी थी। गुरु हरगोबिन्द साहिब जी ने आत्म रक्षा की प्राथमिकता को देखते हुए सिख-केंद्र को अमृतसर से बदलकर नया नगर कीरतपुर करने का निर्णय किया। इसके एक तरफ सतलज नदी थी तो दूसरी तरफ शिवालिक पहाड़ियां कुदरती दीवार का काम करती थीं। यह स्थान किसे मुख्य राज मार्ग से हटके था जिससे हमलावर को पहुंचने के लिए ज्यादा संसाधन व समय चाहिए था। गुरु हरगोबिन्द जी ने अपना आखिरी सांसारिक जीवन कीरतपुर में ही बिताया और उन्होंने अपने बाद 1644 में गुरगद्दी गुरु हर राए जी को दी जो उनके बड़े पुत्र बाबा गुरदित्ता जी के बेटे, अर्थात गुरु हरगोबिन्द जी के पौते थे।

कीरतपुर में काफी लंबा समय शांति का मिल गया, जिसमें सिख संस्थानों को और मज़बूती से स्थापित किया गया। शांति का समय कहीं असावधानी का न बन जाए, इसलिए गुरु हर राए जी ने निश्चित किया कि 2200 घुड़सवार कीरतपुर में सदा तैयार रहें और जंगी अभ्यास जारी रहा। कीरतपुर में अपने समय का बहुत विशाल दवा खाना बनाया गया, जिसकी दवाइयां बिना किसी भेदभाव के अमीर-गरीब सभी के लिए उपलब्ध करवाई। शाहजहाँ के पुत्र दारा शिकोह को गंभीर पेट के रोग से इसी दवा खाने से तंदुरुस्ती मिली थी। दारा शिकोह सूफी स्वभाव वाला विद्वान और उदार चरित था। उसने गुरु हर राए जी से अच्छे संबंध बनाए। यह संबंध उसके छोटे भाई औरंगज़ेब को खटकते थे। सन 1659 में औरंगज़ेब ने दारा शिकोह को हराकर दिल्ली के तख्त पर कब्ज़ा किया। दारा शिकोह को दिल्ली की सड़कों पर घुमाया गया। जेल में कैद शाहजहाँ को दारा शिकोह का कटा हुआ सिर थाली में रखकर भेजा।

एक बार फिर सिख विरोधी ताकतों को इकट्ठे होने का मौका मिल गया। आदि ग्रंथ को इस्लाम के विरुद्ध होने का दोष लगाया गया। औरंगज़ेब ने गुरु हर राए

जी को दिल्ली में इस पर स्पष्टीकरण रखने के लिए बुलाया। गुरु हर राए जी ने पंद्रह वर्षीय अपने बड़े पुत्र राम राए को दिल्ली भेजा जो बहुत प्रवीण थे। मुग़ल दरबार में शिकायतकर्ताओं ने सभी के समक्ष सवाल पूछे जिनके राम राए ने बड़ी कुशलता से जवाब दिए। राम राए की समझदारी से औरंगज़ेब प्रभावित था जिस कारण राम राए को बहुत आदर सम्मान मिला। सवाल-जवाब के सिलसिले में गुरबाणी की कुछ जानकारी रखने वाले शिकायतकर्ता ने एक और सवाल रखा जिस के जवाब में राम राए फिसल गया। यह प्रश्न गुरु नानक साहिब की 'आसा की वार' बाणी के एक श्लोक पर अवधारित था। यह श्लोक और उसका अर्थ इस तरह है:

मिटी मुसलमान की पेड़ै पई कुम्हिआर ॥

घड़ि भांडे इटा कीआ जलदी करे पुकार ॥

जलि जलि रोवै बपुड़ी झड़ि झड़ि पवहि अंगिआर ॥

नानक जिनि करतै कारणु कीआ सो जाणै करतारु ॥

(गुरु ग्रंथ साहिब, महला १, अंग 466)

अर्थ: (इस्लाम का यह विचार है कि मरने के बाद जिनका शरीर जलाया जाता है, वे दोज़ख़ की आग में जलते हैं, पर कई बार) उस जगह की मिट्टी, जहाँ मुसलमान मुर्दे दबाते हैं, कुम्हार के हाथ आ जाती है।

(कुम्हार उस मिट्टी को) घड़ कर (उसके) बर्तन और ईंटें बनाता है। (और भट्टी की आग में पड़ कर वह मिट्टी मानो) जलती हुई पुकार करती है।

जल के बेचारी रोती है और (जिसे जलने से बचाने के लिए दबाया गया था) उस में से अंगिआरे झड़-झड़ के गिरते हैं।

(मुर्दा शरीर को जलाने या दबाने से कुछ नहीं होता) हे नानक! जिस करतार ने (जीवन-मरण का खेल) रचा है, केवल वह (असल भेद को) जानता है।

इस श्लोक के प्रति राम राए से पूछा गया कि गुरु नानक ने "मिटी मुसलमान की..." क्यों कहा? इससे इस्लाम की मूल मान्यता को रद्द किया गया है। इस्लाम के अनुसार मुर्दा शरीर को जलाना नहीं चाहिए क्योंकि कयामत के दिन मुर्दे फिर उठ खड़े होंगे और ईमान वालों को बहिश्त मिलेगा, जबकि काफिरों को दोज़ख़ में जाना पड़ेगा।

राम राए को गुरमत का जीवन-मुक्त का सिद्धांत समझाना चाहिए था, चाहे उसके बदले मौत ही क्यों न मिलती। पाँचवें गुरु, गुरु अरजन जी, की शहीदी का मुख्य कारण भी तो आदि ग्रंथ की बाणी से कोई समझौता नहीं करना ही था। इस श्लोक की आखिरी पंक्ति में बाबा नानक जी साफ-साफ कह रहें हैं कि मौत के बाद की मान्यताएं, चाहे वह पुनर्जन्म की हो या कयामत की, स्वर्ग-नरक की हो या बहिश्त-दोज़ख़ की, सभी कल्पित हैं। जिस करतार ने यह जीवन-मरण का खेल बनाया है, उसके सिवा कोई नहीं जान सकता। हमने 'जीवन मुकत कहावै' अध्याय में इस सिद्धांत को विस्तार से समझा।

लेकिन राम राए को एक तरफ दिल्ली दरबार से सम्मान मिल रहा था, तो दूसरी तरफ सच बयान करने पर मौत दिख रही थी। राम राए डोल गया और उसने कहा कि गुरु नानक जी ने तो 'मिटी बईमान की...' लिखा था लेकिन कुछ लिखारियों से 'बईमान' की जगह 'मुसलमान' लिखने की गलती हो गई। इस उत्तर से औरंगज़ेब और दरबारी शिकायत कर्ता तो संतुष्ट तो हो गए, लेकिन उसने अपना स्थान सिख इतिहास में गुरबाणी का घोर अपमान करने वालों में लिखवा लिया।

यह खबर जल्द ही कीरतपुर में गुरु हर राए जी को मिल गई। गुरु जी ने बिना किसे विलंब के अपने पुत्र राम राए के लिए संदेश भेज दिया कि आज से गुरु दरबार के साथ उसका रिश्ता हमेशा-हमेशा के लिए समाप्त हो गया है। वह दिल्ली दरबार ही रहे, कीरतपुर वापस न आए। ऐसा ही हुआ, राम राए को बेदखल करके गुरु जी ने दोबारा कभी मुंह नहीं लगाया।

औरंगज़ेब को सिखों में फूट डालने का मौका नज़र आया। उसने राम राए को दून में नया डेरा स्थापित करने के लिए बड़ी जागीर दी जिससे वह समानान्तर लहर शुरू कर सके और सिख समाज कमज़ोर हो। दून में इस डेरे के कारण यह शहर देहरादून कहलाया।

भारी सरकारी सहायता के बावजूद राम राए सिख लहर को नुकसान पहुंचाना तो दूर की बात है, गुरु साहिब द्वारा बेदखल करने के फैसले ने एक बार फिर आदि ग्रंथ की बाणी और सिद्धांतों से रत्ती भर भी समझौता न करने का मील पत्थर स्थापित कर दिया। सिख इतिहास का यह अध्याय बहुत प्रसिद्ध कहानियों में से एक है। सिख समाज में 'रामराईआ' एक गाली बन गई है जो गुरबाणी के अपमान करने वाले के लिए इस्तेमाल होती है।

याद रहे हम गुरु ग्रंथ साहिब की बाणी की पवित्रता को बरकरार रखने का विचार कर रहे हैं जिसमें गुरु नानक जी और उनके उत्तराधिकारियों की बाणी के साथ-साथ कुल 35 सत्पुरुषों की बाणी है। दूसरे ग्रंथों में बाबा नानक से पहले हुए भगतों की बाणी में एकसारता नहीं है। विभिन्न स्रोतों में शब्द-संरचना में भेद है जो भगतों की बाणी के साथ हुई मिलावट का प्रत्यक्ष प्रमाण है। ऐसी मिलावट से शब्द का भाव ही बदल जाता है। यही कारण है कि गुरु ग्रंथ साहिब से बाहर की बाणी को 'कच्ची बाणी' कहा गया है।

सतिगुरू बिना होर कची है बाणी ॥

बाणी त कची सतिगुरू बाझहु होर कची बाणी ॥

(गुरु ग्रंथ साहिब, महला ३, अंग 920)

कच्ची बाणी के कुछ उदाहरण 'डॉ. धर्मवीर का आजीवक धर्म' अध्याय में दिए हैं। गुरबाणी की पवित्रता को सुरक्षित रखने के लिए गुरुओं ने लासानी कुरबानियां दी हैं। क्या यह चिंतन का विषय नहीं होना चाहिए कि सिख लहर से पहले और सिखों के अलावा, बाणी को लेकर ऐसी गंभीरता पहले कभी देखने को क्यों न मिल पाई?

बाल बुध सुख रे

गुरु हर राए जी ने अपने बाद अपने छोटे पुत्र हर कृष्ण जी (1656 – 1664) को गुरु गद्दी के लिए चुना जो सबसे छोटी उम्र के गुरु हुए। औरंगज़ेब को गुरु हर कृष्ण जी की छोटी उम्र हस्तक्षेप करने तथा राम राए को स्थापित करने का अवसर दिख रहा था। विरोधियों की चालबाज़ी निरस्त तो होनी ही थीं। वह गुरु नानक के शारीरिक उत्तराधिकारियों की गुरगद्दी को हथियाने की कोशिशें कर रहे थे। जबकि सिखी के दाखिले का पहला उपदेश शब्द-गुरु (गुरबाणी के संदेश) की टेक रखने के अभ्यास से शुरु होता है। जब भी गुरगद्दी को लेकर विरोधियों ने भ्रांति डालने की कोशिश की, शब्द-गुरु की कसौटी ने सिखों को परख का मापक प्रदान किया।

औरंगज़ेब की तरह संदेहवादियों का भी गुरु हर कृष्ण जी की छोटी आयु में गुरगद्दी देने पर सवाल उठाना मनपसंद विषय रहा है। जबकि गुरबाणी सदैव सुख हासिल करने के लिए बालक जैसे वैर-रहित निश्छल बुद्धि को अपनाने का उपदेश देती है। जीवन-काल की तीनों अवस्थाएं (बाल, जवानी और वृद्ध) अकाल पुरख के गुणों की याद में बितानी चाहिए:

पाइओ बाल बुधि सुखु रे ॥
हरख सोग हानि मिरतु दूख सुख चिति समसरि गुर मिले ॥
(गुरु ग्रंथ साहिब, महला ५, अंग 214)

बाल जुआनी अरु बिरधि फुनि तीनि अवसथा जानि ॥
कहु नानक हरि भजन बिनु बिरथा सभ ही मानु ॥
(गुरु ग्रंथ साहिब, महला ९, अंग 1428)

संदेह का निवारण परिणामों से खोजा जा सकता है। यूँ भी कह सकते हैं कि संदेह को सही प्रश्न तभी कहा जा सकता है अगर (गुरगद्दी के) फैसले से सिख संस्थानों में कमज़ोरी का दूषण लगा हो। दशमेश गुरु की आयू भी केवल नौ साल की थी जब वह गुरु बने। उनके छोटे साहिबज़ादे बाबा फतह सिंघ और बाबा ज़ोरावर सिंघ भी केवल छह और नौ साल के थे जब उन्होंने सूबा सरहिंद द्वारा दिए गए

डर-लालच-यातनाओं को कबूल न करते हुए शहादत को चुना। साहिबज़ादों की बाल अवस्था में परिपक्वता और सम्पूर्णता के कारण ही उन्हें 'बाबा' कहा जाता है।

गुरु नानक के दस स्वरूपों का बुनियादी लक्ष्य शब्द-गुरु को समाज में स्थापित करना और उपदेश का प्रत्यक्षीकरण करना था। मनुष्य की बाल-अवस्था जिसमें वह सबसे ज्यादा सवाल पूछता है और पूछना सीखता है, प्रत्यक्षीकरण से बाहर कैसे रह सकती थी? इन्हीं स्थापित मानदंडों की रहनुमाई में गुरसिख परिवारों में बच्चों को छोटी उमर से ही सिख इतिहास और संस्कारों से जोड़ा जाता है। गुरुद्वारों में सेवा का माहौल संस्कारों को दृढ़ करने में सहाई होता है।

आमेर का राजपूत राजा जय सिंह औरंगज़ेब के दरबार में वरिष्ठ सेनापति था जो गुरु घर का श्रद्धालु भी था। उसने गुरु हर कृष्ण जी को दिल्ली आने का न्योता दिया। दिल्ली की सिख संगत में भी गुरु दर्शन की तीव्र इच्छा थी। औरंगज़ेब की नियत के बारे में सभी को पता था, इस के बावजूद गुरु जी ने दिल्ली आने का न्योता स्वीकार किया। गुरु साहिब राजा जय सिंह के बंगले में ठहरे जहां रोजाना गुरबाणी विचार और कीर्तन के दीवान लगते। इसी स्थान पर आज गुरुद्वारा बंगला साहिब सुशोभित है जो प्रमुख ऐतिहासिक गुरुद्वारों में से एक है।

औरंगज़ेब ने कई बार मिर्ज़ा राजा जय सिंह द्वारा संदेश पहुंचाया कि वह गुरु को दरबार में मिलना चाहता है। लेकिन गुरु हर कृष्ण जी ने जय सिंह को स्पष्ट शब्दों में कह दिया कि वह दिल्ली की संगत से मिलने आए हैं औरंगज़ेब से नहीं। एक तरफ वह राम राए को प्रोत्साहन दे रहा था, तो दूसरी तरफ वह उनसे भी मिलना चाहता था। यह उसकी खोटी नियत दर्शाता था। इस परिस्थिति में औरंगज़ेब से भेंट वार्ता कूटनीतिक कमज़ोरी होती। बादशाह को पहले मुलाकात का सही माहौल बनाना चाहिए था। गुरु साहिब ने औरंगज़ेब से मिलने के लिए स्पष्ट मना कर दिया। गुरु साहिब का दिल्ली में होते हुए और वह भी मुग़ल दरबार के सेनापति के घर रहते हुए निश्छल उत्तर से सभी हैरान थे।

यह जहां औरंगज़ेब को मान हानि लग रहा था, वहीं राजा जय सिंह के लिए भी स्थिति संभालनी मुश्किल हो रही थी। कूटनीति और निश्छल बाल बुध के बीच तकरार चल ही रहा था कि दिल्ली में चेचक और हैज़ा की भयंकर महामारी फैल गई। गलियों में लाशों के ढेर लगने लगे। ऐसे में गुरु और सिखों ने वही किया

जो उनके स्वभाव में था—अपनी जान की परवाह किए बिना दुखियों रोगियों की सेवा-संभाल में दिन-रात एक कर दिया। चेचक की बीमारी को लेकर लोगों में बड़े पैमाने पर देवी माँ के प्रकोप का अंधविश्वास हुआ करता था। गुरु साहिब ने उन्हें अंधविश्वास से बचकर दवा-दारू से इलाज की तरफ प्रेरित किया। कीरतपुर के दवाखाने से दवाइयां मंगवाई गई। लाशों को मरने वाले की मत अनुसार जलाया गया या दफनाया गया। राजा जय सिंह के बंगले के कुंए से साफ पानी का प्रबंध किया और जरूरतमंदों तक पहुंचाया गया। यह कुआं आज भी गुरुद्वारा बंगला साहिब में है जिसका जल संगत प्रसाद की तरह ग्रहण करती है।

दिन-रात रोगियों के बीच रहने के कारण गुरु हर कृष्ण जी को खुद को भी चेचक की बीमारी ने आ घेरा। अपना अंत समय नजदीक जानकर उन्होंने अपने दादा समान गुरु हर गोबिन्द जी के छोटे पुत्र तेग बहादुर जी को गुरगद्दी सौंप दी।

साल 2020-2021 में कोरोना महामारी के समय भी सन 1664 का इतिहास दोहराया गया। सिखों ने अपनी जान की परवाह किए बिना और बिना किसी भेदभाव के हर मुमकिन सहायता की और सेवा का नया मापदंड स्थापित किया। गुरुद्वारा बंगला साहिब इन सेवा कार्यों के केंद्र में रहा।

गुरु हर कृष्ण लगभग पाँच साल की आयु में गुरगद्दी पर बैठे और आठ साल की आयु में सांसारिक जीवन छोड़ गए। इस अल्प जीवन काल के बावजूद उन्होंने सिख समाज पर गहरा प्रभाव छोड़ा। जहां एक तरफ उन्होंने कूटनीतिक चालबाज़ियों से सतर्क रहने की प्रेरणा दी, वहीं सिख समाज के लिए सेवा की नई मिसाल स्थापित की।

भै काहू कउ देत नहि, नहि भै मानत आन

गुरु तेग बहादुर जी ने गुरगद्दी संभालते ही 1665 में कीरतपुर के नजदीक एक और नए नगर 'चक्क-नानकी' की स्थापना की। यह उन्होंने अपनी माता नानकी जी के नाम पर और अपने पिता गुरु हर गोबिन्द की जन्म तारीख को किया। चक्क-नानकी बाद में 'अनंदपुर' नाम से प्रसिद्ध हुआ। उपरान्त पंजाब का दौरा किया और फिर पूर्व देश की तरफ लंबा प्रचारक दौरा आरम्भ किया जो सन 1666 से 1671 तक का रहा। अपनी यात्रा के दौरान उन्होंने लोगों को जहां तम्बाकू जैसे हानिकारक नशों को त्यागने का उपदेश किया, वहीं गुरबाणी से जुड़कर भयमुक्त होने का उपदेश भी दिया।

इस बीच औरंगज़ेब ने तेग बहादुर जी को कुछ दिनों के लिए गिरफ्तार भी किया था। उनकी बढ़ती लोकप्रियता को देखते हुए उन पर शांति भंग करने का आरोप लगाया गया। सिख गुरु को सच्चा पातशाह से संबोधन करते थे। यह औरंगज़ेब को 'सच्चा' बादशाह न होने की चुनौती नज़र आता था। मिर्ज़ा राजा जय सिंह के पुत्र राजा राम सिंह के अनुरोध पर उन्हें छोड़ दिया गया और वह फिर अपने निर्धारित सफर पर पूर्व को निकल पड़े। इस दौरान वह मथुरा, आगरा, इलाहाबाद, वाराणसी, गया, पटना, ढाका (बंगाल), धुबरी (असम) तक गए।

इस यात्रा में वह अपने परिवार और प्रमुख सिखों के साथ गए थे। जब वह पटना पहुंचे तो उनका परिवार यहीं रुक गया क्योंकि उनकी पत्नी माता गुजरी जी गर्भ से थीं। लेकिन गुरु जी अपने निर्धारित दौरे पर बंगाल और असम के लिए आगे निकल गए। पटना शहर गुरु-परिवार के लिए सुरक्षित जगह थी। यहां के नवाब रहीम बख्श व करीम बख्श तथा शहर का प्रतिष्ठित परिवार फतह चंद मैनी गुरु साहिब के श्रद्धालु थे। माता गुजरी जी की कोख से गोबिन्द राए (सिंघ) जी का जन्म 22 दिसंबर 1666 को पटना में हुआ।

असम में उस समय मुग़लों और अहोम कबीले के बीच कुछ सालों से जंग चल रही थी। औरंगज़ेब ने राजा राम सिंह को इस मुहिम की अगवाई के लिए भेजा।

गुरु तेग बहादुर जी दोनों पक्षों के लिए सम्माननीय थे। उन्होंने राजा राम सिंह और अहोम कबीले के नेता चक्रध्वज तथा लचित बोरफुकन में सीमाओं को लेकर संधि करवाई। इस युद्ध विराम और शांति प्रस्ताव से दोनों तरफ की सेनाएं बहुत खुश थी। इस शांति प्रस्ताव की याद में धुबरी में गुरुद्वारा स्थित है।

साल 1670 के अंत में गुरु तेग बहादुर जी पटना वापस पहुंचे। यानी जब उन्होंने अपने सपुत्र को पहली बार देखा तो बालक गोबिन्द राए की आयु लगभग चार साल की हो चुकी थी। इस पश्चात वह पंजाब वापस आ गए और अनंदपुर के विकास में जुट गए। अनंदपुर पहुंचने के कुछ देर बाद उन्होंने अपने परिवार को भी पटना से वापस बुलवा लिया।

लेकिन जब औरंगज़ेब को संधि का पता चला तो उसने राम सिंह को फटकार भरा संदेश भेजा कि उसे असमियों से लड़ने के लिए भेजा गया था, उनसे दोस्ती करने के लिए नहीं। बंगाल के सुबेदार शाइस्ता खान और कुछ प्रमुख जरनैलों के साथ बड़ी फौज से दोबारा हमला किया। सरायघाट की ऐतिहासिक जंग में अहोमियों की निर्णायक जीत हुई। नौसेनापति मुन्नावर खान की मौत समेत मुग़लों को भारी नुकसान हुआ। औरंगज़ेब इस हार के लिए राजा राम सिंह से काफी नाराज़ था, जिस कारण उसका ओहदा कम करके उसे दक्कन की मुहिम में भेज दिया। जबकि इस हार व नुकसान के लिए औरंगज़ेब की विस्तारवादी महत्वाकांक्षा जिम्मेदार थीं जो अहोमियों के आत्म सम्मान के जज़्बे के आगे हार गईं। औरंगज़ेब को गुरु तेग बहादुर जी द्वारा युद्ध संधि, जो उसकी इच्छा अनुसार नहीं थीं, में भूमिका के बारे में भी सूचना ज़रूर मिली होगी। इस घटना की पृष्ठभूमि ने विरोधी दरबारियों को गुरु साहिब के खिलाफ झूठी खबरें और आरोपण का मौका भी दिया। गुरु तेग बहादुर जी के ऊपर कई बेबुनियाद और अधम आरोप लगाकर मुग़ल दरबार में खबरें भेजी गईं।

औरंगज़ेब ने सत्ता के लिए अपने भाइयों का बेरहमी से कत्ल किया था और अपने पिता शाहजहाँ को तंगहाली में आगरे के किल्ले में कैद कर के रखा। इस क्रूरता के चलते उसका इस्लामिक जगत में बहुत नाम खराब हुआ। मक्का शरीफ़ ने तो शाहजहाँ के जीवित रहते हुए सत्ता हथियाने को गैर-इस्लामिक घोषित कर दिया था और औरंगज़ेब को हिंदुस्तान के वैध शासक के रूप में मान्यता देने को ठुकरा दिया। शाहजहाँ की कैद में 1666 में मौत हुई। अब औरंगज़ेब साबित करना चाहता था कि उसका सत्ता में आना इस्लाम के लिए वरदान है, उसकी क्रूरता

किसी बड़े मकसद की प्राप्ति के लिए थी। औरंगज़ेब भी उसी कट्टर नक्शबंदी संप्रदाय का मूरीद था, जिसने गुरु अरजन जी की शहादत में भी पक्ष जुटाव किया था। औरंगज़ेब खुद को शरिअत का संरक्षक स्थापित करना चाहता था। इसमें कोई शक नहीं कि मुसलमानों का बड़ा हिस्सा आज भी औरंगज़ेब को महानायक के रूप में याद करता है।

धीरे-धीरे औरंगज़ेब की नीतियां शरिअत कानून को कड़े से लागू करने में तबदील होती गई। नए मंदिरों के निर्माण पर रोक और पुराने मंदिरों की मरम्मत मना हो गई। औरंगज़ेब ने कई मंदिरों को ढहा दिया, वहीं अपने राज्य के समर्थक राजपूतों को खुश करने के लिए कई मंदिरों को अनुदान भी दिया। जिस तरह राम राए को देहरादून में धर्म-अस्थान के लिए जागीर देना कोई सिखों के प्रति उदार नीति का हिस्सा नहीं था और यह सिखों को भ्रमित करने की चालबाजी थी, जिसमें वह विफल रहा। लेकिन राजपूत 'अपने' मंदिरों के प्रति उदार नीति से खुश थे, उन्हें 'दूसरों' के मंदिर टूटने से कोई वास्ता नहीं था। कुछ मंदिरों को तोड़ने का कारण उन में होते कुकर्मों को बताया जाता है। कुकर्मों को बहाना कहा जा सकता है, वरना कुकर्म की सज़ा पुजारियों को मिलनी चाहिए थी, मंदिर को ही तोड़ देना कोई न्याय नहीं। औरंगज़ेब के दरबार और फौज में हर समय राजपूत रजवाड़ों का बड़ा हिस्सा रहा, लेकिन उन्हें अपनी भलाई अपने ओहदे को बचा कर रखने में ही नज़र आई। मुग़ल दरबार से अपने रिश्ते गहरे करने के लिए वह तो खुद अपनी बहिन-बेटियों का निकाह मुस्लिम हाकमों से कर रहे थे।

अकबर द्वारा समाप्त किया गया गैर-मुस्लिमों पर लगने वाला जज़िया (कर) 1679 में दोबारा चालू कर दिया गया। इसे लगाने का कारण राज्य की बिगड़ती आर्थिक हालत तो ज़रूर थी, लेकिन शरिअत का अनुसरण भी था:

एहले किताब में से जो लोग न तो (दिल से) ख़ुदा ही पर ईमान रखते हैं और न अंतिम दिन पर और न ख़ुदा और उसके रसूल की हराम की हुई चीज़ों को हराम समझते हैं और न सच्चे दीन ही को इख़्तियार करते हैं, उन लोगों से लड़े जाओ यहाँ तक कि वह लोग अधीनस्थ होकर स्वेच्छया से जज़िया दे।
(कुरान, अतः-तौबा 9-29)

ध्यान रहे महिलाएं, बच्चे, बुजुर्ग, विकलांग, बेरोजगार, बीमार और सुधहीनों के साथ-साथ ब्राह्मणों को जज़िया से छूट दी गई थी। ब्राह्मणों को जज़िया से छूट भी

कोई उदारता का हिस्सा नहीं, बल्कि उनकी चुप्पी की कीमत थी। 100% मंदिरों के पुजारी तो चाहे केवल ब्राह्मण ही थे, लेकिन ब्राह्मण कुल जनसंख्या का कभी 5% भी नहीं थे। याचक ब्राह्मण तो वैसे ही बेरोजगार की तरह थे, जिनकी आय यजमानों (की लूट) पर निर्भर थी। ऐसे में ब्राह्मणों को जज़िया छूट से कर वसूली पर कोई खास प्रभाव नहीं था। और यह ब्राह्मण धर्म के अनुकूल भी था:

प्रियमाणोऽप्याददीत न राजा श्रोत्रियात करम ।
न च क्षुधाऽस्य संसीदेळश्रोत्रियो विषये वसन ॥   *(मनुस्मृति, ७-१३३)*

अर्थ: राजा मर भी रहा हो, तो भी क्षेत्रीय ब्राह्मण पर कर नहीं लगायेगा।

और उसके राज्य में रहने वाले कोई भी क्षेत्रीय ब्राह्मण भूख से पीड़ित न हो।

औरंगज़ेब के सन 1695 के शाही हुक्म के अनुसार राजपूतों के सिवाय सभी गैर-मुस्लिमों के लिए हाथी, घोड़ों की सवारी के साथ शस्त्र धारण करने की मनाही थी। इस फरमान से राजपूत खुश थे। धर्म शास्त्रों के अनुसार भी शूद्रों को घोड़े, शस्त्र की मनाही है।

हम समझ सकते हैं कि शाही फरमान लोक-विरोधी होने के बावजूद धर्म-विरोधी नहीं थे। कहीं मुस्लिमों को छूट, कहीं राजपूतों को छूट, तो कहीं ब्राह्मणों को छूट मिली हुई थी। जहां इस्लाम के अनुसार काफिरों के साथ भेदभाव धर्म का हिस्सा था, वहीं सनातन धर्म भी जाति के आधार पर भेदभाव पर ही खड़ा था। जात-पात में बटे हिन्दुओं में कभी एकता का भाव आ ही नहीं सकता था। जो लोग काफिर भी थे और शूद्र भी, वह तो किसी तरह की छूट के हकदार नहीं थे। लोग एक-दूसरे को पिटते देखते हुए ही खुश थे।

आर्थिक, राजनीतिक और इस्लामिक नीतियों की इसी कूटरचना के बीच सन 1671 में काश्मीर का गवर्नर इफ्तिखार खान नियुक्त हुआ, जिसने सुनोजित ढंग से कश्मीरी पंडितों की प्रताड़ना शुरू की। औरंगज़ेब समझता था अगर कश्मीरी पंडितों का बड़ा हिस्सा अपना धर्म परिवर्तन करके इस्लाम में आ जाए तो इसका असर पूरे भारत में पड़ेगा। क्योंकि कश्मीरी पंडित अपनी शास्त्रीय विद्या के लिए विख्यात थे और पूरे उत्तर भारत में प्रभाव रखते थे।

ब्राह्मणों से प्रताड़ित 'नीची' जाति वालों की बड़ी आबादी ने इस्लाम पहले ही अपना लिया था। कश्मीर में गुरु नानक जी से लेकर गुरु तेग बहादुर जी के भी दौरे होते

रहे, जिस कारण सिखी भी बहुत प्रफुल्लित हो रही थी। मुस्लिम, शूद्र, ब्राह्मण व समाज के सभी वर्गों के लोग सिखी में शामिल हो रहे थे। 1620 में काश्मीर में गिल्टी ताप की बीमारी भयंकर रूप से फैली थी। गुरु हर गोबिन्द जी ने काश्मीर में रहकर इस बुरे समय में काश्मीरियों की हर संभव मदद की थी। 1674 में गुरु तेग बहादुर जी ने भी काश्मीर का दौरा किया था और ताज़ा हालातों से वह भली-भांति वाकिफ थे।

जब शिवाजी मराठा, जो पहले जागीरदार के रूप में स्थापित थे, ने खुद को राजा घोषित करना चाहा, तो ब्राह्मणों ने शिवाजी का तथाकथित शूद्र होने के कारण राज्याभिषेक करने से साफ-साफ मना कर दिया। क्योंकि राज्य पर बैठने का हकदार केवल क्षत्रिय ही का था। शिवाजी द्वारा भारी कीमत देकर वाराणसी से गागा भट्ट नामक ब्राह्मण को मनाया गया। उसने शिवाजी को 1674 में अपने पैर के अंगूठे से राज्य-तिलक लगाया। यह घटना सिर्फ यह नहीं दर्शाती है कि ब्राह्मण से मान्यता प्राप्त करनी कितनी ज़रूरी थी, ब्राह्मण-क्षत्रिय का एक दूसरे की प्रधानता को सुरक्षित रखने में सहायक होना भी बताती है।

काश्मीर में ब्राह्मण-क्षत्रिय जोड़ी की जुगलबंदी नहीं थी। यहां राजपूत रजवाड़े नहीं थे जिन्हें सत्ता में बने रहने के लिए ब्राह्मणों से वरदान चाहिए था। इसी कारण यहां के ब्राह्मणों को सत्ता द्वारा उत्कृष्ट स्थापित करने की जरूरत भी नहीं थी। कश्मीरी पंडितों की शास्त्रीय विख्याति के बावजूद उनका साथ देने की न तो किसी में हिम्मत थी, न स्वार्थ, और न ही सहानुभूति। एक-दूसरों के लिए निस्वार्थ खड़े होने के लिए किसी के पास प्रेरणा नहीं थी क्योंकि मानव अधिकार किसी के धर्म का हिस्सा नहीं था।

पंडित कृपा राम की अगवाई में कश्मीरी पंडितों का जत्था मदद की उम्मीद लेकर किसी राजपूत रजवाड़े के पास नहीं गया। वह फरियादी बन कर गुरु तेग बहादुर जी के पास अनंदपुर पहुंचा। उत्तर भारत में ढेरों मत और उनके अनुयायी थे। कश्मीरी पंडित उनके पास भी नहीं गए। क्यों? संदेहवादी इस पर भी चिंतन कर सकते हैं। कुछ वर्ष पूर्व औरंगज़ेब ने सतनामी विद्रोह को बेरहमी से कुचल दिया था।

निर्वान राजपूत वंश से जोगीदास और वीरभान सतनामी संप्रदाय के संस्थापक दो भाई हुए हैं। इन्होंने औरंगज़ेब के तानाशाही शासन के खिलाफ ज़बरदस्त विद्रोह

का नेतृत्व किया। उन्होंने औरंगज़ेब की साधन संपन्न सेना से लड़ने के लिए ग्रामीणों और श्रमिकों को लामबंद किया। सतनामी साधु मुगलों को पीछे हटाने में भी सफल रहे और नारनौल (हरियाणा) पर अधिकार जमा लिया। इन्हें खुद की साधना के कारण ईश्वरीय वरदान के होने का भरोसा हो गया था। इन्हें लगा कि इन पर मुगल सेना के हथियार काम नहीं करेंगे। अंध विश्वास से बने इसी आत्मविश्वास के चलते सतनामी साधों ने दिल्ली पर हमला कर दिया। लेकिन मार्च 1672 में 10000 मुगल सेना द्वारा सतनामी विद्रोह को कुचल दिया गया, जिसमें लगभग 2000 सतनामी मारे गए। इस पश्चात बच चुके सतनामी अपने जीवन रक्षा के लिए देश के विभिन्न प्रांतों में भाग गए।

गुरबाणी बार-बार एककार के सर्वजनीन हुक्म को समझाती है जो सभी के लिए समान है। मनुष्य द्वारा किसे के मौलिक हकों को कुचलना हुक्म के प्रतिकूल है। जहां ब्राह्मण द्वारा जात-पात का विकराल भेदभाव प्रभु के हुक्म के खिलाफ है, वहीं किसी का जबरन (या प्रलोभन) से धर्म परिवर्तन भी हुक्म-खिलाफी है। जहां गुरु नानक साहिब द्वारा जनेऊ पहनने से इनकार कर देना हुक्म अनुकूल था, वहीं नौवें नानक, गुरु तेग बहादुर, द्वारा जबरन जनेऊ उतारे जाने के खिलाफ खड़े हो जाना भी हुक्म की पालना था। कश्मीरी पंडितों को राजपूत, सतनामी, योगी, सूफी, इत्यादि से आस नहीं थी। वह सभी गुरु नानक के घर आए।

गुरु तेग बहादुर जी ने खुद को कुरबान करने का निर्णय कर लिया। यह कुरबानी खुद के लिए नहीं, विरोधी विचारधारा की अभिव्यक्ति की आज़ादी के लिए थी। हम बार-बार दोहरा रहे हैं कि सिख धर्म केवल विचारधारा का नाम नहीं है, बल्कि गुरबाणी के अनुकूल प्रत्यक्षीकरण सिखी का अहम अंग है, जिसे गुरु नानक के दस स्वरूपों ने कर के दिखाया।

गुरु तेग बहादुर जी ने औरंगज़ेब को चुनौती देते हुए संदेश भिजवाया कि अगर वह उन्हें इस्लाम कबूल करवा सकता है तो सारे कश्मीरी पंडित भी इस्लाम धारण कर लेंगे। औरंगज़ेब को यह चुनौती आसान लगी। औरंगज़ेब के लिए और आसान हो जाए, इसलिए गुरु तेग बहादुर जी अनंदपुर का सुरक्षित ठिकाना छोड़कर खुद दिल्ली की तरफ निकल पड़े। गुरु तेग बहादुर जी ने अपनी अंतिम पद यात्रा को लोगों को निरभउ होकर अन्याय के खिलाफ लड़ने का उपदेश देने के मकसद से

जगह-जगह रुक कर पूरी की। जो न किसी को भय दे और न ही किसी का भय स्वीकार करे, उसी को आत्मिक जीवन की सूझ वाला ज्ञानवान कहा जा सकता है:

भै काहू कउ देत नहि नहि भै मानत आन ॥

कहु नानक सुनि रे मना गिआनी ताहि बखानि ॥

(गुरु ग्रंथ साहिब, महला ९, अंग 1427)

उन्हें उनके साथी सिखों के साथ आगरा से गिरफ्तार कर दिल्ली ले आया गया। गुरु जी के आगे तीन शर्तें रखी गई: इस्लाम कबूल करो, कोई चमत्कार करके दिखाओ, या भयावह मौत कबूल करो। निःसंदेह गुरु साहिब ने मौत को कबूल किया।

उन्हें हर तरह के डर, लालच और यातनाएं दी गई। गुरु जी को तंग पिंजरे में कैद करके रखा गया। गुरु जी के साथ गिरफ्तार किए गए तीन सिखों को भी इस्लाम या मौत में से एक को चुनने का मौका दिया। लेकिन औरंगज़ेब उन्हें भी इस्लाम कबूल करवाने में कामयाब नहीं हो सका। तीनों को गुरु साहिब की आंखों के सामने भयानक यातनाएं देकर यह सोचकर शहीद कर दिया गया कि बेरहमी से हुए कत्ल से शायद गुरु में किसी प्रकार का डर आ जाए। लेकिन सत्ता के अहंकारी को यहां भी कामयाबी नहीं मिली। गुरु साहिब तो खुद शहीदी पाने के मकसद से अनंदपुर से निकले थे।

भाई मती दास जी के शरीर को आरे से दो हिस्सों में चीर दिया गया, भाई दियाल दास जी को उबलते तेल के कड़ाहे में डाला गया, और भाई सती दास जी को रूई में बाँध कर आग लगा दी गई। तीनों में से एक सिख ने भी अपनी जान बचाने के बदले गुरु को पीठ नहीं दिखाई। भगत कबीर जी कहते हैं:

करवतु भला न करवट तेरी ॥ (गुरु ग्रंथ साहिब, भगत कबीर, अंग 484)

भाव मुझे अपने शरीर के ऊपर आरा (कर्वत्र) चलवाना स्वीकार है लेकिन सच्चे मार्ग से मुंह मोड़ना (करवट) कदाचित परवान नहीं। भगत कबीर जी के शब्दों को गुरसिखों ने रूपमान कर दिखाया। भाई मती दास जी के शरीर को तो आरे से ही चीरा गया। जब उनसे उनकी आखिरी इच्छा पूछी गई, तो उन्होंने कहा, "मेरा मुख गुरु जी के पिंजरे की तरफ कर दिया जाए।"

इस सभी के बाद भी जब गुरु जी के इरादे में कोई तबदीली नहीं दिखी तो 11 नवंबर 1675 को चांदनी चौक में उनका शीश धड़ से अलग कर शहीद कर दिया गया। यह शाही हुक्म था कि गुरु के शीश और धड़ के टुकड़े कर के लाल किले के सभी दरवाज़ों पर टांगे जाएं। जिसे देखकर लोग दिल्ली-दरबार के खिलाफ बगावत करने का परिणाम जान सके। लेकिन ऐसा न हो पाया। उसी शाम भाई लक्खी शाह बंजारा, जो दिल्ली का मशहूर व्यापारी और प्रिय सिख था, ने रूई से भरा बैलगाड़ियों का लंबा काफिला चांदनी चौक से गुज़ारा। बैलगाड़ियों से बहुत धूल उड़ी, जिससे पहिरे पर खड़े सिपाही चकमा खा गए। भाई लक्खी शाह ने बड़ी होशियारी से गुरु साहिब का धड़ किसी एक बैलगाड़ी में रखा और अपने घर रायसीना गांव में ले आया।

गुरु के शीश को भाई जैता जी ने उठाया और घोड़े पर बड़ी फुर्ती से बिना रुके अनंदपुर की तरफ निकल पड़े।

लक्खी शाह ने धड़ को अपने घर के अंदर रखा और अपने ही घर को आग लगा दी। आस-पड़ोस सभी को लगा शायद लक्खी शाह के घर को किसी हादसे के कारण आग लग गई, जबकि उसका मकसद गुरु साहिब के शरीर को अग्नि देना था। आज इसी स्थान पर गुरुद्वारा रकाब गंज है।

दूसरी तरफ भाई जैता जी कीरतपुर पहुंचे तो नौ साल के गुरु गोबिन्द राए ने उन्हें अपने सीने से लगा लिया और बोले "रंघरेटा गुरु का बेटा"। भाई जैता जी तथाकथित नीच जाति से आते थे। भाई जैता जी ने भी 1699 की वैसाखी वाले दिन खंडे की पाहुल ली थी और भाई जीवन सिंघ नाम मिला। भाई जीवन सिंघ रणजीत-नगाड़ा बजाने वाले पहले सिख थे, और गुरु गोबिन्द सिंघ जी के दो बड़े बेटों (साहिबजादों) के युद्ध कला में प्रशिक्षक भी थे। वह 23 दिसंबर 1704 को चमकौर के ऐतिहासिक युद्ध में शहीद हुए। इसी युद्ध में दो बड़े साहिबजादे भी शहीद हुए थे। भाई जीवन सिंघ की शहादत की याद में चमकौर में गुरुद्वारा शहीद बुर्ज साहिब सुशोभित है। इसी कारण आज भी मजहबी सिख खुद को रंघरेटे सिख कहलाने में मान महसूस करते हैं।

माता गुजरी, गुरु गोबिन्द राए, बाकी पारिवारिक सदस्य और सिखों का जत्था गुरबाणी पाठ करता हुआ गुरु तेग बहादुर जी के शीश को पालकी में रखकर किरतपुर रो अनंदपुर लाए। और यहीं उनके शीश का अंतिम संस्कार किया गया।

इस तरह गुरु तेग बहादुर जी के शीश और धड़ के अंतिम संस्कार के बीच लगभग चार दिन और 200 मील का फासला था।

औरंगज़ेब अपने मकसद में पूरी तरह नाकामयाब साबित हुआ। उसका विशाल साम्राज्य और अपार सैन्य शक्ति गुरु साहिब को झुका न सकी। पर क्या उसने हार मान ली थी? नहीं। शहादत का मकसद अत्याचारी को सुधारने का नहीं था। शहादत का मकसद जन-साधारण को अत्याचार के खिलाफ प्रभुता हासिल करने के लिए जागृत करना था। इस मकसद के संदर्भ में गुरु तेग बहादुर जी की शहादत ने सिख समाज को बेमिसाल प्रेरणा दी। सिखों को न सिर्फ अपने हकों के लिए, बल्कि किसी दूसरे के हकों के हनन के खिलाफ भी बराबर खड़ा होना सिखाया।

जब पूरे भारत में मुस्लिमों के खिलाफ नफरत का माहौल बना दिया गया था, ऐसे में सत्तारूढ़ की परवाह किए बिना सिखों द्वारा रोहिंगया शरणार्थी (साल 2017) और कश्मीरी छात्रों (साल 2019) की हर मुमकिन मदद करने के जज्बे की सीख गुरु तेग बहादुर जी की शहादत से ही आती है।

किंग मार्टिन लूथर का मशहूर कथन है, "किसी भी जगह हो रहा अन्याय हर स्थान पर न्याय के लिए खतरा है।" गुरु तेग बहादुर जी ने अपनी शहादत से मानव अधिकार को सिख धर्माचरण का अभिन्न अंग बना दिया। गुरु गोबिन्द सिंघ जी के समकालीन कवि सेनापति ने इसी कारण गुरु तेग बहादुर जी को "सृष्टि की चादर" कहा है।

"गुरु तेग बहादुर की शहादत मानव अधिकारों की रक्षा के लिए दुनिया की पहली शहादत थी।" (नोएल क्रिटन किंग, कैलिफोर्निया विश्वविद्यालय)

सूरा सो पहिचानीऐ जु लरै दीन के हेत

जैसे पंचम गुरु की शहादत के बाद छठे गुरु ने सिखों को नई दिशा प्रदान की थी, अब नौवें गुरु की शहादत ने गुरु नानक विचारधारा के सम्पूर्ण रूपांतर के लिए ज़मीन तैयार कर दी थी। शहीद माता-पिता के पुत्र और चार शहीदों के पिता, सरबंसदानी गुरु गोबिन्द सिंघ जी ने केवल 42 वर्ष के भौतिक जीवन काल में कई युगों के कार्यों को समेट दिया।

करतार की सौगन्द है, नानक की कसम है ।
जितनी भी हो गोबिन्द की तारीफ़ वुह कम है ।
हरचन्द मेरे हाथ में पुर ज़ोर कलम है ।
सतिगुर के लिखूं वसफ़, कहां ताबे-रकम है ।
इक आंख से क्या बुलबुला कुल बहर को देखे !
साहिल को, या मंझधार को, या लहर को देखे !

(गंज-ए-शहीदां, अल्लाह यार ख़ां जोगी)

गुरु गोबिन्द राए जी ने अनंदपुर को धार्मिक, आर्थिक व राजनीतिक पक्ष से इस कदर विकसित किया जिससे जन-साधारण को आज़ादी का मतलब समझ आ सके। जगह-जगह लंगर, गुरबाणी कीर्तन तथा विचार के रोजाना दीवान, गुरुमुखी तथा दूसरी भाषाओं की पाठशाला, घुड़सवारी, शस्त्र विद्या, हथियारों के कारखाने, खेती, चिकित्सालय इत्यादि अनंदपुर को आत्मनिर्भर और सम्पूर्ण शहर बनाते थे। सिख यहां दूर-दूर से आते थे, कोई कुछ दिनों के लिए तो कोई हमेशा के लिए यहीं का हो जाता था।

सिख घोड़ों पर सवार होकर आस-पास के जंगल में जाकर शिकार करते, जो युद्ध कौशल के लिए ज़रूरी तैयारी थी। गुरु गोबिन्द राए जी ने सिख फौज में जोश भरने के लिए एक नगाड़े का निर्माण करवाया, जिसे 'रणजीत नगाड़ा' का नाम दिया। नगाड़े की गूंज सिखों में जहां नया जोश भर देती, वहीं राजपूत पहाड़ी राजे ईर्ष्या की आग में जलने लगे। शूद्रों के हाथ में शस्त्र, घुड़सवारी, शिकार खेलना, रणजीत

नगाड़ा, यह सभी जाति अभिमानी राजाओं ने अपने धर्म पर चोट मानी। शूद्रों को यह सब करने और इस तरह आज़ादी से जीने का अधिकार नहीं था।

हमने जाना था सन 1695 तक आते-आते औरंगज़ेब ने शाही हुक्म जारी कर दिया था जिसके अनुसार राजपूतों के सिवाय सभी गैर-मुस्लिमों के लिए हाथी-घोड़ों की सवारी के साथ शस्त्र धारण करने की मनाही थी। लेकिन अभी तो 1680-85 का जिक्र हो रहा है। और 1699 में खालसा प्रकट हुआ जब हर नर-नारी के लिए कृपाण धारण करना धर्म का अंग बन गया।

इसी बीच सिरमौर रियासत के राजा मेदिनी प्रकाश के निमंत्रण पर गुरु गोबिन्द राए जी नाहन आए। नाहन से कुछ दूरी पर यमुना के किनारे पांवटा नाम से एक नया नगर बसाया। अगले कुछ साल गुरु साहिब यहीं रहे। गुरु साहिब ने पहाड़ी राजाओं में मुग़लों के खिलाफ एकता करवाने के कई यतन किए। लेकिन अधिकतर हिंदु पहाड़ी राजे गुरु और सिखों की बढ़ती ताकत को समाप्त करने का बहाना और मौका ढूंढ़ रहे थे। वर्ण-व्यवस्था को बचाने के लिए पम्मा पुरोहित ने भी कोई कसर नहीं छोड़ी राजाओं को गुरु साहिब के खिलाफ उकसाने की।

सितंबर 1686 में शिवालिक पहाड़ियों के हिंदु राजाओं ने मिलकर हमला कर दिया। पांवटा से कुछ दूरी पर भंगानी के मैदान में यह जंग हुई। इस जंग की अगुआई बिलासपुर का राजा भीम चंद कर रहा था। उसका साथ दिया गड़वाल के राजा फ़तेह शाह, कटोच के कृपाल चंद, गुलेर के गोपाला, हिंडूर के हरि चंद, और जसवाल के केसरी चंद ने।

एक तरफ अहंकार और ईर्ष्या से भरे पहाड़ी राजे वर्ण-आश्रम की रक्षा के लिए लड़ रहे थे, तो दूसरी तरफ सिख अपनी आज़ाद हस्ती और स्वाभिमान की रक्षा हेतु मर मिटने के लिए तैयार थे। एक तरफ अनुभवी लेकिन भाड़े के सिपाही, दूसरी तरफ अनुभवहीन लेकिन बेग़रज़ सिख। इसी जंग में सढोरा के पीर बुद्ध शाह ने गुरु गोबिन्द सिंघ जी का साथ दिया जिसमें उनके दो पुत्र भी शहीद हुए। हरि चंद हिंडूरिया के मारे जाने के बाद सभी पहाड़ी राजे अपनी जान बचाते हुए वापस भाग गए। यह क्रांति के खिलाफ प्रत्यक्षतः से प्रतिक्रांति के लिए जंग थी, जिसमें सिखों की निर्णायक जीत हुई।

पहाड़ी राजाओं ने बार-बार अनंदपुर पर हमला करके गुरु साहिब को नुकसान पहुंचाने की हर मुमकिन कोशिश की। हर बार मुंह की खाई लेकिन बार-बार होती हार से उन्होंने कोई सबक नहीं सीखा। खालसा साजना के बाद तो मानो उनके कलेजे पर साँप ही लोट गया हो। अब उन्होंने मुग़ल दरबार में औरंगज़ेब को भड़का कर अपना मकसद पूरा करने के लिए धूर्तता की सभी हदें पार कर दी।

प्रसिद्ध आर्य समाजी नेता लाला दौलत राए ने 'साहिबे कमाल गुरु गोबिन्द सिंघ' शीर्षक से 1901 में पुस्तक लिखी जो बहुत पढ़ी गई। वह गुरु जी की स्तुति में लिखता है:

"यदि आंखों पर कट्टरता की पट्टी न बंधी हो और हृदय पक्षपात से मुक्त हो तो गुरु गोबिंद सिंघ सारे मज़हबों के पैगंबरों और सारे धर्मों के प्रवर्तकों के सरताज प्रतीत होते हैं।"

परंतु लाला दौलत राए का लेखन मुस्लिम विरोधी नफ़रत से भरा हुआ है। किताब का शायद ही कोई ऐसा पन्ना हो जिसमें उसकी मुस्लिम विरोधी मानसिक न झलकती हो। वह गुरु जी को "हिन्दओं के धार्मिक सुधार" करने वाले तथा "राष्ट्रीय भावना" के संकीर्ण दायरे में ही पेश करता है। इस सभी के बावजूद वह पहाड़ी राजाओं की भूमिका के बारे में सटीक मूल्यांकन करते हुए लिखता है:

"ब्राह्मणों ने वर्ण-जाति की सीमायें मिटती और जनेऊ लोप होते देखकर बहुत हल्ला-गुल्ला मचाया कि इर्द-गिर्द के पहाड़ी राजाओं का धर्म ही लुट गया है, नष्ट और बरबाद हो गया है। यह कह कर उन्होंने पहाड़ी राजाओं को गुरु जी के विरुद्ध भड़काया। पहाड़ी राजे एक तो इस कारण गुरु जी पर क्रोधित थे कि वे नीची जाति वालों को ऊपर उठा कर उनके बराबर खड़ा किये जा रहे हैं और दूसरा, ईर्ष्या की अग्नि से जलते रहने के कारण उनके दिलों में यह बड़ा भारी भय था कि गुरु जी की बढ़ती शक्ति कहीं उनको जड़ से ही न उखाड़ फेंके। कुछ पहाड़ी राजाओं की गुरु जी से शत्रुता पहले से ही बन चुकी थी। अब ब्राह्मणों ने पहाड़ी राजाओं को उभारा और भड़काया कि गुरु जी हिन्दू धर्म के शत्रु हैं, हम सभी को मिल कर उनका ऐसा नाक में दम करना चाहिये कि उनको कहीं भी सुख का सांस न मिल सके। .....

राजपूत क्षत्रियता के ज़बानी दावेदार और भारत के मूर्ख और असभ्य पहाड़ी राजे गुरु गोबिन्द सिंघ के विरोधी बन गये। .....

उन्होंने अपना अस्तित्व मिटता जान कर गुरु जी का अस्तित्व मिटाने का फ़ैसला किया और कमर बांध ली। उन्होंने परामर्श किया कि गुरु जी के विरुद्ध औरंगज़ेब को भड़काया और उत्तेजित किया जाये और गुरु जी पर सम्मिलित सैनिक शक्ति से आक्रमण किया जाये।"

इसी पृष्ठभूमि में औरंगज़ेब के हुक्म से मई 1704 में अनंदपुर की आखरी जंग शुरु हुई जिसकी कमान सरहिंद के नवाब वज़ीर खान ने संभाली। लाहौर से ज़बरदस्त खान के साथ-साथ दिल्ली और काश्मीर की फौजी टुकड़ियां भी जंग में शामिल हुई। पहाड़ी राजाओं की तरफ से बिलासपुर के अमीर चंद, कांगड़े के घुमंड चंद, जसवाल के बीर सिंह, और कुल्लु, कैथल, मंडी, जम्मु, नूरपुर, चम्बा, गुलेर, गड़वाल, बुशहर, बिजरवाल और डढवाल की सेना थी। इसके इलावा गुज्जर और रंगड़ भी लूट-पाट के इरादे से जंग में मुघलों के साथ हो गए।

इतनी बड़ी फौज के होने के बाद भी वह सिखों के जोश के आगे टिक न सके। तकरीबन एक महीना झड़पे चलती रहीं जिसमे दुशमन सेना का बहुत नुकसान हुआ। वज़ीर खान पीछे हट कर अनंदपुर को चारों तरफ से घेरा डालकर बैठ गया। इस घेरे को छह महीने से भी ज़यादा हो गए थे। इस बीच दुशमन ने कई बार किले पर हमला किया, लेकिन हर बार भारी नुकसान उठाना पड़ा। कई बार गुरु साहिब को जान बचाने के बदले ईन स्वीकार करने की पेशकश की, जिसे हर बार ठुकरा दिया गया।

जंग शुरु होने से पहले गुरु साहिब ने औरतों और बच्चों को पहले ही अनंदपुर से सुरक्षित निकाल दिया था। केवल गुरु साहिब का अपना परिवार ही किले में था। किले के अंदर रसद-पानी की भारी कमी आ चुकी थी। यहां तक की पेड़ों के पत्ते पानी में उबाल-उबाल कर पीने की नौबत आ चुकी थी। अगर किले के अंदर यह हालात थे तो बाहर दुशमन फौज भी परेशान थी। महीनों लंबे घेरे और जंग को जारी रखने के लिए बेतहाशा खर्चा आ रहा था। मुगलों और पहाड़ी फौजों को पहले गर्मी, फिर बरसात, और अब कड़कती सर्दी का सामना करना पड़ रहा था। वह सभी इस जंग से पीछा छुड़ाना चाहते थे।

इसी बीच औरंगज़ेब का कुरान पर दस्तखत के साथ ख़त आया। इसके साथ पहाड़ी राजाओं ने गाय की सौगंध के साथ भी पत्र भेजा। कुरान और गाय की कसम के

साथ पत्र में लिखा था कि शाही प्रतिष्ठा के लिए गुरु गोबिन्द सिंह और उनके सिख अगर अनंदपुर छोड़ दें तो उन्हें कोई नहीं रोकेगा। अनंदपुर को छोड़कर जहां चाहें जा सकते हैं, उनके निकलने के लिए सुरक्षित रास्ता छोड़ा जाएगा। गुरु साहिब समझते थे कि यह एक धोखा है, लेकिन अधिकतर सिखों की राए इसे आज़माने की थी। गुरु साहिब ने युद्ध-बंदी की पेशकश को स्वीकार किया।

20-21 दिसंबर 1704 की रात थी जब गुरु साहिब और सिखों ने अनंदपुर का किला खाली कर दिया। अभी कुछ ही दूरी पर पहुंचे थे कि कुरान और गाय की सभी कसमों को तोड़कर दुश्मन फौज ने पीछे से जोरदार हमला कर दिया। आगे सरसा नदी बाढ़ के पानी के कारण उफान में थी। यहीं पर गुरु साहिब का परिवार एक-दूसरे से बिछड़ गया और कई बहादुर सिख लड़ते-लड़ते शहीद हो गए। गुरु साहिब के महिल (पत्नी) दिल्ली की ओर निकल गए, उनकी माता गुजर कौर जी दो छोटे बेटों के साथ गंगु ब्राह्मण रसोइया के घर चले गए, गुरु गोबिन्द सिंह जी अपने दो बड़े बेटों के साथ चमकौर की तरफ निकल गए।

चमकौर में गुरु साहिब ने ऊंचे स्थान पर बनी एक कच्ची गढ़ी (छोटा किला) में मोर्चा संभाला और एक और जंग के लिए तैयार हो गए। यह मानव इतिहास की बेमिसाल जंग होने वाली थी। गढ़ी के अंदर गुरु गोबिन्द सिंह जी, उनके दो साहिबज़ादे और चालीस सिख। किले को घेरा डाले पहाड़ी राजाओं और मुग़लों की लाखों की सेना। सुबह होते ही जंग शुरु हो गई। जो भी किले के पास आया, सिंघों ने उसे तीरों से वहीं धराशायी कर दिया। जब किले के अंदर तीर कम होने लगे, तब पाँच-पाँच के जत्थे में सिख किले से बाहर निकलते और दुश्मन पर टूट पड़ते। कईयों को मारकर शहीद हो जाते। फिर अगला पाँच सिखों का जत्था शहादत के लिए तैयार हो जाता। चमकौर के युद्ध ने "सवा लाख से एक लड़ाऊं, तबै गोबिन्द सिंह नाम कहाऊं" का मुहावरा सच कर दिखाया।

अठारह वर्षीय साहिबज़ादा अजीत सिंह ने भी जंग में जाने की आज्ञा मांगी। गुरु गोबिन्द सिंह जी ने खुद अपने हाथों से उनके शरीर पर शस्त्र सजाए और पाँच के जत्थे में भेजा। किले की दीवार से गुरु साहिब ने अपने साहिबज़ादे को शहीद होते देखा और अकाल पुरख का शुक्र मनाया। फिर चौदह वर्षीय साहिबज़ादा जुझार सिंह ने आज्ञा ली। दूसरे सिख नहीं चाहते थे गुरु साहिब उसे भी जंग के मैदान में भेजें, लेकिन गुरु साहिब ने कहा न तो तह उसे शहादत से वंचित रख सकते अगर

यह उसकी अपनी मर्ज़ी है, और न ही वह अपने पुत्रों और सिखों में कोई भेद रखते हैं। साहिबज़ादा जुझार सिंघ ने भी किले से निकलते ही ज़बरदस्त जंग मचायी और फिर शहादत प्राप्त कर ली। गुरु साहिब ने ऊंची आवाज़ में जैकारा बोला और एक बार फिर अकाल पुरख का शुक्र मनाया। अल्लाह यार ख़ां चमकौर को भारत का एक मात्र तीर्थ बताते हुए लिखता है:

बस्स एक हिन्द में तीर्थ है यातरा के लिये ।
कटाए बाप ने बच्चे जहां ख़ुदा के लिये ।

(गंज-ए-शहीदां, अल्लाह यार ख़ां जोगी)

दुश्मन किसी भी कीमत पर गुरु गोबिन्द सिंघ जी को पकड़ना या मारना चाहता था। लेकिन, गिनती के सिखों ने पूरा दिन दुश्मन फौज को किले के पास फटकने नहीं दिया। अब रात हो चुकी थी। गुरु गोबिन्द सिंघ जी ने बचे हुए सिखों को अगली सवेर खुद जंग के मैदान में जाकर शहादत देने का अपना निर्णय बताया। लेकिन यह दुश्मन के मकसद की प्राप्ति होती। रात को सिंघों ने पाँच का एक और जत्था बनाया। और पाँच प्यारे के रूप में गुरु गोबिन्द सिंघ जी को ही हुक्म कर दिया कि उन्हें रात में ही किसी तरह से किले से निकलकर सुरक्षित स्थान पर पहुंचना होगा। गुरु खुद पाँच प्यारों का हुक्म नहीं मोड़ सकते थे। दुश्मन अंधेरे में चकमा खा गया और गुरु गोबिन्द सिंघ जी और कुछ सिख अलग-अलग दिशा में निकल गए। सुबह को बचे हुए सिखों ने जम कर युद्ध किया और शहादत पाई। भाई संगत सिंघ जी ने गुरु जी के कपड़े और कलगी लगाई हुई थी, जिससे कुछ देर दुश्मन इसी भुलेखे में रहा कि उन्होंने गुरु को मार दिया है। लेकिन गुरु गोबिन्द सिंघ जी अगले कुछ ही दिनों में दीना कांगड़ (मालवा) की तरफ सुरक्षित स्थान पर पहुंच गए थे। दुश्मन अपने मकसद में पूरी तरह नाकाम रहा।

पंजाब में चप्पे-चप्पे पर गश्त फौजों का पहरा था। इतिहासकारों ने चमकौर में और आस-पास के शहरों में कड़े पहरे के लिए दस लाख दुश्मन फौज का जिक्र किया है। ऐसे में गुरु जी को पहरे से बाहर निकालने के कार्य में सबसे अहम भूमिका निभाई भाई गनी खान और नबी खान ने। गनी खान और नबी खान दो पठान भाई थे और घोड़ों के व्यापारी थे। वह अनंदपुर में भी अपने घोड़े बेचते थे और गुरु साहिब के मुरीद थे। उन्होंने गुरु गोबिन्द सिंघ जी को चार पाई पर बिठा कर पहरे से बाहर निकाल दिया। गुरु जी नीले वस्त्र व सूफी वेश में थे। रास्ते में जो भी मिलता

गनी खान और नबी खान कहते कि यह हमारे 'उच्च के पीर' हैं। इनकी बहादुरी और वफादारी की याद में माछीवाड़ा (लुधियाना) में गुरुद्वारा गनी खान नबी खान सुशोभित है।

गनी खान और नबी खान के ठीक विपरीत इनसानियत को शर्मसार करने वाला घिनौना कार्य किया गंगु ब्राह्मण ने। गंगु कई वर्षों तक अनंदपुर में गुरु परिवार के रसोईघर में काम करता रहा था। लेकिन चंद मोहरों के लालच में और सरकार के डर अधीन उसने माता गुजर कौर जी और छोटे साहिबज़ादों को पास के मोरिंडा कोतवाल के हवाले करवा दिया। गंगु को इनाम में मोहरे तो मिल गई, लेकिन उसने अपना नाम सिख इतिहास में न भूला पाने वाले अपराधी की सूची में लिखवा दिया।

इक्यासी वर्ष की दादी माता और छह व नौ साल के बच्चों को मोरिंडा से सरहिंद भिजवा दिया गया। गुरु गोबिन्द सिंघ जी को पकड़ने या मारने में तो वज़ीर खान सफल हो न सका, उनकी माता और मासूम बच्चों की गिरफतारी से ही उसे संतुष्ट होना पड़ा। कड़कती सर्दी में तीनों को ऊंची मीनार में रखा गया, जिसे ठंडा बुर्ज कहते हैं। अगली सवेर को दोनों साहिबज़ादों की वज़ीर खान के दरबार में पेशी हुई। छोटे बच्चों की हाज़िर जवाबी और निडरता से सभी प्रभावित थे। उन्हें दीन कबूल करने के लिए न सिर्फ डर और लालच दिए गए, बल्कि यातनाएं भी दी गई। लेकिन दोनों ने स्पष्ट कह दिया कि सिखी उन्हें जान से प्यारी है।

वज़ीर खान ने बच्चों को मलेरकोटला के नवाब शेर मुहम्मद खान के हवाले सौंपना चाहा। शेर मुहम्मद खान का भाई कुछ दिन पहले चमकौर के युद्ध में गुरु गोबिन्द सिंघ जी के तीर से मारा गया था। वज़ीर खान ने बच्चों को मारकर अपने भाई का बदला लेने को कहा। लेकिन मलेरकोटला नवाब ने न सिर्फ ऐसा करने से मना किया बल्कि वज़ीर खान को भी इस अपराध से मना किया और बच्चों को छोड़ देने को कहा।

यहां पर एक बार फिर विपरीत आचरण का घिनौना नमूना देखने को मिला। वज़ीर खान का दिल एक बार बच्चों की मासूमियत के आगे पिघल रहा था। तभी उसके दरबार में दीवान सुच्चा नंद के कड़वे बोलों ने माहौल को भड़काने का कार्य किया। उसने कहा, "सांप के बच्चे सांप ही होते हैं। इनके सिरों को अभी कुचल दो वरना बड़े होकर यह अपने बाप के कदमों पर ही चलेंगे।" शेर मुहम्मद खान ने देखा कि

उसकी अपील का कोई असर नहीं हो रहा। वह उस पाप का हिस्सा नहीं बनना चाहता था और सभा का बहिष्कार करके उठ कर चला गया।

दो दिन लगातार सभा चली। साहिबज़ादों को लगातार डर, लालच और कठिन यातनाएं दी गईं, लेकिन वह सिदक से नहीं डोले। वज़ीर खान ने हारकर काज़ी को फतवा सुनाने को कहा। काज़ी ने दोनों को दीवार में ज़िंदा चुन देने का फतवा सुनाया। ऐसा ही हुआ। 26 दिसंबर 1704 को दो मासूमों को दीवार में चुन दिया गया। कुछ देर बाद दीवार तोड़कर जब देखा कि अभी भी सांस चल रही हैं तो उनका सिर कलम कर दिया गया। बाबा फतह सिंघ (छह साल) और बाबा ज़ोरावर सिंघ (नौ साल) ने पंथ की नींव अपने खून से सींच कर बहुत मजबूत कर गए। माता गुजर कौर जी को भी ऊंचे मिनार से गिरा कर शहीद कर दिया।

हम जान दे के औरौं की जानें बचा चले ।
सिक्खी की नींव हम हैं सरों पर उठा चले ।
गुर्याई का हैं किस्सा जहां में बना चले ।
सिंघों की सलतनत का हैं पौदा लगा चले ।

(शहीदान-ए-वफ़ा, अल्लाह यार ख़ां जोगी)

इस घटना ने पूरे पंजाब में रोष की लहर भर दी और पंजाब की नई तकदीर लिख दी। हर सिख के दिल में पापियों को सज़ा देने का जनून उबाले खाने लगा। इस घटना ने न सिर्फ तत्कालीन हालातों को बदल कर रख दिया बल्कि यह सिख मानसिकता का हमेशा के लिए हिस्सा बन गया।

औरंगज़ेब के 1707 में देहांत के बाद उसके पुत्रों में राजगद्दी के लिए जंग छिड़ गई। गुरु गोबिन्द सिंघ जी ने बहादुर शाह को पंजाब में ज़ालिमों को सज़ा देने के वादे पर उसका साथ दिया। लेकिन गद्दी पर बैठने के बाद वह अपने वादे से टाल-मटोल करने लगा। हालांकि वह काफी समय गुरु जी के साथ रहा और दक्षिण में गुरु जी को अपने साथ ले गया। गुरु जी ने उसे पूरा मौका दिया, मगर बहादुर शाह वज़ीर खान जैसे मजबूत सुबेदार को छेड़ना नहीं चाहता था। फिर गुरु गोबिन्द सिंघ जी ने बहादुर शाह का साथ छोड़ दिया और उसे बता दिया कि अब खालसा खुद ही न्याय स्थापित करेगा। इस पश्चात गुरु जी नांदेड़ में ही रुक गए।

नांदेड़ से ही बाबा बंदा सिंघ बहादुर की अगवाई में गुरु जी ने सिखों का जत्था पंजाब के लिए रवाना कर दिया। पंजाब के प्रमुख सिखों के नाम संदेश भी साथ में भेजे जिसमें बंदा सिंघ बहादुर का साथ देने को कहा।

इस बीच वज़ीर खान ने श्रद्धालुओं के भेष में दो पठानों द्वारा गुरु जी के ऊपर कायराना हमला करवा दिया जिसमें गुरु जी को गहरे घाव लगे। हमले के कुछ दिनों बाद गुरु जी ने अपना अंतिम समय नजदीक जाना। सशक्त खालसा के रूप में गुरु नानक का सिख मिशन संपूर्ण हो चुका था। गुरु गोबिन्द सिंघ जी ने अब अपने बाद देहधारी गुरगद्दी की परंपरा को समाप्त कर दिया। सिखों को ग्रंथ साहिब को सदीवी गुरु मानने का आदेश दिया।

गुरबाणी की रोशनी में जीने वाला गुरु नानक का सिख है, चाहे वह किसी भी जाति, नस्ल, या लिंग से हो। वहीं सिख परिवार में पैदा हुआ, पर गुरबाणी विचार से टूटा हुआ सिख नहीं कहला सकता। गुरु ग्रंथ साहिब के विचार को समर्पित होने के आखिरी उपदेश के साथ 7 अक्तूबर 1708 को नांदेड़ में गुरु गोबिन्द सिंघ जी के शरीर ने संसार छोड़ दिया।

पंजाब में बाबा बंदा सिंघ बहादुर की अगवाई में भारी संख्या में सिख इकट्ठे होने लगे। बाबा बंदा सिंघ ने अपनी जीत का सिलसिला सोनीपत, समाना, मुसतफाबाद और सढोरा से किया। हर किसे के दिलो-दिमाग में सरहिंद की खूनी दीवार का भयावह दृश्य निरंतर चल रहा था। इन शहरों में रहने वाले सिखों के दुश्मनों को ढूंढ-ढूंढ कर मारा गया। वह जल्लाद जिन्होंने छोटे साहिबज़ादों को दीवार में चिना था और वह जिन्होंने नौवें गुरु के ऊपर तलवार चलाई थी सभी को मौत की सज़ा दी गई। पीर बुद् शाह को शहीद करने वाले उसमान खान को भी मौत के घाट उतारा गया। इस पश्चात पंजाब की धरती पर ऐतिहासिक जंग हुई जिसने मुगल सल्तनत की हमेशा के लिए जड़े हिला कर रख दी। 12 मई 1710 को सिखों ने वज़ीर खान को मार कर सरहिंद पर जीत हासिल की। सुचानंद और गंगु ब्राह्मण को भी अपने किए की सज़ा मौत मिली।

खालसा राज के सिक्कों पर किसे विजेता या शासक का नाम नहीं, बल्कि गुरुओं का दिया राज का उद्देश्य होता था। सिख राज की पहली मोहर पर बाबा बंदा सिंघ बहादुर ने फ़ारसी में यह उत्कीर्ण करवाया:

देगो तेगो फ़तेह नुसरत बेदरंग
याफ़त अज़ नानक गुरु गोबिन्द सिंघ

अनुवाद: आहार इख़्तियार की जीत (और) मदद (न्याय) बिना विलम्ब के
यह कृपा है नानक गुरु गोबिन्द सिंघ की।

छठे गुरु या दसवें गुरु के समय जितने भी छोटे-बड़े युद्ध हुए, उसमें हमेशा शत्रु हमलावर थे जबकि सिखों ने रक्षात्मक मनोभाव से युद्ध किया। यह पहली बार था कि सिख हमलावर होकर जंग के मैदान में कूदे। रक्षात्मक एवं हमलावर दोनों मनोभाव हकों, न्याय और स्वाभिमान की रक्षा हेतु थे। लेकिन कौम के प्रभुत्व के स्थायित्व के लिए रक्षात्मक से हमलावर होने की परिवृत्ति अति आवश्यक थी। यह परिवृत्ति गुरु ने अपने परिवार को कौम पर कुर्बान करके लाई है।

गगन दमामा बाजिओ परिओ नीसानै घाउ ॥
खेतु जु मांडिओ सूरमा अब जूझन को दाउ ॥१॥
सूरा सो पहिचानीऐ जु लरै दीन के हेत ॥
पुरजा पुरजा कटि मरै कबहू न छाडै खेतु ॥२॥
(गुरु ग्रंथ साहिब, भगत कबीर, अंग 1105)

अर्थ: गगन रूपी बुद्धि में निशाने पर चोट लगने से धोंसा बज गया है (तड़प जाग उठी है)।

जीवन रूपी खेत को सूरमे ने संभाल लिया है, क्योंकि वह समझ गया है कि यही एक मौका है जूझने का।

सूरमा कहते ही उसे हैं जो मज़लूम के हित के लिए लड़े।

वह पुरजा पुरजा होकर चाहे कट मरे, लेकिन आखिरी सांस तक वह रण-भूमी नहीं छोड़ता।

गुरुओं ने इतनी कठिन यातनाएं क्यों झेली? क्यों न सत्ता से समझौता करना स्वीकार किया? किसके लिए अजर को जरा?

उन्होंने इंसान के आज़ाद जीवन के लिए समानता और न्याय स्थापित करने के लिए यह सभी किया; मेरे लिए, आपके लिए किया। सिख कौमियत के गगन में दमामा गुरुओं ने खुद की और अपने परिवार की कुर्बानी देकर बजाया है। हर सिख को अपने गुरु पर मान है क्योंकि यह उसका अपना इतिहास है। जैसे ही कोई सिख बनता है, उसी समय यह सारा इतिहास उसके अपने पुरखों का हो जाता है। कौन नहीं चाहेगा इस इतिहास को अपना बनाना? सिखी सभी के लिए है। सिख बनो, सरब सांझी गुरबाणी की शरण में आओ। अपनी विरासत संभालो।

अजर जिन जरिआ

गुरु नानक ने जो धर्म का राज स्थापित किया है, उसका शक्तिशाली किला सच की पक्की नींव पर खड़ा है:

> नानकि राजु चलाइआ सचु कोटु सताणी नींव दै ॥
>
> *(गुरु ग्रंथ साहिब, बलवंड सता, अंग 966)*

यह नींव पक्की इसलिए है क्योंकि गुरु नानक के दस स्वरूपों ने सच को स्थापित करने के लिए खुद अजर को जरा है।

> *गुर गम प्रमाणि अजरु जरिओ सरि संतोख समाइयउ ॥*
>
> *गुर अरजुन कल्युचरै तै सहजि जोगु निजु पाइयउ ॥*
>
> *(गुरु ग्रंथ साहिब, भट्ट कल्य, अंग 1408)*

अर्थ: गुरु पदवी (के हकदार) का प्रमाण यही है कि अजर (असहनीय) को जर कर संतोख के सरोवर में लीन हो गए हैं।

भट्ट कल्य कहता है, "हे गुरु अरजुन! आपने आत्मिक अडोलता में टिक के (अकाल पुरख से) मिलाप प्राप्त कर लिया है।"

'अजर' विकारों के प्रकोप की वह असहनीय अवस्था है जिससे बच निकलना मनुष्य के लिए अति दूभर है। काम, क्रोध, लोभ, मोह, अहंकार कई रूप से जीवन में प्रभाव डालते हैं, जो मनुष्य की आध्यात्मिक उच्चता की सीमा तय कर देते हैं। अधिकतर लोग तो धन, संपत्ति, ओहदे या कामुक प्रलोभन से ही अपना ज़मीर बेच देते हैं। अगर कोई इन के प्रभाव से मुक्त हो भी जाता है, संतान मोह के चलते या फिर संसार में अपना नाम बनाने के चक्कर में समझौता कर लेता है। कोई सत्ताधारियों द्वारा शारीरिक व मानसिक यातनाएं न झेल पाने के कारण समझौता कर लेता है। कोई इस अवस्था से भी ऊपर उठ जाए, लेकिन अपनी संतान या सगे संबंधियों के ऊपर यातनाएं सह नहीं पाता जिस कारण अपने असूलों से मजबूरन

पीछे हट जाता है। इंसान निरभउ और निरवैर के रूहानी गुणों को जिस गहराई से अपने जीवन में उतारेगा, उसके अजर को जरने की सीमा उसी से तय होगी।

सिख ने अपने गुरु से अति कठोर परिस्थितियों से टकराकर उभरना सीखा है। क्योंकि गुरु पदवी पर बैठने वाले गुरुओं ने अतिशय भीषण हालातों को अपने और अपने परिवार के ऊपर झेलकर उदाहरण स्थापित करके नेतृत्व किया है। ऐसे में जब कोई सिखी मूल्यों से अचेत इतिहासकार या लेखक यह सवाल रख देता है कि चौथे गुरु के बाद सभी गुरु एक ही परिवार से क्यों? यह प्रश्न सिख के लिए पाठ्यक्रम से बाहर का बन जाता है। सिख के स्थापित मापदंड से बहुत नीचा प्रतीत हो दिखता है। इसका उत्तर बताने में सिख को अपने गुरु प्रति आस्था में ठेस लगती है। वह चुप रहना ही बेहतर समझता है। लेकिन सिख की चुप्पी संदेहवादियों को बढ़ावा देती है।

गुरु की आध्यात्मिक उच्चता असीम है क्योंकि गुरुओं ने तो अजर को जर के दिखाया है। लेकिन आध्यात्मिक शून्यता से निकले संदेह का उत्तर ऐतिहासिक व परंपरागत पृष्ठभूमि से भी दिया जा सकता है।

पुरातन जन्म-साखियों में बीबी भानी की एक लोकप्रिय कहानी है। बीबी भानी गुरु अमर दास जी की पुत्री, गुरु राम दास जी की पत्नी, गुरु अरजन जी की माँ, गुरु हर गोबिन्द जी की दादी और अगले गुरुओं की पूर्वज थीं। सिखी को समृद्ध करने में बीबी भानी के अद्वितीय योगदान के कारण उनका नाम सिख इतिहास की महानतम स्त्रियों में गिना जाता है। गुरु अमर दास जी सबसे वृद्ध अवस्था के गुरु थे जिनकी उम्र 95 साल की रही। बीबी भानी अपने वृद्ध पिता-गुरु की पूरी निष्ठा से सेवा करने में समर्पित रहती थी।

कहानी के अनुसार एक सुबह जब तीसरे गुरु, गुरु अमर दास जी, ध्यान में लीन थे, उनकी पुत्री बीबी भानी ने देखा कि जिस लकड़ी के पीढ़े पर गुरु जी बैठे थे, उसका एक पैर टूटने वाला था। बीबी जी ने पिता-गुरु के ध्यान में विघ्न न डल जाने के आशय से तुरंत पीढ़े के लड़खड़ाते पैर को अपने हाथ से पूरी ताकत से सहारा दिया। लकड़ी के नुकीले छील चुभने के कारण उनके हाथ में पीड़ा व जख्म हो गया और खून बहने लगा। लेकिन उन्होंने पिता-गुरु के ध्यान से उठने का इंतज़ार करना ही बेहतर समझा। जैसे ही गुरु ध्यान से उठे, उन्हें पता चला कि चौकी के

टूटे हुए पैर को सहारा देने में लगी चोट से बीबी भानी के हाथ से खून बह रहा था। यह दृश्य देखकर उन्होंने कहा कि आने वाला समय गुरगद्दी पर बैठने वाले के लिए इसी तरह खून से भीगा हुआ भयानक होने वाला है। जिस तरह आपने खून व शारीरिक पीड़ा को सहा है, वैसे ही आना वाला समय गुरु पदवी से मांग करता है। बीबी भानी ने कहा अगर ऐसा है तो इसे सहने की भी ज़िम्मेवारी मेरी 'सोढ़ी' कुल को ही दीजिए। गुरु अमर दास जी ने बीबी भानी को यही वरदान दिया।

गुरु अमर दास जी, जो खुद 'भल्ला' कुल से थे, की चार संतान थी: दो बेटियां और दो पुत्र। उन्होंने अपने बाद गुरगद्दी सबसे छोटी संतान बीबी भानी के पति गुरु राम दास जी को योग्य जानकर दी जो 'सोढ़ी' कुल से थे। उसके बाद सभी गुरु इसी कुल से हुए।

केवल श्रद्धा-भाव को ध्यान में रखकर लिखी गई यह कहानी इतिहास से ज्यादा मिथक प्रतीत लग सकती है। लेकिन इस परंपरागत कहानी के अगर ऐतिहासिक तत्व वापस लौटाए जाएं तो यह आसानी से कहा जा सकता है कि:

क) सिख लहर के खिलाफ चल रही साजिशों और अकबर को शिकायतों के मद्देनज़र गुरु अमर दास जी, नजदीकी सिखों और परिवार में इसे लेकर गंभीर विचार चल रहे थे। गुरु अमर दास जी ने सभी को आगाह कर दिया था कि आने वाला समय बहुत कठिन होगा और कुरबानियों की मांग करेगा।

ख) चौथे गुरु के बाद जब तक गुरगद्दी परंपरा चलेगी, यह गुरु राम दास जी के 'सोढ़ी' कुल में ही रहे। इसका निर्देश खुद गुरु अमर दास जी ही कर गए थे। उस समय के साधारण सिखों को भी इस निर्देश के बारे में जानकारी थी।

तभी तो समकाली सिख विद्वान भाई गुरदास जी ने पाँचवें गुरु अरजन जी को गुरगद्दी मिलने के संदर्भ में यह लिखा:

फिर आई घर अरजणे पुत संसारी गुरु कहावै।
जाण न देसां सोढीओ होरस अजर न जरिआ जावै।
घर ही की वथ घरे रहावे॥   (भाई गुरदास: वार 1 पउड़ी 47)

अर्थ: (गुरु राम दास जी के बाद) फिर गुरगद्दी अरजन के घर आई, संसारी गुरु-पुत्र अब गुरु कहलाया।

सोढ़ी कुल से अब (गुरगद्दी) बाहर नहीं जाएगी, अजर (असहनीय) को और कोई नहीं जर (सह) सकता।

(सिखों के) घर की वस्तु (सिखों के) घर ही में ही रहेगी॥

पाठक आसानी से समझ सकते हैं कि भाई गुरदास ने बड़ी स्पष्टता से "होरस अजर न जरिआ जावै" को 'कारण' बताया है, और "घर ही की वथ घरे रहावे" को इस फैसले का 'लाभ' बताया है। "घर ही की वथ घरे रहावे" को भी गहराई से समझना होगा। सिख के लिए चाहे 'कारण' अहम है, लेकिन संदेह खड़ा करने वालों के लिए 'लाभ' को समझना आसान हो सकता है।

हम इस नुक्ते पर विचार कर चुके हैं कि नए नगर निर्माण सिखी असूलों के रूपांतर के लिए अहम स्तंभ थे। इसकी शुरुआत गुरु नानक साहिब ने रावी नदी के तट पर करतारपुर बसा के कर दी थी। और अपने जीवन के लगभग आखिरी अठारह वर्ष यहां संगत-पंगत की संस्थाओं को प्रफुल्लित करने में बिताए। लेकिन गुरु नानक साहिब के बाद करतारपुर सिखी का केंद्र रहना तो दूर की बात है, उलटा सिखी के खिलाफ प्रतिक्रांति का अड्डा बन गया। इसका कारण यह था कि गुरु नानक साहिब के बड़े पुत्र ने अलग ही नई उदासी संप्रदाय शुरु कर ली।

गुरु नानक साहिब के दो पुत्र थे- सिरी चंद और लखमी दास। छोटा लखमी दास संसारी था, लेकिन बड़ा पुत्र ब्रह्मचारी रहा जो गुरमत के ठीक विपरीत था। दोनों को गुरु-पुत्र होने के कारण जो संगत से सत्कार मिलता था वह उसी के अहंकार में रहे और गुरु अंगद जी को गुरगद्दी देने को 'जर' न सके। गुरु अंगद जी ने करतारपुर को छोड़कर सिखी का नया केंद्र खड़ूर बनाया। करतारपुर "घर ही की वथ" (सिख घर की वस्तु) थी, लेकिन सिखी के घर में न रह पाई।

पाठकों को सोलहवीं सदी की कानून व्यवस्था को भी समझना होगा। उस समय आज की तरह ट्रस्ट या संगठन बनाने का प्रावधान नहीं था। संपत्ति किसे ट्रस्ट के नाम से नहीं ली जा सकती थी। और पिता की संपत्ति पर पुत्र का ही कानूनन अधिकार था, न कि आध्यात्मिक गद्दी के उत्तराधिकारी का। बहुत सी अंजान संगत गुरु नानक के बसाए करतारपुर में आती रही और उदासी संप्रदाय को प्राण वायु मिलती रही। गुरु ग्रंथ साहिब में यह दर्ज है गुरु नानक के पुत्रों ने अहंकार (आकी) में आकर अपने पिता का कहना (कउल) नहीं माना:

पुत्री कउलु न पालिओ करि पीरहु कंन्ह मुरटीऐ ॥
दिलि खोटै आकी फिरन्हि बंन्हि भारु उचाइन्हि छटीऐ ॥

(गुरु ग्रंथ साहिब, बलवंड सता, अंग 967)

गुरु अमर दास जी के समय तक सिख लहर बहुत मज़बूती से समाज के हर वर्ग को प्रभावित कर रही थी। सिखों की वृद्धि के अनुरूप यह ज़रूरी हो गया था कि एक बड़ा नगर बसाया जाए। इसी इरादे से गुरु अमर दास जी ने अमृतसर शहर के लिए ज़मीन लेने का फैसला किया। यह ज़मीन उन्होंने अपने नाम से या अपने दो पुत्रों में से किसी के नाम से न लेकर, अपने दामाद (गुरु) राम दास जी के नाम से ली। इससे यह साफ हो जाता है कि अमृतसर के लिए ज़मीन खरीदने के समय तक गुरु अमर दास जी ने यह फैसला कर लिया था कि उनके बाद गुरगद्दी उनके दामाद (गुरु) राम दास जी को मिलेगी और उनके बाद उन्हीं की कुल में रहेगी जिससे सिखों के "घर ही की वथ घरे रहावे"।

अगर गुरु राम दास जी के बाद गुरगद्दी किसी दूसरे परिवार को मिलती तो अमृतसर के ऊपर यकीनन गुरु राम दास जी के ज्येष्ठ पुत्र प्रिथी चंद का कब्ज़ा ही होता, जैसे करतारपुर पर सिरी चंद का था। इसके बावजूद, प्रिथी चंद ने सरकारी अधिकारियों के साथ मिलकर गुरु अरजन जी को नीचा दिखाने की हर मुमकिन कोशिश की। लेकिन अगर गुरगद्दी गुरु अरजन जी के पास न होती तो विरोधी प्रिथी चंद की सहायता से सिख धर्म पर हमला करने के लिए अमृतसर को ही प्रमुख मंच बना देते। लेकिन ऐसा न हो सका, अमृतसर चौथे गुरु से लेकर छठे गुरु तक सिख धर्म की तरक्की में अहम योगदान पाता रहा।

छठे गुरु हरगोबिन्द जी ने नई जंगी चुनौतियों का सामना करने के लिए पहाड़ों के पास नया केंद्र स्थापित करने के निश्चय से नया नगर कीरतपुर बसाया। नौवें गुरु ने इसी के पास अनंदपुर बसाया जिसमें गुरु गोबिंद सिंघ जी ने पाँच किले बनवाए। इस तरह छठे गुरु से लेकर दसवें गुरु तक कीरतपुर व अनंदपुर सिख धर्म को निरंतरता प्रदान करते रहे।

विरोधी इन केंदरों की अहमियत को भली-भांत समझते थे और इन पर नज़र बनाए हुए थे। यह इसी बात से अंदाज़ा लगाया जा सकता है कि छठे गुरु के अमृतसर को छोड़कर जाने के तुरंत बाद सरकारी मदद से दरबार साहिब, अमृतसर पर

प्रिथी चंद की औलाद को बिठाया गया और सिखी में धुसपैठ की कोशिश की गई। सिख इतिहास में प्रिथी चंद की औलाद को 'मीणे' कहा जाता है, जिसका मतलब है कपटी या धूर्त। कब्ज़ा इस कदर था कि जब गुरु तेग बहादुर जी अमृतसर गए तो उनके लिए दरबार साहिब के दरवाज़े बंद कर दिए गए। गुरु जी दरबार साहिब के दर्शन किए बिना ही वहां से चले गए। साथ आए शस्त्रधारी सिखों ने वहां के पुजारी बन बैठे लोगों पर शक्ति से नियंत्रण करने की आज्ञा लेनी चाही। लेकिन गुरु तेग बहादुर जी ने बड़े मकसद की प्राप्ति के लिए उनके साथ बहस या झड़प में समय बरबाद करने को मना कर दिया।

इसी तरह जब औरंगज़ेब ने सातवें गुरु के बड़े पुत्र राम राए को स्थापित करने की कोशिश की तो वह उसे कीरतपुर में नहीं कर पाया। उसे देहरादून में जागीर दी जो सिख लहर को नुकसान न पहुंचा पाया। दसवें गुरु गोबिन्द सिंघ जी को अनंदपुर से निकालने के लिए हिंदु पहाड़ी राजाओं ने मुगलों के साथ मिलकर कई हमले किए। अनंदपुर की आखिरी जंग सन 1704 में हुई, जिस उपरंत गुरु गोबिन्द सिंघ जी ने अनंदपुर को छोड़ा।

इस बात से कोई इनकार नहीं कर सकता कि सन 1574 से तकरीबन 1635 तक अमृतसर सिखी का केंद्र रहा। और उसके पश्चात सन 1704 तक कीरतपुर व अनंदपुर सिख विकास के अभिन्न अंग बनकर उभरे। यह निरंतरता, जो अति आवश्यक थी, इसी लिए आ पाई क्योंकि गुरु राम दास जी के बाद गुरगद्दी उन्हीं की 'सोढ़ी' कुल में रही।

पाठक के मन में अगर यह प्रश्न है कि गुरु नानक साहिब ने अपने पुत्रों को गुरगद्दी क्यों न दी? इसका यही जवाब है कि गुरु ने अपने पुत्रों को इसके लायक नहीं समझा। ऐसा पहली बार हो रहा था, सिखों में किसी तरह की कोई भ्रांति न रहे, इसलिए गुरु नानक साहिब ने खुद दूसरे गुरु का नाम 'अंगद' रखा। उनका पहला नाम भाई लहणा था। भाई लहणा को गुरगद्दी देते हुए गुरु नानक ने सभी सिखों को समझाया कि वह पूर्ण रूप से उनकी विचारधारा में समा गए हैं और उन्हीं का अंग (अंगद) हो गए हैं। गुरु नानक ने सभी सिखों के सामने गुरु अंगद जी के आगे शीश झुकाया।

लहणे धरिओनु छत्रु सिरि असमानि किआड़ा छिकिओनु ॥
जोति समाणी जोति माहि आपु आपै सेती गिकिओनु ॥

सिखां पुत्रां घोखि कै सभ उमति वेखहु जि किओनु ॥
जां सुधोसु तां लहणा टिकिओनु ॥

(गुरु ग्रंथ साहिब, बलवंड सता, अंग 967)

अर्थ: (गुरु नानक ने) बाबा लहणा जी के सिर पर (गुरु-गद्दी का) छत्र धरा और (उनकी) शोभा आसमान तक पहुँची।

(गुरु नानक की शब्द ज्ञान रूपी) जोत (बाबा लहणा की) जोत के समन्वय होकर मिल गई; गुरु नानक ने अपने-आप को अपने-आप (बाबा लहणा) के साथ एक-मेक कर लिया।

हे सारी संगत! देखो, जो उन्होंने (गुरु नानक) किया, अपने सिखों और पुत्रों की परख की।

जब उन्होंने सुधाई की तब उन्होंने (अपनी जगह के वास्ते बाबा) लहणा (जी को) चुना।

तीसरे और चौथे गुरु के चयन समय भी गुरु-पुत्रों को गुरु नानक की विचारधारा में परिपूर्ण न जाना गया। उत्तराधिकारी के चयन की कसौटी हर समय गुरु नानक की विचारधारा (जोत) में समन्वय होकर अनुकूल सामाजिक रूपान्तर प्रदान करने की ही रही।

अगर इसके बाद यह प्रश्न मन में आता है कि गुरु अमर दास जी को कैसे पता कि गुरु राम दास जी की कुल में से कोई न कोई गुरु पदवी के लायक ज़रूर पैदा होगा? उलटा यह प्रश्न तो गुरु की रूहानी परिपूर्णता से विस्मित होने को मजबूर कर देता है। क्योंकि रूहानियत से जुड़े सवालों के पीछे की वजह ज़रूरी नहीं कि फैसला लिए जाने के समय में खोजी जाए। कुछ सवालों के जवाब फैसले के आगामी विशुद्ध नतीजों से ही मिलते हैं। परिणामों में किसी तरह की कोई कसर नहीं रही। परिणामों के रूप में निरभउ और निरवैर की चरम अवस्था से जो बेमिसाल कुरबानियों और शहादतों का इतिहास मानव सभ्यता को मिला, उसने अजर को जरने के नए अद्वितीय मानदंडों को स्थापित कर दिया। यह मापदंड हर सिख की मानसिकता का अभिन्न अंग है और यही सिख को हर परिस्थिति से उभरना सिखाते हैं।

कहु नानक अजरु जिनि जरिआ तिस ही कउ बनि आवत ॥

(गुरु ग्रंथ साहिब, महला ५ अंग 1205)

पुरजा पुरजा कट मरै कबहू न छाडै खेत

दस गुरुओं ने अजर को जर कर गुरबाणी अनुसार सचिआर जीवन जी कर दिखाया। सिख के मन-मस्तिष्क में अब प्रभुता के लिए दमामा बज उठा था। जब भी सिखों के ऊपर मुसीबतें आई उनके ज़हन में बसी हुई गुरुओं और गुरु परिवार की बेमिसाल शहादतों ने जुल्म का टाकरा करने का मार्ग दर्शन किया। अब प्रभुता और आत्म-सम्मान की रक्षा के लिए सिख पुरजा-पुरजा कटवाने को तैयार हो चुका था/है। जिस कारण, गुरुओं के बाद भी सिखों ने इतिहास बनाया और बना रहे हैं।

अठारहवीं सदी में हज़ारों सिखों को भयानक यातनाएं देकर शहीद किया गया। खासकर 1716 से 1768 का समय। यह पहला सिख राज समाप्त होने से लेकर दोबारा सिखों के पास ताकत आने का समय था। इस बीच सिखों के सिरों के मूल्य रखे गए। बाबा बंदा सिंघ बहादुर और भाई मनी सिंघ के शरीर का बंद-बंद काटा गया। भाई तारू सिंघ का शीश उतारा गया। भाई सुबेग सिंघ भाई शाबेग सिंघ (पिता-पुत्र) को चरखड़ी पर चढ़ाकर शहीद किया गया। माताओं के गले में उनके बच्चों के सिर के हार डाले गए। बाबा दीप सिंघ और भाई बोता सिंघ भाई गरजा सिंघ की शहादत सिख इतिहास के अहम अध्यायों में से कुछ हैं। 1849 में पंजाब पर अंग्रेजों का अधिकार हो गया। अंग्रेज़ों के स्थापित किए महंतों से गुरुद्वारे आज़ाद करवाने के संघर्ष में कई कुरबानियां हुई। इसके साथ-साथ देश की आज़ादी में गदर लहर और बब्बर अकाली लहर प्रमुख धारा रही जिन्होंने फांसी के तख्ते को चूमा। 1947 के दर्दनाक विभाजन के बाद अभी कौम संभली भी नहीं थी कि पंजाबी सूबा, पंजाबी भाषा, पंजाब की नदियां और संघीय अधिकारों को लेकर नए संघर्ष शुरु हो गए जिसमें हज़ारों सिखों को मारा गया और कई शहीद हुए।

सिखों ने अपने साथ हुए नरसंहार का निर्दिष्ट शब्द 'घल्लुघारा' दिया है, जैसे यहूदी अपने नरसंसार को 'होलोकास्ट' कहते हैं। घल्लुघारा उन सामूहिक हत्याओं के संदर्भ में इस्तेमाल किया जाता है जब दुश्मन ने युद्ध के सभी नियमों को त्याग कर सिखों की नस्ल को समाप्त करने के इरादे से बच्चे, बूढ़े, औरतें, सभी की बड़े पैमाने में हत्याएं की हों, और यह हत्याएं कुछ ही दिनों में हुई हों। यह युद्ध में

हुई कुरबानियों से अलग है। सिख इतिहास में तीन घल्लुघारे हुए जिनका संक्षिप्त विवरण इस प्रकार है:

छोटा घल्लुघारा:

लाहौर के दीवान लखपत राए के अहंकारी जागीरदार भाई जसपत राए की सिखों के साथ हुई एक झड़प में मौत हो गई थी। जसपत राए का सिर निभाउ सिंघ रंघरेटा ने धड़ से अलग कर दिया था। लखपत राए ने अपने भाई की मौत का बदला लेने के लिए पूरी सिख कौम को समाप्त करने की कसम खाई। उसने लाहौर के सुबेदार यहिया खान के सामने अपनी पगड़ी उतार कर इस तरह प्रण लिया, "नानक खत्री ने जो धर्म चलाया था, मैं लखपत राए खत्री यह प्रण करता हूं कि मैं उस धर्म का सर्वनाश कर दूंगा। तब तक मैं अपने सिर पर यह पगड़ी नहीं रखूंगा।"

लखपत राए ने मार्च 1746 में लाहौर में रहने वाले सिखों का बेरहमी से कत्ल करना शुरु कर दिया। लाहौर में इस स्थान को शहीद गंज कहा जाता है। लखपत राए को 'गुरु' शब्द से इतनी नफरत हो गई थी की उसने 'गुरु' के साथ-साथ 'गुड़' बोलने पर भी पाबंदी लगा दी। बिगड़ते हालातों को देखते हुए सिखों ने लाहौर से दूर काहनूवान (गुरदासपुर) के जंगलों में पनाह ली। लखपत राए को खबर मिली कि पंद्रह हज़ार से ज्यादा सिख परिवारों समेत जंगल में छिपे हुए हैं। लखपत राए और यहिया खान ने 1 मई 1746 को पचास हज़ार की सेना के साथ काहनूवान के जंगल को घेर कर आग लगा दी। खालसा फौजों को न सिर्फ दुश्मन से लड़ना था, बल्कि परिवारों की जान भी बचानी थी। सरदार जस्सा सिंघ आहलुवालिया की अगुआई में सिखों ने जमकर मुकाबला किया जिसमें लखपत राए का पुत्र हरभजन राए और यहिया खान का पुत्र नाहर खान मारे गए। लेकिन यहां सात हज़ार से ज्यादा सिख मारे गए। लाहौर और काहनुवान को मिलाकर दस हज़ार से ज्यादा सिख जवान, बच्चे, बूढ़े और औरतों को मौत के घाट उतार दिया गया था। इसे छोटा घल्लुघारा कहा जाता है।

लाहौर में सत्ता परिवर्तन होने के बाद मीर मनु लाहौर का सुबेदार बना। उसने कौड़ा मल्ल को दीवान नियुक्त किया जो सिखों का हमदर्द था। अफगानी हमलों को देखते हुए कौड़ा मल्ल ने मीर मनु को सिखों के साथ शांति स्थापित करने को मनाया। शांति प्रस्ताव (जो कुछ देर तक ही चला) के तहत लखपत राए को दल खालसा के हवाले कर दिया गया। सिखों के सर्वनाश का संकल्प दिल में लिए लखपत राए 1748 में सिखों के हाथों ही बहुत बुरी मौत मरा।

वड्डा घल्लुघारा:

अहमद शाह अब्दाली सिखों से बहुत तंग आ चुका था। वह जब भी भारत पर आक्रमण कर अफ़ग़ानिस्तान लौट रहा होता, सिख फौज उसके काफिले पर धावा बोलकर उसका लूटा हुआ खज़ाना लूट लेते और गुलाम औरतों को छुड़वा देते। जनवरी 1757 में अहमद शाह अब्दाली ने भारत पर अपने चौथे हमले से लौटते हुए दरबार साहिब, अमृतसर को ढहाकर सरोवर को भर दिया था। इसके बाद खालसा फौज ने बाबा दीप सिंह के नेतृत्व में अमृतसर और गुरुद्वारे को आज़ाद करवाने के लिए ऐतिहासिक जंग लड़ी जिसमें अफ़ग़ानों को हार का सामना करना पड़ा। इसी जंग में पचहत्तर साल के बाबा दीप सिंह लड़ते-लड़ते शहीद हुए।

जनवरी 1761 में पानीपत की लड़ाई में मराठों को निर्णायक हार देने के बाद अब्दाली के हौसले बुलंद हो गए थे। अब उसका एक मात्र निशाना सिख थे। लेकिन सिखों का कोई एक निश्चित ठिकाना नहीं था जहां वह हमला कर जीत का जश्न मना सकता था। 3 फरवरी 1762 को वह लाहौर में था जब उसे खबर मिली कि चालीस हज़ार से ज्यादा सिख अपने परिवारों के साथ कुप रहीड़ा (मलेरकोटला) में डेरा लगाए बैठे हैं। वह 48 घंटे से भी कम समय में बड़ी फुर्ती से 240 किलोमीटर की दूरी और दो नदियों को पार कर 5 फरवरी 1762 की सुबह तक कुप रहीड़ा तक पहुंच गया। अफगान फौज की इस फुर्ती ने सिखों को अचरज में डाल दिया। सरहिंद का फौजदार, ज़ैन खान, भी अपनी फौज लेकर अब्दाली के साथ पहुंच गया था। सिख अपने परिवार और सामान को सुरक्षा घेरे में लेकर लड़ते हुए बरनाले के मारूथल की तरफ बढ़ने लगे। लड़ते हुए कई बार सुरक्षा घेरा टूटा, फिर संभल कर घेरा बनाया गया। इस बीच कई औरतों, बच्चों, और बूढ़ों को मार दिया गया। पानी की कमी के चलते अफ़ग़ानों को लौटना पड़ा। दो दिन के अंदर पच्चीस से तीस हजार सिंघ-सिंघनियों का नरसंहार हो चुका था। ज़िंदा बचे सिखों में कोई ऐसा नहीं था जिसे गहरे ज़ख्म न लगे हों। अब्दाली लाहौर वापस जाता हुआ दरबार साहिब, अमृतसर को बारूद से दोबारा तबाह कर गया। इस नरसंहार को वड्डा घल्लुघारा कहा जाता है।

सिखों का बड़े पैमाने में नरसंहार कर अहमद शाह अब्दाली संतुष्ट था कि सिख दोबारा कभी सिर नहीं उठा पाएंगे। परंतु जिस तरह अब्दाली ने सिखों को अचानक हमला करके अचरज में डाल दिया था, सिखों ने भी इस नरसंहार के केवल तीन गहीने बाद ही अब्दाली को हैरान-परेशान कर दिया। खालसा फौज

ने मई 1762 में सरहिंद के फौजदार ज़ैन खान के ऊपर हमला कर दिया और फिर हरनौलगढ़ की लड़ाई में अफ़ग़ानों से निर्णायक जीत हासिल की। दल खालसा ने ज़ैन खान से अब्दाली की मदद करने के दण्ड के रूप में 50,000 रुपए वसूल किए। उसी साल की दीवाली के दिन खालसा फौज दरबार साहिब अमृतसर में इकट्ठी हुई और अगली रणनीति पर सहमती बनाई तथा दोबारा दरबार साहिब की उसारी की गई। सिखों ने ज़ैन खान सरहिंदी और अफगान सेना के कई अन्य प्रमुख अधिकारियों को 1764 में मार गिराया। फिर सतलज नदी से यमुना के बीच सिख मिस्लों ने अपना राज स्थापित किया जो आगे चलकर और फैलता गया।

सिखों का सर्वनाश का सपना देखने वाले अहमद शाह अब्दाली ने जनवरी 1767 में सरदार लहना सिंघ ढिल्लों को लाहौर की सूबेदारी की पेशकश की और उन्हें काबुल के सूखे मेवे भेजे। लेकिन लहना सिंघ ने दल खालसा की सहमति से मेवों समेत प्रस्ताव को ठुकरा दिया। अब्दाली को संदेश भिजवा दिया कि खालसा स्वायत्त किसी आक्रमणकारी की अधीनस्थ नहीं कबूलेगा और वह अपना राज खुद हासिल करने के काबिल है। इस समय के दौरान दल खालसा की अगुआई सुलतान उल-कौम जस्सा सिंघ आहलुवालिया कर रहे थे, जिनका नाम महानतम सिख जरनैलों में लिया जाता है।

तीजा घल्लुघारा:

पंजाब के राजनीतिक मुद्दों पर चल रहे संघर्ष को सिख अलगाववाद का नाम 1947 से ही दे दिया गया था। पंजाबी हिंदु स्वेच्छा से अपनी ही मात्र भाषा पंजाबी, नदियों और पंजाब के संघीय अधिकारों के वैरी बन गए। पूरे देश में भाषा के आधार पर राज्य बन रहे थे, लेकिन पंडित नेहरू ने पंजाबी भाषा के आधार पर राज्य बनाने को साफ़ मना कर दिया। 'पंजाबी सूबा जिंदाबाद' का नारा लगाने पर ही पाबंदी लगा दी गई और हज़ारों आंदोलनकारी सिखों को गिरफ्तार कर लिया गया। 1965 की भारत-पाक की जंग के कारण पैदा हुई स्थिति की विवशता में 1966 में इंदिरा गांधी ने पंजाब राज्य का गठन किया। लेकिन चंडीगढ़ समेत कई पंजाबी बोलने वाले इलाके हरियाणा, हिमाचल और राजस्थान को दे दिए गए। संविधान व रिपेरीअन कानून के विरुद्ध पंजाब की नदियों के पानी का नियंत्रण भी पंजाब को नहीं दिया। इस तरह लूला-लंगड़ा राज्य बनाया गया।

इमरजेंसी 1975 में इंदिरा गांधी का सबसे तीव्र विरोध पंजाब से हुआ; ठीक उसी तरह जैसे 2020 में कृषि कानूनों के विरोध में भी पंजाब अग्रणी रहा था। इस विरोध के चलते इंदिरा गांधी को सिखों के प्रति बहुत कड़वाहट थी।

1980 से इंदिरा गांधी दोबारा प्रधान मंत्री बनी। गरीबी हटाओ के खोखले नारों और बिगड़ती अर्थव्यवस्था की पोल खुल चुकी थी। इंदिरा गांधी को 1985 में होने वाले चुनावों में जीत के लिए बड़ा मुद्दा चाहिए था। इसके लिए सिखों के खिलाफ नफ़रत के तेल में राष्ट्रवाद का दीपक जलाया गया। इंदिरा गांधी ने राजनीतिक मसले को कानून व्यवस्था का मसला बना दिया। मतलब, जिन मुद्दों का राजनीतिक हल निकालना चाहिए था, उन्हें बिगड़ती कानून व्यवस्था का रूप देकर दमन की सहमति बना ली। सिखों के खिलाफ जमकर नफरत घोली गई। सिखों के खिलाफ इस नफरत के खेल में देश के बहुतायत हिस्सों ने ब्राह्मणवादी ताकतों का साथ दिया; वह चाहे खुद को लिबरल, मुस्लिम, ईसाई या दलित चिंतक कहें। भारत पर कम्युनिस्ट रूस के प्रभाव के कारण वामपंथी दलों ने बढ़-चढ़कर साथ दिया। यह लोग इस बात से पूरी तरह निश्चिंत थे कि ब्राह्मणवादी सोच के अधीन सिखों को लेकर जो प्रयोग हो रहा है, कभी वह भी इसका शिकार बन सकते हैं।

पंजाब में सिख-विरोधी डेरों को खड़ा किया गया। निरंकारी डेरे का उभार इसी पृष्ठभूमि में हुआ जिन्होंने पंजाब में खुलकर गुरुओं के खिलाफ प्रचार करना शुरू कर दिया। 1978 में बैसाखी के दिन अमृतसर में निरंकारियों ने तेरह सिखों को उस समय गोली मार दी जब वह शांतिमय विरोध प्रदर्शन कर रहे थे। निरंकारी प्रमुख को मौके पर पकड़ने की बजाए सरकार ने सुरक्षित पंजाब से बाहर निकाल लिया। 1947 से चल रहा शांतिमय संघर्ष इस घटना के बाद हिंसक हो गया, जिसकी जिम्मेदार सरकार खुद थी।

सिखों को राष्ट्र का खलनायक पेश करने के बाद सिखों के नरसंहार से बहुसंख्यक को पीड़ानन्द देना बाकी था जिससे बहुमत के साथ-साथ ब्राह्मणवाद को बल भी मिल सके। अहमद शाह अब्दाली की तरह इंदिरा गांधी ने 3 जून 1984 को दरबार साहिब पर फौज से आक्रमण कर दिया, जहां आनंदपुर साहिब प्रस्ताव की मांगों को लेकर मोर्चा लगा हुआ था। बहाना बनाया गया कि 'आतंकवादियों', जिनका नेतृत्व संत जरनैल सिंघ भिंडरांवाले कर रहे थे, को निकालने के लिए किया गया था। यह बड़ी हैरानी की बात थी कि जिसे सबसे खतरनाक आतंकवादी कहा जा

रहा था उसके खिलाफ किसी भी पुलिस थाने में एक भी एफ.आई.आर दर्ज नहीं थी। और हमले से पहले प्रेस वाले 'आतंकवादी' से भेंट वार्ता कर रहे थे।

मुट्ठी भर सिख जवानों ने आखिरी गोली और आखिरी श्वास तक हमलावर फौज का मुकाबला किया और शहीदी पा गए। इस मुकाबले ने चमकौर की जंग की याद ताज़ा कर दी थी। लेकिन हमले का दिन 3 जून 1984 चुना गया था जो पाँचवें गुरु का शहीदी दिवस था। इस अवसर पर हमले से बेखबर बड़ी संख्या में सिख संगत गुरुद्वारे नतमस्तक होने के लिए पहुंची थी। आम लोग अंदर तो आ सकते थे लेकिन बाहर निकालने का कोई प्रबंध नहीं था। फौज दूसरे देश पर हमला करने के लिए तैयार की जाती है, और इसी तरह से ही हमला किया गया था। बड़ी संख्या में बच्चों, बूढ़ों, औरतों और जवानों को मारा गया। मरने वालों की गिनती कम से कम पाँच हज़ार थी।

सिखों के दिल पर हुए इस हमले ने पूरे सिख जगत में रोष की लहर भर दी। राजनीति से दूर साधारण सिख का हृदय भी छलनी हो गया। इंदिरा गांधी को उसके किए की सज़ा उसी की सुरक्षा में तैनात शहीद भाई सतवंत सिंघ और शहीद भाई बिअंत सिंघ ने 31 अक्तूबर 1984 को गोली मारकर दी। उसी दिन शाम को इंदिरा के बेटे राजीव गांधी को प्रधान मंत्री बनाया गया। 1 नवम्बर से 3 नवम्बर 1984 को बड़े ही सुनियोजित ढंग से राजधानी दिल्ली समेत भारत के कई शहरों में सिखों का नरसंहार किया गया और औरतों का बलात्कार किया गया।

भारत के कई शहरों में एक ही समय और एक ही तरीके से हुए नरसंहार से साफ हो जाता है कि यह एक रात में की गई तैयारी कदाचित नहीं थी। एक तरह की लाठियां, आग लगाने के लिए तेल व केमिकल पाउडर, अन्य ज्वलंत पदार्थ व कनस्तर, सिखों के घरों को चिह्नित करती वोटर लिस्ट, नरभक्षी भीड़ों का साथ देने के लिए जेलों में बंद कैदियों को छोड़ना, नगरपालिका की गाड़ियों से लाशों को उठाकर जलाकर गायब कर देना, इत्यादि का प्रबंध एक दिन में नहीं हो सकता। बल्कि किसी और दिन के लिए इससे भी बड़े पैमाने में हत्याओं की पहले से बनी योजना की तरफ इशारा करता है। हो सकता है इंदिरा गांधी ने गुरु नानक जयंती के दिन को चुना हो जो 1984 में 8 नवम्बर को थी। मीडिया की सहायता से सिखों के खिलाफ नफरत का बहाना बनाना कोई मुश्किल नहीं था। इंदिरा गांधी की मौत के कारण नरसंहार को पूर्ववत करना पड़ा। पूरे भारत में मरने वालों की गिनती कम से कम तीस हज़ार थी।

इससे पहले महात्मा गांधी की भी हत्या हुई थी और बाद में राजीव गांधी की भी हत्या हुई। लेकिन हत्या करने वाले के धर्म या जाति के लोगों को निशाना नहीं बनाया गया, जो साधारण व यथार्थ है। लेकिन इंदिरा गांधी की मौत का बदला पूरी कौम से लिया गया। दिसम्बर 1984 में हुए चुनावों में जनता ने राजीव गांधी को ऐतिहासिक बहुमत देकर पुरस्कृत किया। यह न सिर्फ ब्राह्मणवादी मानसिकता में सिखों के खिलाफ नरसंहार के सहजात आवेग को दर्शाता है, बल्कि ब्राह्मणवाद किस तरह बाकी समाज को अपने आवेश में ले लेता है, यह भी समझने वाली बात है। समाज को नफरत से मुक्त करवाने में तथाकथित चिंतक पूरी तरह से नाकाम रहे हैं।

जून 1984 और नवम्बर 1984 के नरसंहार को मिलाकर तीजा घल्लुघारा कहा जाता है।

जिस तरह पहले दो घल्लुघारों के बाद सिख पहले से मजबूत होकर निकले। तीजे घल्लुघारे के बाद भी सिख पहले से कहीं अधिक मजबूत होकर उभरे हैं। अठारहवीं सदी में सिखों ने जंगलों और मारुथलों में शरण ली थी, 1984 के बाद भारी गिनती में सिखों ने विदेशों में पलायन किया। विदेशों में बसे सिख आज कौम की बड़ी ताकत हैं। 29 अप्रैल 1986 को अकाल तख्त में सरबत खालसा का लाखों का इकट्ठा हुआ जिसमें स्वतंत्र देश खालिस्तान की प्राप्ति के लक्ष्य की घोषणा की गई। इस तरह 'पंजाबी सूबा जिंदाबाद' के दमन ने 'खालिस्तान जिंदाबाद' को जन्म दिया।

कुछ चिंतकों ने यह भी संदेह फैलाया हुआ है कि सिख धर्म तो खत्रियों का धर्म है। इन लोगों को हिंदु पहाड़ी राजे, लखपत राए, आर्य समाज, या 1947 के बाद पंजाबी हिंदु खत्रियों की भूमिका पढ़ लेनी चाहिए। सिख धर्म से बाहर रह गए खत्रियों में से कौड़ा मल्ल जैसे सच्चे मित्रों का उदाहरण अपवाद है। वहीं, ब्राह्मणवादियों द्वारा फैलाया भ्रम भी नहीं रहना चाहिए कि सिख धर्म हिंदु धर्म की शस्त्रधारी भुजा है जो इस्लाम से लड़ने के लिए बनाई गई थी। भारती मुख्य धारा मीडिया जहांगीर, औरंगज़ेब, वज़ीर खान, ज़करिया खान, अब्दाली इत्यादि के नामों को छाँटकर सिख इतिहास पेश करता है। लेकिन जन-साधारण सिख जानता है कि चंदू, गंगु, सुच्चानंद, हिंदु पहाड़ी राजे, पम्मा पुरोहित, लखपत राए, इत्यादि नामों के बिना सिख इतिहास अधूरा है।

"हिंदुत्ववादी संगठनों ने लगातार 'सिख-मुगल टकराव' को हथियार बना सिखों को मुसलमानों के खिलाफ करने की कोशिश की है।

हालांकि, अकाल तख्त और एसजीपीसी जैसे सिख निकायों, सिख इतिहासकारों और धार्मिक विद्वानों के साथ-साथ कई आम सिखों ने लगातार इस आख्यान का विरोध किया है कि मुगलों के साथ संघर्ष इस्लाम के खिलाफ संघर्ष नहीं था, बल्कि अत्याचार के खिलाफ था।

इसलिए स्वतंत्र भारत के संदर्भ में, सिखों द्वारा मुगलों की तुलना भारतीय मुसलमानों के बजाय इंदिरा गांधी, राजीव गांधी और नरेंद्र मोदी से करने की अधिक संभावना है।" (आदित्य मेनन, द क्विंट, 16 दिसंबर, 2020)

घल्लुघारों के इतिहास को पढ़कर किसी को लग सकता है कि सिख धर्म के मानने वालों को इतनी यातनाएं क्यों झेलनी पड़ी? इसका जवाब गुरु नानक जी द्वारा रखी शर्त है:

जउ तउ प्रेम खेलण का चाउ ॥ सिरु धरि तली गली मेरी आउ ॥
इतु मारगि पैरु धरीजै ॥ सिरु दीजै काणि न कीजै ॥

(गुरु ग्रंथ साहिब, महला १, अंग 1412)

हक सच का मार्ग सदैव दूभर ही रहेगा। जिसने इस रास्ते से प्रेम पा लिया हो, वह जी जान सकता है। यह प्रेम ही सिखों को राख से दोबारा खड़ा कर देता है। जिसने मरघट की शांति से समझौता कर लिया हो, उन्हें समझाना मुश्किल है।

बौद्धों का भी भारत में नरसंहार हुआ, लेकिन उन्हें खदेड़ दिया गया। दोबारा उठ खड़े होने के लिए उनके पास विचार व संरचना नहीं थी। ब्राह्मणवाद के प्रति जाग्रति (बल्कि ब्राह्मणों के प्रति नफरत) के चलते कुछ का रुझान नव-बौद्ध, आदि धर्म, ईसाई, इत्यादि की तरफ चले जाता है। लेकिन ब्राह्मणवादी ताकतें इन्हें क्षेत्रीय इलाके की दूसरी पीड़ित कौमों के साथ ही भिड़ा देती हैं। प्रेम की दिशा होती है, लेकिन नफरत दिशाहीन होती है। इनका विभाजनकारी व्यवस्था का हिस्सा बन जाना ब्राह्मणवादी ताकतों को ही मज़बूती देता है। कुछ दलित चिंतक इसे ही दलित चेतना कहने लग गए हैं। इसे समझने के लिए 'उनका पक्ष' विस्तार से जानना ज़रूरी है।

भाग4- और उनका पक्ष

ब्राह्मणवाद के हैं चार स्तंभ

ब्राह्मणवाद को किसी एक विचारधारा के अधीन परिभाषित नहीं किया जा सकता। बल्कि यह परस्पर विरोधी विचारधाराओं का मकड़जाल है। विरोधाभास ब्राह्मणवाद को कमजोर नहीं करते, बल्कि उसके अस्तित्व को कायम रखने और उसके लक्ष्य को प्राप्त करने में मदद करते हैं। क्योंकि ब्राह्मणवाद का मूल कोई एक विचारधारा नहीं है, बल्कि वह लक्ष्य है जिसकी प्राप्ति के लिए विचारधारा में किसी भी हद तक लचीलापन लाया जा सकता है। इसलिए ब्राह्मणवाद को परिभाषित उसके स्थिर लक्ष्य से किया जा सकता है जो इस प्रकार है:

राजनीतिक, आर्थिक और धार्मिक अधिकार के ऊपर जन्म अवधारित तथाकथित सवर्ण जाति अल्पसंख्यक आर्य मूल के पुरुषों का सदा वर्चस्व बना रहे।

इस लक्ष्य के आधार पर यदि हम ब्राह्मणवाद को समझने की कोशिश करेंगे तभी इस पहेली की बिखरी कड़ियाँ आपस में मेल खाती हुई नज़र आएंगी। ब्राह्मणवाद के लक्ष्य प्राप्ति का भ्रमजाल चार स्तंभों पर आधारित है। इन्हें समझे बगैर न तो ब्राह्मणवाद को समझा जा सकता है, और न ही इनसे छुटकारा पाए बिना ब्राह्मणवाद से बचा जा सकता है। यह चार स्तंभ हैं:

1) जन्म आधारित जाति असमानता,
2) मिथक आधारित धार्मिक आस्था,
3) मानवता हीन राष्ट्रवाद, और
4) दूसरों प्रति निरंतर असहिष्णुता (प्रतिक्रांति)।

सबसे पहले इन चार स्तंभों का विस्तृत विवरण मैंने अपनी किताब "सिख दा इक्को वैरी ब्राह्मणवाद" (पंजाबी) तथा "सोल एनेमि औफ ए सिख, ब्राह्मणिज़म" (अंग्रेज़ी) में किया था। जो इन चार स्तंभों के प्रभाव से मुक्त है, उसे ही ब्राह्मणवाद से मुक्त कहा जा सकता है। इसलिए इन चार स्तंभों का उद्देश्य और कार्य-प्रणाली का ज्ञान होना अति आवश्यक है:

1) जन्म आधारित जाति असमानता

वर्ण व्यवस्था ब्राह्मणवाद का मूल आधार है जिसे हर ब्राह्मणी ग्रंथ- वेद, पुराण, गीता, शास्त्र, स्मृति- मज़बूती से स्थापित करते हैं। सबसे प्रथम वर्ण व्यवस्था का आधार ऋग्वेद के दशम मण्डल के पुरुषसूक्त को माना जाता है, जिसमें चतुर्वर्ण की उत्पत्ति का वर्णन है:

ब्राह्मणोऽस्य मुखमासीद बाहू राजन्यः कृतः।
ऊरू तदस्य यद्वैश्यः पद्भ्याँ शूद्रोऽजायत ॥   (ऋग्वेद 10-90-11)

अर्थ: विराट पुरुष (परमात्मा) के मुख से ब्राह्मण, भुजाओं से क्षत्रिय को बनाया है।

जांघों से वैश्य, और पैरो से शूद्रों का जन्म हुआ है।

जाति आधारित असमानता को धार्मिक तौर पर स्थापित करने का मुख्य उद्देश्य भारत के दलितों, आदिवासियों और अन्य अल्पसंख्यकों को समान अवसरों और अधिकारों से वंचित करना है, जिससे सवर्णों को सभी अधिकार आसानी से हस्तांतरण हो सकें।

वर्ण व्यवस्था ब्राह्मणवाद का सबसे प्रत्यक्ष स्वरूप होने के कारण, अधिकतर चिंतक केवल यहीं तक सीमित रह जाते हैं। इसी अज्ञानता के चलते वह एक तरफ तो वर्ण व्यवस्था का विरोध करते हैं, लेकिन दूसरी तरफ किसी दूसरे स्तंभ के असर अधीन ब्राह्मणवाद के जाल में फंस जाते हैं।

कुछ लोग "ब्राह्मणवाद" शब्द से आपत्ति करते हैं कि यह "ब्राह्मण" लोगों के खिलाफ जाता है। उनका कहना है कि "ब्राह्मणवाद" की जगह "जातिवाद" शब्द का प्रयोग करना चाहिए। क्योंकि जातिवाद या नसलवाद दुनिया के दूसरे देशों में भी होती है। यहां जाति भेदभाव को मिला धार्मिक अधिकार नज़रअंदाज़ नहीं किया जा सकता। और ब्राह्मणवाद केवल वर्ण व्यवस्था पर ही आधारित नहीं है, इसके चार स्तंभ हैं। अगर "ब्राह्मणवाद" को छोड़कर कोई और शब्द इन चार स्तंभों की सामूहिक भावना को प्रकट करता हो तो बताओ।

2) मिथक आधारित धार्मिक आस्था

मिथक आधारित विश्वास का मुख्य उद्देश्य आध्यात्मिक रूप से कमजोर समाज का निर्माण करना है जिसे गुलाम बनाना आसान हो। कुदरती असूलों के खिलाफ

मनघड़ंत पौराणिक गाथाओं से ढेरों ग्रंथ भर दिए हैं और इन्हीं को धर्म का अभिन्न अंग बना दिया है। रब्बी हुक्म से कोसों दूर चमत्कार तथा पुनर्जन्म की कहानियों में श्रद्धा बन जाना ब्राह्मणवाद के गहरे असर को दर्शाता है। चमत्कारों में विश्वास व्यक्ति को न केवल आध्यात्मिक रूप से कमजोर करता है बल्कि उसे बौद्धिक रूप से इतना खोखला बना देता है कि वह प्रश्न पूछने की क्षमता खो देता है।

इस सोच को बढ़ावा देने के लिए अनुकूल धार्मिक और राजनीतिक माहौल बनाने में तथाकथित संत या डेरे सहाए होते हैं। डेरे चाहे गैर-हिंदु (ईसाई, सिख, या मुस्लिम) ही हों, वह अपने मूल धर्म में ब्राह्मणवाद का संक्रमण फैलाने का कारण बनते हैं। इसी कारण डेरेदारों के खिलाफ गंभीर आरोप होने के बावजूद उन्हें दण्ड-रहित व्यवस्था की सुविधा उपलब्ध है। इस विषय पर विस्तृत चर्चा "रोनकी राम के 'प्रबुद्ध' डेरे" में की गई है।

3) मानवता हीन राष्ट्रवाद

अपने वतन या जन्म-स्थली से प्रेम एक बहुत ही स्वाभाविक भावना है। लेकिन ईमानदारी और जिम्मेदारी से विमुख होकर जब मकसद केवल सत्ता हथियाने का हो, तो वह मानताहीन राष्ट्रवाद कहलाता है। इसका मुख्य उद्देश्य साम, दाम, दण्ड, व भेद की रणनीति से सत्ता में बने रहना है और देश की सीमाओं को ब्राह्मणवाद की शक्ति बढ़ाने का जरिया बनाना है। यही उद्देश्य क्षत्रिय-ब्राह्मण या राजा-पुजारी का एक-दूसरे को स्थापित करने की जुगलबंदी बनाता है।

राष्ट्रवाद की भावना मनुष्य द्वारा बनाई गई सीमाओं को ईश्वर द्वारा बनाई गई मानवता से बड़ा बना देती है। पुरातन काल में आर्यवर्त गंगा-यमुना की सीमाओं तक सीमित था। इन सीमाओं के बाहर के देश (जैसे पंजाब, कलिंग, कोंकण, पूर्वी बंगाल आदि) और यहां रहने वाले लोग अपवित्र घोषित थे। वर्तमान समय में तो पड़ोसी देशों की सीमाओं को भी मिलाकर अखंड-भारत का सपना दिखाया जाता है।

राष्ट्रवाद का वही वर्णन बनाया जाता है जो ब्राह्मणवाद के अनुकूल हो। जैसे 'भारत माता की जय' के नारे को राष्ट्र का नारा बना दिया गया है। सिख धर्म या इस्लाम धर्म के अनुसार काल्पनिक देवी-देवताओं को नमन नहीं किया जाता। लेकिन ब्राह्मण

धर्म को कुछ फर्क नहीं पड़ता; जहां 33 करोड़ देवी-देवता हैं, वहीं एक और भारत-माता भी सही।

गाय को पूजना भी केवल ब्राह्मण धर्म का हिस्सा है। लेकिन गउशाला के लिए कर वसूली सभी से ली जाती है। सिख जब अपने धर्म के अनुसार लंगर लगाते हैं, तो उसका खर्चा अपने संसाधनों से ही करते हैं। सरकार से कोई मदद नहीं मिलती न ही सिखों की ऐसी कोई मांग है। उलटा लंगर सामग्री के ऊपर जी.एस.टी. कर लगाया जाता है। लेकिन गाय को माँ मानने वालों ने अपने धर्म के पालन को ही राष्ट्रवाद का अंग बना लिया है, जिससे उनके धर्म की पालना सभी को करनी पड़े। जो भारत-माता का नारा न लगाए या गाय के लिए कर देने के खिलाफ बोले, वह देशद्रोही। लेकिन देश के हज़ारों करोड़ों रुपए की लूट करने वाले पूंजीपति जो लगभग सभी सवर्ण ही होते हैं, कभी देशद्रोही नहीं कहलाते। चाहे इनकी वजह से देश के करोड़ों गरीब-दलित-किसान भुखमरी की हालत में हैं। तभी तो इसे मानवता हीन राष्ट्रवाद कहा है। भ्रष्ट तंत्र को बरकरार रखने के लिए पूंजी का स्रोत यही हैं। पूंजीवाद का राजनीति में दबदबा चाहे सारे विश्व में है, लेकिन भारत में इसे ब्राह्मणवादी राष्ट्रवाद का अलग से संरक्षण प्राप्त है जो इसे ज्यादा घातक बना देता है।

संक्षेप में कहें तो ब्राह्मणवाद ही राष्ट्रवाद को परिभाषित करता है, और इसी राष्ट्रवाद की राजनीतिक ताकत से ब्राह्मणवाद को सारे देश की संस्कृति के रूप में स्थापित किया जाता है। देश में अल्पसंख्यकों और दलितों के मानवाधिकारों का भयंकर उल्लंघन होता है। लेकिन दूसरे विकसित तथा लोकतांत्रिक देशों की इस पर चुप्पी बनी रहती है। इस चुप्पी को इन देशों के लिए भारत की अखंड सीमाओं की विशाल मंडी के दरवाज़े खोलकर खरीदा जाता है। मानवाधिकारों के मुकाबले व्यापारिक लाभ को प्राथमिकता मिलती है।

ब्राह्मणवाद के भ्रमजाल के कारण बहुजन एक तरफ जातिवाद का विरोध करते हैं लेकिन दूसरी तरफ भारत की अखंडता की कसमें खाकर खुद को सबसे बड़ा राष्ट्रवादी साबित करने में पीछे नहीं रहते। उन्हें यह अहसास ही नहीं हो पाता कि राष्ट्रवाद का नियंत्रित वर्णन ही ब्राह्मणवादी उत्पीड़क व्यवस्था को मज़बूती देता है। हिंदी-हिंदु-हिंदुस्तान का निहित तात्पर्य नियंत्रित-ब्राह्मणवाद-वर्चस्व है।

भारत राज्यों का संघ है। यह देश तीन प्रमुख इकरार के आधार पर बना है: संघीय ढांचा यानी राज्यों के अधिकार; समान न्याय तथा अवसर; और धर्म-निरपेक्षता।

लेकिन यह वादे निभाने का मतलब ब्राह्मणवाद के स्तंभों पर सीधा हमला है। यह इकरार तो केवल सत्ता हथियाने के लिए किए गए थे। इसी कारण भारत में संघीय ढांचे की जगह केन्द्रीयकरण; समानता की जगह पक्षपात तथा चरम असमानता; धर्म-निरपेक्षता की जगह ब्राह्मणवादी राष्ट्रवाद में समावेश देखा जा रहा है। हर नया दिन इन इकरारों को टूटने की नई कहानी लिख रहा है। और यह सभी संविधान के नाम पर हो रहा है। यह कहना गलत नहीं होगा कि इतनी बड़ी सीमा और राष्ट्र की ताकत इतिहास में इससे पहले कभी ब्राह्मणवादी ताकतों के पास नहीं थी जो 1947 के बाद आई हैं।

4) दूसरों प्रति असहिष्णुता (प्रतिक्रांति)

एक झूठ को छिपाने के लिए सौ झूठ बोलने पड़ते हैं। लेकिन ब्राह्मणवाद की तो बुनियाद ही जातिवाद, मिथक और मानवता हीन असमानता है। इसलिए ब्राह्मणवाद के अस्तित्व के लिए अन्य धर्मों एवं विचारों का दमन करना और घृणा का वातावरण बनाए रखना आवश्यक बन जाता है। ब्राह्मणवाद के इस चौथे स्तंभ का मुख्य उद्देश्य निरंतर हस्तक्षेप से अन्य विचारधाराओं को नीचा दिखाना है।

अगर जन-साधारण में वैज्ञानिक-प्रवृत्ति बढ़ती है तो ब्राह्मणवाद की मिथक आधारित आस्था कमज़ोर पड़ती है। अगर समाज में समानता और मानव अधिकारों को लेकर जाग्रति आती है तो जातिवाद तथा राष्ट्रवाद के संकल्प को चुनौती मिलती है। इसलिए ब्राह्मणवाद भी अपने अस्तित्व की लड़ाई लड़ रहा है जिस कारण प्रतिक्रांति उसका स्थायी एवं अहम स्तंभ है।

अनुसूचित जाती, अनुसूचित जनजाति तथा अन्य पिछड़ा वर्ग के आरक्षण का निरंतर विरोध इसी प्रतिक्रांति का हिस्सा है। आरक्षण का विरोध तथाकथित योग्यता (मैरिट) को आधार बना कर किया जाता है। लेकिन राजनेताओं की मदद से योग्यता-हीन भ्रष्ट पूंजीपति देश के संसाधनों को लूट रहे हैं जिसका कभी विरोध नहीं होता। हो भी क्यों? इस प्रचार तंत्र में सवर्ण पूंजीपतियों द्वारा संचालित मीडिया ही अहम भूमिका निभाता है।

अन्य धर्मों के प्रति असहिष्णुता दो तरह से सामने आती है। भारत से बाहर पैदा हुए इस्लाम और ईसाई धर्म को विदेशी अथवा गैर-भारतीय बताकर नकारा जाता

है। वहीं भारतीय उपमहाद्वीप में जन्मे जैन, बौद्ध या सिख धर्म को हिंदू धर्म का ही हिस्सा बताकर ब्राह्मणवाद में निगलने का प्रयास किया जाता है। यह अपने आप में दोगलापन ही है कि जो खुद आर्य मूल के हैं वह मूल निवासियों को उनके धर्म के आधार पर अपना-पराया घोषित करते हैं।

दूसरे धर्मों के अंदरूनी मसलों में निरंतर हस्तक्षेप किया जाता है। साल 2003 में शिरोमणि गुरुद्वारा प्रबंधक कमेटी ने सर्वसम्मति से नानकशाही कैलंडर लागू किया, जो सूर्य-सिद्धांत पर होने के कारण गुरपुरबों की तारीख को निश्चित कर देता था। सिखों का अंदरूनी मसला होने के बावजूद उस समय के आर. एस. एस. प्रमुख के. एस. सुदर्शन ने बयान दिया कि नानकशाही कैलंडर उन्हें कभी परवान नहीं होगा (द ट्रिब्यून, 30 जनवरी, 2003)। सिखों के अंदर बैठे तथाकथित संत और डेरेदार पुरातन मर्यादा को बहाल करने के नाम पर नानकशाही कैलंडर का विरोध करने लगे। गुरुद्वारा प्रबंधक कमेटियों में चुनाव के प्रावधान ने सरकार को अपनी पसंद के प्रबंधक नियुक्त कर हस्तक्षेप करने के मौके खोले हुए हैं। नानकशाही कैलंडर के हक में बोलने वाले प्रबंधकों को एक-एक करके हटा दिया गया। कुछ सालों बाद दोबारा बिक्रमी कैलंडर को लागू कर दिया गया, बस नाम नानकशाही कैलंडर रह गया। आर.एस.एस. अच्छी तरह समझती है कि नानकशाही कैलंडर उनका सिखों को हिंदु धर्म का अंग बनाने के वर्णन के खिलाफ जाता है।

ब्राह्मणवाद हर धर्म, जनजाति एवं राज्य के ऊपर इन चार स्तंभों से पकड़ बनाता है। भारत का कोई भी समाज इससे अछूता नहीं है। दलित समाज के बड़े हिस्से को इस बात से ही खुश किया हुआ है कि रामायण ग्रंथ को लिखने वाले ऋषि वाल्मीकि पिछड़ी जाति से थे। विश्वनाथ एस. नरवाने के अनुसार महर्षि वाल्मीकि का नाम अग्नि शर्मा था जो प्रचेता नाम के भृगु गोत्र के एक ब्राह्मण के पुत्र थे। अगर वह दलित भी थे, तो भी इसमें गर्व की क्या बात? बात इसकी होनी चाहिए, क्या रामायण दलित उत्थान में सहाय है? जो दलित समाज के लोग मिथक आधारित आस्था के स्तंभ से मुक्त हो जाते हैं उन्हें राष्ट्रवाद के स्तंभ में फंसा दिया जाता है, कि भारत का संविधान बाबा साहिब अम्बेडकर ने लिखा है। इस तरह दलित समाज का उत्थान मिथक और राष्ट्रवाद के भ्रमजाल के बीच अटका दिया गया है।

बाबा साहिब अम्बेडकर संविधान मसौदा कमेटी के अध्यक्ष ज़रूर थे। अध्यक्ष को रचयिता कहना गलत है। संविधान को अपनाने के केवल तीन साल बाद 1953 में उन्होंने संसद में इसे सार्वजनिक रूप से अस्वीकार करते हुए राज्यसभा में कहा:

"महोदय, मेरे मित्र मुझसे कहते हैं कि मैंने संविधान बनाया है। लेकिन मैं यह कहने के लिए पूरी तरह तैयार हूं कि मैं इसे जलाने वाला पहला व्यक्ति बनूंगा। मुझे यह नहीं चाहिये। यह किसी के लिए ठीक नहीं है।" (बी.आर. अम्बेडकर)

1953 के ही एक इंटरव्यू में बीबीसी को दिए एक बयान में उन्होंने कहा:

"(भारत में) लोकतंत्र काम नहीं करेगा, इसका साधारण कारण है कि हमें वह सामाजिक संरचना मिली है जो संसदीय लोकतंत्र के साथ पूरी तरह से असंगत है।"

यह बड़े अफसोस की बात है कि दलित समाज को राष्ट्रवाद के चुंगल में फंसाने वालों में 'अम्बेडकरवादी' नेता और चिंतक ही प्रखर भूमिका निभा रहे हैं। यह या तो ब्राह्मणवाद को समझने में अज्ञानता के चलते है या फिर निजी स्वार्थों के कारण जान बूझकर किया जा रहा है।

दिल्ली की जामा मस्जिद में सी.ऐ.ऐ. के विरोध के दौरान भीम आर्मी के प्रमुख चंद्रशेखर आज़ाद रावण की एक प्रभावशाली तस्वीर प्रकाशित हुई जिसमें वह मुस्लिम भाईचारे के लोगों में घिरे हुए थे और अपने हाथ में बाबा साहिब की तस्वीर वाली 'भारत का संविधान' किताब लहरा रहे हैं। कुछ अखबारों ने इस खबर को इस शीर्षक से प्रकाशित किया, "हाथ में संविधान, भीम आर्मी प्रमुख आज़ाद दिल्ली की जामा मस्जिद में लौटे।" (हिंदुस्तान टाइम्स, 17 जनवरी, 2020) अगर बाबा साहिब की लिखी कोई किताब ही लहरानी थी, कितना अच्छा होता 'जाति का विनाश' या उनकी लिखी कोई और किताब के साथ तस्वीर मशहूर होती। लोगों को बाबा साहिब अम्बेडकर को पढ़ने की प्रेरणा मिलती।

मई 2020 में मिनीपोलिस में जब अफ्रीकी अमेरिकी नागरिक जॉर्ज फ्लॉयड की श्वेत पुलिस वाले के हाथों हत्या हुई तो पूरे देश में विशाल उग्र प्रदर्शन देखने को मिले। प्रदर्शनकारी अमरीका के संविधान को नहीं लहरा रहे थे, बल्कि स्पष्ट संदेश दे रहे थे-"ब्लैक लाइव्स मैटर" (अश्वेत जीवन मायने रखता है)। भारत में दलितों, आदिवासियों और अल्पसंख्यक को बेरहमी से पीटने की घटनाएं आम बात हो गई

है। मानव अधिकार संगठन की 2019 की एक रिपोर्ट के अनुसार भारत में रोजाना पाँच हिरासती मौतें होती हैं। (द हिन्दु, 27 जून 2020)

भारत के मुसलमान को खुद को राष्ट्रवादी साबित करने की दौड़ में ही लगा रखा है। उनके अंदर हीन भावना इस हद तक आ चुकी है कि अगर पाकिस्तान या दूसरे मुस्लिम देशों के किसी राजनीतिक नेता की तरफ से भारत में मुस्लिमों पर हो रहे अत्याचारों पर कोई बयान आ जाए, तो हिंदुत्ववादियों से पहले भारती मुस्लिम नेता उनके बयान का खंडन करने में आगे रहते हैं। इस डर से कि कहीं वह विदेशी ताकतों से जुड़े हुए 'देशद्रोही' न गरदान दिए जाएं। भारतीय मुस्लिमों को राष्ट्रवादी साबित करने के लिए पाकिस्तान को गालियां देना अनिवार्य बना दिया गया है। लेकिन उन्हें देश-द्रोही साबित करने के लिए ब्राह्मणवादियों के लिए उनका मुसलमान होना ही काफी है। क्योंकि यह ब्राह्मणवाद के असहिष्णुता के स्तंभ को लागू करने की विधि है जिसमें मुस्लिम समाज को उलझा दिया गया है।

मुस्लिम समाज को रक्षात्मक दब्बू स्वभाव त्यागकर मानवता हीन राष्ट्रवाद को सीधा नकारना चाहिए। लेकिन उन्हें ऐसी कोई प्रेरणा इस्लाम से नहीं मिल पा रही। मुस्लिम समाज तो खुद औरंगज़ेब जैसे शासकों से प्रभावित है जिसकी विशिष्टता इस्लाम को फैलाने था; 'सरबत दा भला' पसंद का पैमाना कभी नहीं रहा।

संविधान के अनुच्छेद 25(2)(बी) की व्याख्या में लिखा है- "हिंदूओं के संदर्भ को सिख, जैन या बौद्ध धर्म को मानने वाले व्यक्तियों के संदर्भ सहित माना जाएगा, और हिंदू धार्मिक संस्थानों के संदर्भ को तदनुसार माना जाएगा।" यह धारा सिख, जैन और बौद्ध धर्म को हिंदूओं का हिस्सा बना देती है। जबकि सिख अलग और स्वतंत्र धर्म है। सिखों ने इस अनुच्छेद में संशोधन की कई बार जोरदार मांग की है। ध्यान रहे कि सिखों के प्रतिनिधि तथा संविधान सभा के सदस्य, सरदार हुक्म सिंघ और भुपिंदर सिंघ मान, ने भारतीय संविधान पर हस्ताक्षर करने से भी इनकार कर दिया था। क्योंकि उन्होंने पाया कि संविधान सिखों को किए गए वादों और हकों को सुनिश्चित नहीं करता। लेकिन 'संविधान रचयिता' डॉ अम्बेडकर की प्रेरणा से बने नव-बौद्ध इसका विरोध कैसे कर पाएंगे?

पाठक के मन में सवाल आ सकता है कि जिन स्तंभों का वर्णन किया गया है, उन में से कुछ तो दूसरे मतों में भी देखे जा सकते हैं। जी हाँ, यह सही है। यही समझने

वाली बात है कि ब्राह्मणवाद एक या दो नहीं, बल्कि चार स्तंभों की सामूहिक भावना को प्रकट करता, यह और किसी में नहीं है।

ईसाई धर्म में भी मिथक आधारित आस्था प्रमुख है। वहीं इस्लाम इतिहास और मिथक दोनों का मिश्रण है। इस्लाम भी ईसाई धर्म की तरह आदम और हव्वा के मिथक से हुई शुरुआत मानता है, और कयामत के साथ-साथ दोज़ख़-बहिश्त में विश्वास उसके मूल सिद्धांत हैं। दूसरों प्रति असहिष्णुता भी ईसाई और इस्लाम दोनों में है। लेकिन जन्म-जाति आधारित असमानता और राष्ट्रवाद के स्तंभ ईसाई और इस्लाम धर्म में नहीं हैं। दास-प्रथा की बाइबिल तथा कुरान में स्वीकृति मिलती है जो जन्म आधारित जातिवाद से ज्यादा दूसरों प्रति असहिष्णुता का हिस्सा है।

कम्युनिस्ट या वामपंथी विचारधारा में भी दूसरे मतों, खासकर धर्म एवं परमात्मा में विश्वास रखने वालों, के प्रति असहिष्णुता है। जर्मनी के कार्ल मार्क्स को कम्युनिस्ट विचारधारा का जनक कहा जाता है। उनका प्रसिद्ध कथन है, "धर्म लोगों की अफीम है।" उनका मानना था कि जैसे लोग अफीम के साथ अपना दर्द भूल जाते हैं, वैसे ही शासक धर्म का उपयोग लोगों के उत्पीड़न को भुलाने के लिए करता है। इसलिए चर्च और राज्य अलग-अलग होना चाहिए। मार्क्सवाद के धर्म के खिलाफ आरोप हर पुजारी प्रधान समाज के लिए सही हैं। भारत में ब्राह्मणवादी व्यवस्था में सौ प्रतिशत सही है। लेकिन मार्क्सवाद की धर्म पर की गई टिप्पणी सिखी पर सच साबित नहीं होती। सिख धर्म तो खुद ही समानता और न्याय के लिए खड़ा है।

कम्युनिस्टों को रूस, चीन, वियतनाम, क्यूबा, कोरिया जैसे दुनिया के कई देशों में शासन करने का अवसर मिला है। लेकिन आज तक वे उस समाजवादी व्यवस्था को स्थापित नहीं कर पाए जिसका उन्होंने उद्देश्य रखा था, उलटा क्रूरता की नई सीमाएं बनाई हैं।

सिख को अपने जीवन में सदगुणों का पोषण करना उसके धर्म (गुरु) द्वारा दिया गया अनिवार्य कर्म है, जबकि धर्म से इनकारी होने के कारण वामपंथ में ऐसी कोई अभिप्रेरणा या अनिवार्यता नहीं है। सिखी में समानता के उद्देश्य और उदारता के गुणों के कारण ही वामपंथी विचारधारा को पंजाब में जगह बनाने की ज़मीन भमिली है। लेकिन सिखों के साथ मिलकर समानता के सांझे उद्देश्य की प्राप्ति करने के बजाय, वे अपना उद्देश्य छोड़ना पसंद करेंगे। भले ही इसके लिए कट्टड़ दक्षिणपंथी

ब्राह्मणवादी ताकतों से हाथ मिलाना पड़े। अस्सी-नब्बे (1980-90) के दशक में पंजाब में सिखों के ऊपर बेतहाशा यातनाओं और झूठे मुक़दमों में वामपंथियों ने सरकार का ही साथ दिया। जिस तरह वामपंथी कार्यकर्ता काश्मीर या मुस्लिमों के हक में खड़े नज़र आते हैं, वैसे पंजाब या सिखों के नहीं।

सामाजिक न्याय के स्वयं-घोषित रक्षक बने वामपंथी भी ब्राह्मणवाद की तरह सिख धर्म को अपने अस्तित्व के लिए खतरा मानते हैं। सिख धर्म सर्वव्यापी हुक्म के दायरे में सामाजिक न्याय की बात करता है। यह विचार कम्युनिज्म को ध्वस्त करता है, जो धर्म को नकारने पर ही खड़ा है।

ब्राह्मणवाद के सबसे नजदीक कोई विचारधारा है तो वह फासीवाद है। फासीवाद भी आर्य मूल नस्ल को जन्म के आधार पर उच्चतर मानती है। विरोधियों से निपटने के लिए मानवता हीन राष्ट्रवाद भी फासीवाद का प्रमुख स्तंभ है। और दूसरे धर्मों एवं विचारों प्रति असहिष्णुता भी प्रबल रूप से देखी जा सकती है। लेकिन फासीवाद के पास मिथक आधारित धर्म या आस्था नहीं।

इन चार स्तंभों में से बुद्ध धम्म में कौन-कौन से हैं, यह निर्भर करता है कि आप किन ग्रंथों को आधार मान रहे हैं। लेकिन यह ज़रूर कहा जा सकता है कि धम्म के पास कोई ऐसी प्रखर विचारधारा नहीं जो इन चार स्तंभों से मुकाबला कर सके। यही कारण रहा भारत में बुद्ध का ब्राह्मणवाद के हाथों बुरी तरह से प्रास्त होने का। बल्कि बुद्ध ने ही तो ब्राह्मणवाद को अपग्रेड होने के लिए वह ज़मीन तैयार करके दी है जिसने इन चार स्तंभों को तीव्रता दी। सम्राट अशोक मौर्य वह पहला बड़ा शासक हुआ जिसने राज्य की शक्ति के सहारे बुद्ध धम्म को देश-विदेश में फैलाया। इतने संगठित और बड़े पैमाने पर ऐसा पहले कभी नहीं हुआ था। यह कहना गलत नहीं होगा कि बुद्ध धम्म का विस्तार ही राज-शासन के सहारे हुआ। जैसे ही मौर्य राजवंश का अंत हुआ और ब्राह्मण पुष्यमित्र शुंग के पास सत्ता आई, राज-शक्ति से धर्म के फैलाव का बना-बनाया माडल ब्राह्मणवाद को मिल गया। इसी राज-शक्ति के सहारे न केवल ब्राह्मणवाद का विस्तार किया गया, बल्कि बुद्ध को ही भारत से बड़ी क्रूरता से खदेड़ दिया गया।

वहीं दूसरी तरफ सिख धर्म का जन्म और विस्तार राज शक्ति द्वारा कुचले जाने के प्रयासों के बीच विपरीत परिस्थितियों में हुआ। जब सिखों के पास सत्ता आई

तो सिख धर्म को राज-धर्म नहीं बनाया, बल्कि सही मायनों में धर्म निरपेक्ष राज स्थापित किया। महाराजा रणजीत सिंघ ने गुरुद्वारों, मंदिरों और मस्जिदों को बराबर अनुदान जारी किए।

गुरबाणी वर्ण व्यवस्था समेत हर असमानता को एकंकार के हुक्म के खिलाफ जानकर कड़े शब्दों में बार-बार नकारती है। सिखों की सभी धार्मिक व्यवस्थाओं की संरचना ऐसी हैं कि वह असमानता का विरोध करती हैं, जैसे लंगर, सरोवर, गुरुद्वारे में सेवा, खंडे की पाहुल का अनुष्ठान, इत्यादि, सभी परंपराएं असमानता के खिलाफ खड़ी हैं।

चाहे गुरु साहिब के बारे में भी कई मिथक कहानियाँ मिलती हैं, लेकिन सिख समाज के पास दस गुरुओं का लंबा बेमिसाल इतिहास है जो मिथकों को हावी नहीं होने देता। सिखों की मानसिकता में गुरुओं द्वारा दी गई कुरबानियां सदैव ही छाई रहती हैं, जिसके मुकाबले कोई मिथक उच्च स्थान हासिल नहीं कर पाती। मिथकों पर आधारित ब्राह्मणी धर्म ने रब्बी हुक्म के विपरीत गैर-कुदरती करामातों को दैवी शक्ति और अवतारों का मानक स्थापित किया हुआ था। लेकिन दस गुरु साहिबान ने हुक्म में अजर को जर कर सचिआर जीवन को सत्पुरुषों की पहचान स्थापित किया।

राष्ट्रवाद जैसा कोई संकल्प गुरबाणी में नहीं है। गुरबाणी तो पूरी मानवता के भले की कामना करती है और सरब साझा उपदेश देती है। चाहे प्रचार तंत्र के जरिए राष्ट्रवाद का बहुत जोरों से प्रसार किया जाता है और पड़ोसी मुल्कों के खिलाफ निरंतर नफरत का माहौल बनाया जाता है। लेकिन सिखों के अहम ऐतिहासिक गुरुद्वारे पाकिस्तान में है, जिस कारण सिख दोनों मुल्कों के बीच अमन-शांति के साथ-साथ सीमाओं के खुलने की रोजाना अरदास करते हैं।

सिख मूल्यों में दूसरों प्रति असहिष्णुता की कोई जगह नहीं। बल्कि गुरु तेग बहादुर जी की शहादत ने मानव अधिकारों की रक्षा को सिख का धर्माचरण स्थापित कर दिया। गुरु ग्रंथ साहिब जी में विभिन्न धर्मों और जनजाति से आने वाले सत्पुरुषों की बाणी शामिल होने के कारण उदारता सिखी का अहम गुण है।

ब्राह्मणवाद अपने चार स्तंभों के ज़रिये सिख धर्म को भी अपने में सम्मिलित करने का निरंतर प्रयास करता है, जो सिख समाज में ब्राह्मणवादी संक्रमण का कारण बनता है। लेकिन केवल सिख धर्म ही है जिसके बुनियादी मूल्यों में इन चारों स्तंभों में से कोई नहीं है। बल्कि इन चारों के खिलाफ असरदार तरीके से मुकाबला करने

की संरचना मौजूद है। ब्राह्मणी ताकतें सिख धर्म से मिली चुनौती को समझती हैं, इसी कारण सिखी को निगलने के प्रयास भी उतने ही प्रबल हैं।

गुरबाणी विचार से टूटकर सिख का ब्राह्मणवादी असर कबूलना स्वाभाविक है। लेकिन गुरु ग्रंथ साहिब जी की बाणी से जुड़ा सिख सहजता से इस प्रभाव से बच जाता है। गुरबाणी-विचार और संगत-पंगत से सिख जितना अधिक जुड़ा होगा, वह ब्राह्मणवादी संक्रमण से उतना ही प्रतिरक्षित रहेगा। ब्राह्मणवाद के चार स्तंभों के प्रभाव से मुक्त होकर ही ब्राह्मणवाद से बचा जा सकता है। केवल सिख धर्म के मूल्य ही समाज को ब्राह्मणवाद से मुक्त करवा सकते हैं।

डॉ. अम्बेडकर एंड हिज़ नवयान धम्म

डॉ. भीमराव रामजी अम्बेडकर जी का देहांत 6 दिसंबर 1956 को हुआ। इससे दो माह पूर्व अशोक विजयादशमी के दिन 14 अक्तूबर 1956 को नागपुर में उन्होंने हज़ारों समर्थकों के साथ बौद्ध धम्म में दीक्षा ली। बुद्ध एंड हिज़ धम्म (Buddha & His Dhamma) उनके जीवन की आखिरी रचना है जिसका प्रकाशन उनके देहांत के बाद ही हुआ। यह किताब अम्बेडकर समर्थकों के लिए बौद्ध धम्म जानने का प्रथम स्रोत है, और शायद बाबासाहेब अम्बेडकर का भी यही मनोरथ रहा होगा। तभी तो बाबासाहेब ने किताब के मुखबंध में ऐसा लिखा:

"बौद्ध धर्म की धीमी प्रगति इस तथ्य के कारण है कि इसका साहित्य इतना विशाल है कि कोई भी इसे पूरा नहीं पढ़ सकता। यह कि इसमें बाइबिल जैसी कोई चीज नहीं है, जैसा कि ईसाइयों के पास है, इसकी सबसे बड़ी बाधा है। इस लेख के प्रकाशन पर, मुझे ऐसी पुस्तक लिखने के लिए लिखित और मौखिक कई कॉल आईं। इन कॉलों के प्रत्युत्तर में ही मैंने यह कार्य हाथ में लिया है।" (बुद्ध एंड हिज़ धम्म, मुखबंध, 6 अप्रेल 1956, एलेनोर ज़ेलियट द्वारा प्रदान किया गया पाठ)

आंबेडकरवादियों का बौद्ध धम्म अपनाने का कारण ब्राह्मण धर्म को छोड़ने का प्रबोधन और बाबासाहेब अम्बेडकर से प्रभावित होना ही होता है, न कि भगवान बुद्ध के मुरीद बनना। 'बुद्ध एंड हिज़ धम्म' किताब के लेखक का नाम अगर डॉ. भीमराव रामजी अम्बेडकर की जगह कोई और हो तो शायद ही इसे पढ़कर कोई बौद्ध धम्म की तरफ आकर्षित हो। इसे लिखने का मकसद (बाबा साहिब के नाम पर) पहले से ही बौद्ध अपना चुके नव-उपासकों के लिए एक धार्मिक ग्रंथ की पूर्ति का रहा होगा। क्या कोई ऐसा नव-बौद्ध है जिसने पहले बुद्ध एंड हिज़ धम्म पढ़ी हो फिर उपासक बना हो?

यह किताब भिक्षुओं की उस उदासीन दुनिया में ले जाती है जिस जीवन शैली का इक्कीसवीं सदी में न तो कोई अर्थ है और न ही कोई दलित इसे अपनाना चाहेगा।

स्वयं बाबासाहेब अम्बेडकर भी भिक्षु नहीं बने, तो आंबेडकरवादी उस 'शिखर' तक पहुंचने की आकांक्षा कैसे रख सकते हैं? देश के करोड़ों दलित तो पहले ही भिक्षुओं की तरह दिन में बड़ी मुश्किल से एक बार ही खाना खा पाते हैं, वह भूख के इस असह्य दुःख से छुटकारा पाना चाहते हैं। जबकि समस्त दुखों से मुक्ति पाने के लिए बौद्ध धम्म का शिखर भिक्षु बनना ही है।

बाबासाहेब इस विषय पर बड़ी ईमानदारी से बौद्ध धम्म के भविष्य (वास्तविकता) के लिए मूल सिद्धांतों में परिवर्तन (अस्थिरता) लाने की वकालत करते हैं:

> "एक चौथी समस्या भिक्षु को लेकर ही है। भगवान बुद्ध ने किस उद्देश्य से भिक्षु को बनाया? क्या उनका उद्देश्य एक आदर्श मनुष्य का निर्माण था? या उनका उद्देश्य एक ऐसा समाज सेवक बनाना था जो अपना जीवन लोगों की सेवा में समर्पित कर दे और उनका मित्र, मार्गदर्शक और दार्शनिक हो? यह अत्यन्त महत्व का प्रश्न है। इस पर बौद्ध धम्म का भविष्य तक निर्भर करता है। यदि भिक्षु एक सम्पूर्ण-मनुष्य मात्र बना रहेगा तो उसका धम्म प्रचार कार्य में कोई उपयोग नहीं, क्योंकि वह एक सम्पूर्ण मनुष्य होने के बावजूद एक स्वार्थी व्यक्ति ही है। दूसरी ओर, यदि वह समाज-सेवक है तो वह बौद्ध-धम्म के लिए आशा साबित हो सकता है। इस प्रश्न का निर्णय सैद्धांतिक स्थिरता के हित में इतना नहीं बल्कि बौद्ध धम्म के भविष्य के हित में किया जाना चाहिए।" (बुद्ध एंड हिज़ धम्म, परिचय)

उपर्युक्त परिच्छेद की आखिरी पंक्ति बाबासाहेब ने अंग्रेज़ी में इस तरह लिखी है:

"This question must be decided not so much in the interest of doctrinal consistency but in the interest of the future of Buddhism."

जिस ईमानदारी से बाबासाहेब ने अपने मत को प्रकट किया है, दूसरी भाषाओं में अनुवाद करते समय इसका ध्यान रखना अनुवादक का पहला धर्म होना चाहिए। लेकिन 'डॉ. बाबासाहेब अम्बेडकर इंटरनेशनल एसोसिएशन फॉर एजुकेशन, जापान, डिजिटल प्रकाशन' द्वारा छापे गए हिंदी अनुवाद में गंभीर गलतियां हैं। उपर्युक्त पंक्ति का जो अनुवाद उन्होंने किया है, उसे गलती नहीं, पाठकों के साथ धोखा कहा जाना चाहिए। उन्होंने इस तरह अनुवाद किया:

"इस प्रश्न पर गंभीरता पूर्वक विचार किया ही जाना चाहिए: सैद्धांतिक संगति बैठाने के लिए ही नहीं, भावी बौद्ध-धम्म के हिताहित की दृष्टि से भी।"

बाबासाहेब तो "बौद्ध धम्म के भविष्य के हित" को पहल देते हैं लेकिन अनुवादक बड़ी चालाकी से "सैद्धांतिक संगति बैठाने" के साथ समतोल करता है। शायद वह जिज्ञासु की अनिर्णीत चेतना को बुद्ध पर सवाल खड़े करने से पहले उसे जल्द से जल्द बौद्ध बना लेना चाहता है।

आधुनिक काल के लिए बुद्ध को अनुरूप करने की बात बाबासाहेब कह रहे हैं। इसलिए इसे नया नाम दिया: नवयान बुद्ध। और उनकी यह किताब नवयान बुद्ध को समझने का प्रथम स्रोत मानी जाती है। अब नव-बौद्ध को कहानी में से शिक्षा उसी तरह छांटनी पड़ेगी जैसे स्कूल का विद्यार्थी पंचतंत्र की कहानियों में से *मौरल ऑफ़ द स्टोरी* (Moral of the Story) निकालता है। क्योंकि नवयान की 'बुद्ध एंड हिज़ धम्म' में बौद्ध काल की वही कहानियाँ हैं, जिसमें खुद गौतम बुद्ध ने उपासक नहीं, भिक्षु जीवन को ही चुना। लेकिन नव-बौद्ध भिक्षु जीवन को नहीं चुनता। अगर कहानी के अनुसार अपने जीवन में रूपांतर नहीं करना तो ऐसे में नव-बौद्ध के लिए मौरल ही बचता है।

"एक भिक्षु के रूप में भगवान (बुद्ध) के पास कभी भी तीन से अधिक कपड़े नहीं थे। वह दिन में एक बार भोजन कर रहते थे, और वह अपने भोजन के लिए हर सुबह घर-घर जाकर भीख माँगते थे।"

(बुद्ध एंड हिज़ धम्म, खंड सातवां, भाग 1.2)

"बुद्ध की प्रचार योजना में रूपांतरण के दो अर्थ हैं।
भिक्षुओं के आदेश में रूपांतरण, जिसे संघ कहा जाता है।
दूसरे, इसका अर्थ है एक गृहस्थी का उपासक के रूप में रूपांतरण, या बुद्ध के धम्म के अनुयायी।
चार बिंदुओं को छोड़कर, भिक्षु और उपासक के जीवन के तरीके में कोई अंतर नहीं है।"   *(बुद्ध एंड हिज़ धम्म, खंड दूसरा, भाग 1.3)*

भिक्षु और उपासक दो श्रेणी हैं, बस इतना ही बहुत है समझने के लिए कि दोनों में अंतर है या नहीं। धम्म में किसका दर्जा ऊँचा होगा? बाबासाहेब की किताब ऐसे उदाहरणों से भरी पड़ी है, जब उपासक भगवान बुद्ध और उनके भिक्षुओं

की मंडली को अपने ग्रह खाना खिलाकर सौभाग्य महसूस करते हैं। जैसे यजमान ब्राह्मण को भोज करवाकर धन्य हो जाता है। यह कहना गलत नहीं होगा कि उपासक को भिक्षु से धम्म का उपदेश पाने का सबसे उत्तम तरीका ही यह है कि उसे ग्रह पर खाने पर बुलाओ:

भिक्षु को गृहस्थी से बांधने वाली एकमात्र डोरी भिक्षा ही थी।
भिक्षु भिक्षा पर निर्भर थे, और यह भिक्षा देने वाले गृहस्थी लोग थे।
(बुद्ध एंड हिज़ धम्म, खंड पाँच, भाग 4.1)

सिद्धार्थ गौतम ने लगभग छह साल शरीर को कठोर कष्ट देने वाली तरह-तरह से तपस्या की। लेकिन जब उन्होंने समझा कि आत्मदमन का रास्ता परिपूर्ण ज्ञान व मुक्ति का रास्ता नहीं है, तो उसका त्याग कर दिया। पाँच तपस्वी (परिव्राजक) भी उनके साथ थे। घोर तपस्या का त्याग करने पर पाँचों उनसे नाराज़ हो गए और घृणा में गौतम को छोड़ दिया। इस पश्चात गौतम उरूवेला से चल कर गया पहुंचे। वहां पीपल के वृक्ष के नीचे पद्मासन लगाकर बैठ गए, इस दृढ़ निश्चय से कि बोधि प्राप्त कर के ही रहेंगे। चार सप्ताह के ध्यान के बाद अंधेरा दूर हुआ, प्रकाश का उदय हुआ, अज्ञान का नाश हुआ और उन्होंने एक नया रास्ता देखा। तब से सिद्धार्थ गौतम 'बुद्ध' कहलाए। ज्ञान प्राप्ति के बाद बुद्ध ने सबसे पहला उपदेश सारनाथ में उन्हीं पाँच तपस्वियों को दिया जो उरूवेला में नाराज़ होकर छोड़ गए थे। सारनाथ में हुए इस संवाद के कुछ अंश इस तरह हैं:

अभिवादन के आदान-प्रदान के बाद, पाँच परिव्राजकों ने बुद्ध से पूछा कि क्या वे अभी भी तपस्या में विश्वास करते हैं। बुद्ध ने न में उत्तर दिया।.....

वह मध्यम मार्ग (मज्जिमा पाटीपदा) में विश्वास करने वाले थे, बीच का मार्ग, जो न तो उपभोग का मार्ग है और न ही आत्मदमन का मार्ग है।.....तब परिव्राजकों ने उनसे पूछा, "यदि आपके धम्म की नींव दुःख के अस्तित्व की पहचान है और दुःख को दूर करने की पहचान है, तो हमें बताएं, आपका धम्म दुःख को कैसे दूर करता है!"

बुद्ध ने तब उन्हें बताया कि उनके धम्म के अनुसार यदि प्रत्येक व्यक्ति (1) पवित्रता का मार्ग; (2) सच्चाई का मार्ग; और (3) शील के मार्ग, का अनुसरण करे यह सभी दुखों का अंत करेगा।.....

"और फिर, इंसानों को दूसरों को गुलाम बनाने या उन पर हावी होने में कोई आपत्ति क्यों नहीं है? इंसानों को दूसरों के जीवन को दुःखी करने में कोई आपत्ति क्यों नहीं है? क्या ऐसा इसलिए नहीं है क्योंकि इंसान एक दूसरे के प्रति अपने आचरण में सच्चे नहीं हैं?" और उन्होंने (परिव्राजकों ने) हाँ में उत्तर दिया।

"क्या अष्टांग मार्ग का अभ्यास: सही दृष्टिकोण का मार्ग, सही लक्ष्य, सही वाणी, सही आजीविका, सही साधन, सही सचेतन, सही दृढ़ता, और सही चिंतन; संक्षेप में, सच्चाई का मार्ग यदि सभी द्वारा अनुसरण किया जाता है, सभी अन्याय और अमानवीयता को दूर नहीं करेगा जो मनुष्य दूसरे मनुष्य के साथ करता है?" और उन्होंने कहा, "हाँ।"

.....

"आप मेरे धम्म को निराशावादी कह सकते हैं, क्योंकि यह मानव जाति का ध्यान दुःख के अस्तित्व की और आकर्षित करता है। मैं आपको बताता हूं कि मेरे धम्म के बारे में ऐसा दृष्टिकोण गलत होगा।

"निःसंदेह मेरा धम्म दुःख के अस्तित्व को स्वीकारता है, लेकिन यह मत भूलो कि यह दुःख को दूर करने पर भी समान जोर देता है।".....

बुद्ध ने "एहि भिक्खवे" (भिक्षुओ आओ) सूत्र का उच्चारण करके उन्हें अपने आदेश में स्वीकार किया। वे पंचवर्गीय भिक्षु के नाम से जाने जाते थे। (बुद्ध एंड हिज़ धम्म, खंड दूसरा, भाग 2)

क्या अत्याचारी दूसरों के जीवन को दुःखी और गुलाम बनाने की प्रवृत्ति दूर करने के लिए अष्टांग मार्ग का अभ्यास करेगा? यह तभी संभव है अगर पीड़ित के चलने की गति उत्पीड़क के भागने की गति से तेज़ हो जाए। जैसे अंगुलिमाल भादते हुए भी धीमी गति से चलने वाले भगवान बुद्ध को पकड़ न सका, और चरणों पर गिरकर धम्म-दीक्षा की याचना की। यदि पीड़ित के पास यह हुनर न हो और उत्पीड़क ने अत्याचार करने को ही अपना धर्म मान लिया हो, फिर अष्टांग मार्ग के अभ्यास का रास्ता केवल पीड़ित के लिए ही बचता है।

निराशावादी होने की आलोचना दुःख के अस्तित्व को स्वीकारने के लिए नहीं है, जैसा बुद्ध ऊपर बता रहे हैं। न ही पवित्रता, सच्चाई और शील के मार्ग के

उपदेश आलोचना का कारण है। अगर शिक्षा के निहित अभिप्राय के आधार पर ही आलोचना को रद्द करना है, तो फिर पंचतंत्र की कहानियों से तुलना करना गलत नहीं। क्योंकि *मौरल ओफ़ द स्टोरी* तो पंचतंत्र की कहानियों से भी बहुत अच्छा मिल जाता है। निराशावादी या उदासीन होने की आलोचना से तात्पर्य उपदेश को कमाने की वह जीवन शैली से है जिसे 'मध्यम मार्ग' कहा जा रहा है। भिक्षुओं के लिए गृह-त्याग और ब्रह्मचर्य अनिवार्य है। उसे केवल तीन कपड़ों में रहना है, हाथ में खाने की भीख के लिए कटोरा, और सिर मूंड़ने के लिए उस्तरा रखना है। और भी बहुत कुछ है मध्यम मार्ग में, जैसे:

एक भिक्षु गरीबी का प्रण लेता है। उसे अपने भोजन के लिए भीख माँगनी चाहिए। उसे भिक्षा पर रहना चाहिए। उसे दिन में केवल एक बार भोजन करके अपना भरण-पोषण करना चाहिए। जहां संघ के लिए कोई विहार न बना हो, उसे एक पेड़ के नीचे रहना चाहिए। (बुद्ध एंड हिज़ धम्म, खंड पाँच, भाग 1.3)

सिखी भी मध्यम मार्ग का रास्ता सिखाती है, लेकिन परिभाषा में ज़मीन-आसमान का अंतर है। सिखी में उपासक और भिक्षु जैसा कोई विभाजन नहीं, सिख और गुरु के बीच कोई पुजारी नहीं। गुरबाणी अनुसार सच्चे शब्द (सतिगुरु) की विचार से सही जीवन शैली (जुगत) मिल जाती है, जिस ज्ञान से हँसते, खेलते, खाते, पहनते, दुनिया के सारे काम करते हुए भी विकारों से जीवन मुक्त रह सकते हैं:

नानक सतिगुरि भेटिऐ पूरी होवै जुगति ॥
हसंदिआ खेलंदिआ पैनंदिआ खावंदिआ विचे होवै मुकति ॥
(गुरु ग्रंथ साहिब, महला ५, अंग 522)

बाबासाहेब ने बुद्ध धम्म के पतन का कारण बताते हुए लिखा:

संघ-दीक्षा से दोनों संघ और साथ ही धम्म में भी शामिल हो जाते थे।

लेकिन उन लोगों के लिए कोई अलग धम्म-दीक्षा नहीं थी जो धम्म में दीक्षित होना चाहते थे, लेकिन संघ के सदस्य (भिक्षु) नहीं बनना चाहते थे, जिसका एक परिणाम गृहस्थ से गृहत्यागी होना था।

यह एक गंभीर चूक थी। यह उन कारणों में से एक था जो अंततः भारत में बौद्ध धर्म के पतन का कारण बना।

दीक्षा अनुष्ठान के इस अभाव के कारण जन-साधारण को एक धर्म से दूसरे धर्म में घूमने के लिए स्वतंत्र छोड़ दिया और इससे भी बदतर, एक ही समय में वह [दूसरे धर्मों का भी] पालन करते। (बुद्ध एंड हिज़ धम्म, खंड पाँच, भाग 4.1)

शायद भगवान बुद्ध की इसी गंभीर चूक (grave omission) को दुरुस्त करने के इरादे से ही बाबासाहेब ने उपासकों के लिए 1956 में नागपुर में धम्म-दीक्षा का समारोह किया। लेकिन:

जैसा कि धन्य भगवान (बुद्ध) ने कहा, संघ समुद्र की तरह था, और भिक्षु समुद्र में गिरने वाली नदियों की तरह थे। (बुद्ध एंड हिज़ धम्म, खंड पाँच, भाग 1.2)

नवयान बुद्ध में वह समुद्र और उसमें गिरने वाली नदियां का न जाने उपासक कैसे स्थान ले पाएंगे। क्या इतने मूल सिद्धांत को बदलने के बाद भी इसे भगवान बुद्ध का धम्म कहा जा सकता है? वह भी तब, जब बाबासाहेब खुद मानते थे कि भिक्षु और उपासक में भगवान बुद्ध ने भेद इसलिए रखा क्योंकि इसके बगैर सच्चाई पर आधारित आदर्श समाज का निर्माण नहीं हो सकता था। मशाल-वाहक (torch-bearer) के अभाव में धम्म में स्थिरता कैसे रह पाएगी?:

धन्य भगवान ने ऐसा भेद क्यों रखा? इसके लिए कोई अच्छा कारण होना चाहिए। क्योंकि धन्य भगवान कुछ भी ऐसा नहीं करेंगे, जब तक कि इसका कोई अच्छा कारण न हो।.....

इसमें कोई संदेह नहीं है कि धन्य भगवान अपने धम्म के माध्यम से पृथ्वी पर सच्चाई के राज्य की नींव रखना चाहते थे। इसलिए उन्होंने बिना किसी भेदभाव के, भिक्षुओं और आम लोगों को भी अपने धम्म का उपदेश दिया।

लेकिन धन्य भगवान यह भी जानते थे कि केवल आम लोगों को धम्म का प्रचार करने से सच्चाई पर आधारित आदर्श समाज का निर्माण नहीं होगा।

एक आदर्श व्यावहारिक होना चाहिए, और उसे व्यावहारिक दिखाया जाना चाहिए। तब और तब ही लोग इसके लिए उद्यम करते हैं और इसे महसूस करने का प्रयास करते हैं।

इस उद्यम को बनाने के लिए आदर्श के आधार पर काम करने वाले समाज की तस्वीर होना जरूरी था, और इस तरह आम आदमी को यह साबित करना कि आदर्श अव्यावहारिक नहीं बल्कि ऐसा था जो साकार करने योग्य था।

संघ समाज का एक मॉडल है जो धन्य भगवान द्वारा प्रचारित धम्म को साकार करता है।

यही कारण है कि भगवान ने भिक्षु और उपासक के बीच यह भेद बनाया। भिक्षु बुद्ध के आदर्श समाज का मशाल-वाहक था, और उपासक को जितना हो सके भिक्षु का अनुसरण करना था। (बुद्ध एंड हिज़ धम्म, खंड पाँच, भाग 2.4)

उपासक और भिक्षु में भेद बौद्ध धम्म का मूल है। नवयान धम्म इस विरोधाभास से कभी आज़ाद नहीं हो पाएगा। गुरु नानक इस मसले की गंभीरता से परिचित थे। गुरु गोबिन्द सिंघ जी ने 1699 की बैसाखी के दिन खालसा की साजना की। सिख धर्म में दीक्षा अनुष्ठान को 'खंडे की पाहुल' या 'अमृत-पान' कहते हैं। दसवें नानक ने सारे अधिकार गृहस्थी सिखों (उपासकों) के हवाले कर दिए। सिख संगत अनुष्ठान के लिए अपने में से ही पाँच प्यारे चुनती है और दूसरों को अमृत-पान (दीक्षा) करवाती है। इन पाँचों ने पहले से खंडे की पाहुल ली हो और सिखी जीवन जी रहे हों। 'पाँच' जन-साधारण के पास दीक्षा का अधिकार होने से किसी एक जाति, नस्ल, लिंग या व्यक्ति-विशेष के पास अधिकार न रहा जो पुजारी को स्थापित होने से रोकता है। और उपासक-भिक्षु जैसा कोई भेद पैदा नहीं होने देता।

धम्म के पतन में अहम भूमिका शासक वर्ग से सहायता न मिलना भी रहा। बौद्ध धम्म का प्रचार भी राज्य शक्ति के सहारे हुआ और पतन भी:

"संघ के अस्तित्व के लिए राज्य संरक्षण भी महत्वपूर्ण था, क्योंकि कई बौद्ध देशों में, भिक्षु भीख माँगते हैं, भोजन का उत्पादन नहीं करते हैं, और युद्ध में शामिल नहीं होते हैं। जब गैर-बौद्ध शक्तियों द्वारा एक क्षेत्र पर विजय प्राप्त की गई थी, या कुछ शासकों द्वारा बौद्ध धम्म को कम संरक्षण दिया

गया, तो संघ में अनिवार्य रूप से गिरावट आई और आम लोगों ने अपने लोक रीति-रिवाजों को अन्य धर्मों में प्रमुखता से मिला दिया था।" (अखिलेश पिलालमारी, द डिपलोमैट, 29 अक्तूबर, 2017)

उपासक के लिए धम्म-दीक्षा के अभाव को बाबासाहेब ने बौद्ध धर्म के पतन का कारण तो स्वीकार किया। लेकिन ब्राह्मणवाद का एक और अहम पूर्ववर्ती विचार है जिसे बाबासाहेब ने शूद्रों के लिए गंभीर समस्या मानकर उनकी गुलामी का कारण माना है। इसका हल निकालना तो दूर, भगवान बुद्ध की विचारधारा ने तो ब्राह्मणवाद की जड़ों को और मज़बूती प्रदान कर दी। ब्राह्मणवाद का यह पूर्ववर्ती विचार बाबासाहेब ने खुद इस तरह बयान किया:

"शस्त्र धारण करने का अधिकार स्वतंत्रता प्राप्त करने का अंतिम साधन है जो मनुष्य के पास है। लेकिन शूद्रों को शस्त्र धारण करने के अधिकार से वंचित कर दिया गया।" (बुद्ध एंड हिज़ धम्म, खंड पहला, भाग 5.3)

इस गंभीर समस्या के मुकाबले जो भगवान बुद्ध ने उपदेश दिया उसे बाबासाहेब ने इस तरह बयान किया:

"जहाँ तक शारीरिक सच्चाई की बात है, एक आदमी (i) खुद को सभी हत्याओं से दूर रखता है और कुछ भी मारने से परहेज करता है; गदा और तलवार को छोड़कर, वह बेगुनाही और दया का जीवन जीता है, हर जीव के लिए दया और करुणा से भरा है।" (बुद्ध एंड हिज़ धम्म, खंड चौथा, भाग 3.1)

आत्मसमर्पण वाली बुद्ध की अहिंसा की आलोचना का जवाब बाबासाहेब अम्बेडकर ने इस तरह देने की कोशिश की है:

"इन उदाहरणों की एक उचित समझ से पता चलता है कि धन्य भगवान द्वारा सिखाई गई अहिंसा मौलिक थी। किन्तु यह निरपेक्ष नहीं थी।" (बुद्ध एंड हिज़ धम्म, खंड छह, भाग 3.3)

अगर समाज के लिए बनाए गए मॉडल (संघ) को "आदर्श व्यावहारिक" प्रचारित किया जा रहा हो, तो मौलिक और निरपेक्ष के बीच जन-सामान्य अंतर कैसे कर सकते हैं?

गुरुओं ने न केवल शस्त्र धारण करने का अधिकार सभी वर्ग के नर-नारी को दिया, बल्कि कृपाण (कृपा + आन) को ज़रूरी पाँच कक्कारों में शामिल कर के इसे अनिवार्य कर दिया। सिख को निर्देश किया कि कृपाण अत्याचार नहीं बल्कि दीन (दबे-कुचलों) पर होते अत्याचार रोकने के लिए है। कृपाण समता के हकों की रक्षा करने की दया (कृपा) के लिए उठे या फिर आत्म सम्मान (आन) की रक्षा के लिए।

सूरा सो पहिचानीऐ जु लरै दीन के हेत ॥
पुरजा पुरजा कटि मरै कबहू न छाडै खेतु ॥२॥

(गुरु ग्रंथ साहिब, भगत कबीर, अंग 1105)

बुद्ध ने लोगों के हाथ में तलवार देना तो दूर, खेत जोतने वाला हल भी नहीं रहने दिया। जो भी भगवान बुद्ध के संघ में शामिल हुआ, लगभग हर किसी ने अपनी आजीविका का त्याग कर के हाथ में भिक्षा का कटोरा पकड़ लिया। बाबासाहेब ने किताब में ऐसे कई उदाहरण दिए हैं। जैसे:

राजगृह के समीप गृद्धकूट पर्वत के पीछे एक गांव में सत्तर ब्राह्मण परिवार रहते थे। वह पिछली तीस पीढ़ियों से पशु-पालन की आजीविका में थे। भगवान बुद्ध उनके गांव आए और उन्हें धम्म का उपदेश दिया। जिससे प्रभावित होकर सभी ने अपनी आजीविका व परिवारों का त्याग कर दिया और तथागत के साथ विहार के लिए निकल पड़े। रास्ते में उन्हें जब अपनी पत्नियों और परिवार की याद आई तो तथागत ने काम-वासना से बचने का उपदेश दिया, और फिर वह ब्राह्मण बिना किसी दुविधा के विहार की तरफ चल पड़े। (बुद्ध एंड हिज़ धम्म, खंड दूसरा, भाग 5.1 का संक्षिप्त वर्णन)

राजगृह में सुणीत नाम का भंगी रहता था। वह गृहस्थियों द्वारा सड़क पर फेंका गया कूड़ा-कचरा साफ कर के अपनी जीविका चलाता था। भगवान बुद्ध एक बार अपनी भिक्षुकों की मंडली के साथ उसी रास्ते से गुज़र रहे थे जहां सुणीत सफाई कर रहा था। तथागत ने सुणीत को संघ में शामिल होने के लिए कहा। सुणीत ने बड़ी प्रसन्नता से झाड़ू का त्याग कर भिक्षा का कटोरा पकड़ लिया। (बुद्ध एंड हिज़ धम्म, खंड दूसरा, भाग 6.2 का संक्षिप्त वर्णन)

एक बार दोण नामक ब्राह्मण भगवान बुद्ध के पास आया। उसे उपदेश देते हुए समझाया:

"और धम्म क्या है, दोण? हल चलाने वाले के रूप में कभी नहीं, न व्यापारी के रूप में, न चरवाहे के रूप में, न ही राजा के आदमी के रूप में, न ही किसी शिल्प से (अपना जीवन यापन करने के लिए), बल्कि केवल भिक्षा से, भिखारी के कटोरे का तिरस्कार नहीं करते।

और वह शिक्षण के लिए शिक्षक को दक्षिणा सौंपता है, अपनी दाढ़ी मुंडाता है, पीला वस्त्र पहनता है, और गृह से गृह-त्याग के जीवन में चला जाता है।"
(बुद्ध एंड हिज़ धम्म, खंड छह, भाग 2.7)

पशु-पालन, हल और झाड़ू का त्याग कर सभी के हाथ में भीख का कटोरा थमा दिया गया। इस तरह ब्राह्मण और भंगी में समानता कायम हुई। क्या समाज, विशेष रूप से दलित वर्ग, ऐसी समानता चाहता है?

इसके ठीक विपरीत गुरु नानक साहिब जी ने जन-साधारण को ऐसे लोगों से सावधान रहने को कहा जो खुद तो गृहस्थी के घर पर भीख मांगकर खाते हैं, बावजूद इसके खुद को धार्मिक गुरु कहलवाते हैं। ऐसे लोगों को 'मक्खटू' कह कर संबोधन किया, जिसका मतलब समाज के लिए बोझ होता है:

गिआन विहूणा गावै गीत ॥ भुखे मुलां घरे मसीति ॥
मखटू होइ कै कंन पड़ाए ॥ फकरु करे होरु जाति गवाए ॥
गुरु पीरु सदाए मंगण जाइ ॥ ता कै मूलि न लगीऐ पाइ ॥
घालि खाइ किछु हथहु देइ ॥ नानक राहु पछाणहि सेइ ॥
(गुरु ग्रंथ साहिब, महला १, अंग 1245)

अर्थ: (धर्म के ठेकेदारों का यह हाल है कि) ज्ञान से वंचित भजन गाते हैं। जैसे मुल्ला ने अपनी भूख दूर करने के लिए (रोजी के खातिर) धर में ही मस्जिद खोली हो।

यह जो मक्खटू (जोगी बनकर) अपने कान फड़वा लेते हैं। एक तो (दर-दर भटकने वाले) फकीर बन जाते हैं, और दूसरा अपना (अणख वाला) स्वभाव भी गवा बैठते हैं।

(वैसे तो अपने आप को) गुरु-पीर कहलवाते हैं (पर दर-दर) माँगते-फिरते हैं। (सावधान गृहस्थ वालों) ऐसे लोगों के पैरो में कभी नहीं गिरना चाहिए।

जो मनुष्य मेहनत से कमा के खाते हैं और उस कमाई में से कुछ (जरूरतमंद लोगों को भी) देते हैं। हे नानक! ऐसे बंदे ही जिंदगी का सही रास्ता पहचानते हैं।

धर्म अपनाना हर किसी का निजी फैसला है। हर किसी को हक़ है कि वह अपनी पसंद का धर्म चुने। लेकिन जो भी धर्म अपनाओ, लक्ष्य उसकी चरम सीमा छूने की होनी चाहिए। सनातन धर्म अपनाओ अगर आपमें याचक ब्राह्मण बन कर यजमानों के गुरु बनने की लालसा है। बौद्ध धम्म तभी अपनाओ अगर आप गृह-त्यागी भिक्षु की परम अवस्था के इच्छुक हों। सिख धर्म अपनाओ अगर आप गृहस्थ जीवन में रहते हुए नाम जपो, कित करो, वंड छक्को के असूलों पर पाँच कक्कारी खालसा बनना चाहते हों। वरना यजमान या उपासक बनकर सदैव ही हीन भावना से पीड़ित रहोगे।

बुद्ध को शिकस्त देने वाले ब्राह्मणवाद से ली है नानक ने टक्कर

"आपको वही स्टैंड लेना चाहिए जो बुद्ध ने लिया था। आपको वही स्टैंड लेना चाहिए जो गुरु नानक ने लिया था। आपको न केवल शास्त्रों को त्यागना चाहिए, आपको उनके अधिकार को नकारना चाहिए, जैसा कि बुद्ध और नानक ने किया था। आपको हिंदुओं को यह बताने का साहस होना चाहिए कि खोट उनके धर्म में है - जिस धर्म ने उनमें जाति की पवित्रता की यह धारणा पैदा की है। क्या आप वह साहस दिखाएंगे?" (जाति का विनाश, 1936)

बाबा साहिब अम्बेडकर का यह साहसी कथन इस तथ्य पर तो खरा उतरता है कि बुद्ध और गुरु नानक दोनों ने ब्राह्मणवाद से टक्कर ली। लेकिन यह बाबा साहिब की बड़ी सिद्धांतक गलती की ओर भी इशारा करता है। वह यह, कि बाबा साहिब गौतम बुद्ध और गुरु नानक के समय के ब्राह्मणवाद में अंतर नहीं कर पा रहे। दोनों समय के ब्राह्मणवाद में अंतर है। गुरु नानक ने उस ब्राह्मणवाद से टक्कर ली जिसने बुद्ध को शिकस्त दी। इलामा इक्बाल ने भी अपनी एक कविता में गौतम और नानक का इकट्ठा जिक्र किया। लेकिन उन्होंने यह अंतर बखूबी किया कि मर्द-ए-कामिल (गुरु नानक) ने उस ब्राह्मणवाद से टक्कर ली जिसने बुद्ध को भारत से बाहर निकाल महफिल-ए-अगियार (विदेशों) तक सीमित कर दिया:

आह! शुदर के लिए हिंदोस्तान गम खाना है,
दर्द-ए-इंसानी से इस बस्ती का दिल बेगाना है,
ब्राह्मण सरशार है अब तक मै-ए-पिन्दार में,
शम्मा-ए-गौतम जल रही है महफिल-ए-अगियार में,
बुत्तकदा फिर बाद मुद्दत के मगर रोशन हुआ,
नूर-ए-इब्राहीम से अज़र का घर रोशन हुआ,
फिर उठी आखिर सदा तौहीद की पंजाब से,
हिंद को एक मर्द-ए-कामिल ने जगाया ख़्वाब से। (नानक, इलामा इक्बाल)

बौद्ध धम्म की शुरुआत के समय भारत में ब्राह्मणवाद कोई असरदार अस्तित्व नहीं रखता था। बल्कि उससे ज्यादा स्वीकार्य विचारधाराएं समाज में मौजूद थी। डॉ अम्बेडकर ने खुद इस तरह बयान किया है:

"जिस समय गौतम ने प्रव्रज्या लिया, उस समय देश में बड़ी बौद्धिक हलचल थी। ब्राह्मणवादी दर्शन के अलावा, बासठ अलग-अलग दर्शन के स्कूल थे, सभी ब्राह्मण दर्शन के विरोधी थे। उनमें से कम से कम छह ध्यान देने योग्य थे।" (बुद्ध एंड हिज़ धम्म, खंड प्रथम, भाग 6.1)

इन छह का नाम इस प्रकार लिखा है:

पूर्ण काश्यप का आक्रियावाद मत,
मक्खली गोसाल का नियतिवाद,
अजित केसकम्बल का उच्छेदवाद,
पकुध कच्चायन का अन्योन्यवाद,
संजय बेलापुट्टा का विक्षेपवाद, और
निगण्ठनाथ पुत्त (महावीर) का चतुर्यसंवरवाद।

बुद्ध का ब्राह्मणवाद पर हमला अस्थायी था, लेकिन दूसरे समकालीन विचारधाराओं पर स्थायी चोट मारी। ब्राह्मणवाद पर जो प्रभाव रहा, वह था नई परिस्थितियों के अनुरूप ब्राह्मणवाद में आए बदलावों के रूप में। इस रूप-भेद ने ब्राह्मणवाद को स्थाई रूप से पहले से कहीं अधिक भ्रामक और क्रूर बना दिया। बुद्ध ने सत्ता के सहारे बाकी विचारधाराओं को ध्वस्त कर के ब्राह्मणवाद का कार्य आसान कर दिया। सत्ता बदलने की देर थी कि ब्राह्मणवाद पहले से कहीं मजबूत होकर उभरा। इस तरह बुद्ध ने ब्राह्मणवाद को भारत में स्थाई पकड़ बनाने की ज़मीन प्रदान कर दी। डॉ अम्बेडकर ने बदलाव का वर्णन तो किया है, लेकिन इसकी गंभीरता को पकड़ने की बजाए इसे "बुद्ध के तर्कों की ताकत" के रूप में पेश कर दिया:

"बुद्ध द्वारा किए गए हमले के परिणामस्वरूप हिंदू धर्म को अपने सिद्धांतों में कई बदलाव करने पड़े। इसने हिंसा को छोड़ दिया। यह वेदों की अचूकता के सिद्धांत को छोड़ने के लिए तैयार था। चतुर्वण की बात पर कोई भी पक्ष झुकने को तैयार नहीं था। बुद्ध चतुर्वण के सिद्धांत का विरोध छोड़ने के लिए तैयार नहीं थे। यही कारण है कि ब्राह्मणवाद की जैन धर्म की तुलना में बौद्ध धर्म के प्रति इतनी अधिक घृणा और विरोध है। हिंदू धर्म को चतुर्वण

के खिलाफ बुद्ध के तर्कों की ताकत को पहचानना पड़ा। लेकिन हिंदू धर्म ने इसके तर्क के आगे झुकने के बजाय चतुर्वर्ण के लिए एक नया दार्शनिक औचित्य विकसित किया। यह नया दार्शनिक औचित्य भागवत गीता में पाया गया।" (बुद्ध एंड द फयूचर औफ हिज़ रिलिजन, 1950)

संजय श्रमण चाहे ईश्वरवाद बनाम अनीश्वरवाद के महत्वहीन नज़रिये से देखते हैं, लेकिन राजसत्ता का ब्राह्मणवाद की तरफ के झुकाव के सिद्धांतक कारण बखूबी बयान करते हैं:

"बौद्ध धर्म या बुद्ध की शिक्षाएं मूल रूप से अनात्मा और अनीश्वरवाद पर आधारित थीं। इसके विपरीत ब्राह्मणों का ईश्वरवादी धर्म ईश्वर और आत्मा सहित पुनर्जन्म के सिद्धांत पर खड़ा था।...

धीरे धीरे यह बात तय हो गयी कि राज सत्ता को मजबूत करने या फैलाने की दृष्टि से श्रमण धर्म (बौद्ध, जैन और आजीवक) के आचार्यों और गुरुओं से कोई लाभ नहीं होने वाला है। साथ ही उन्होंने यह भी समझ लिया कि ब्राह्मणों की यह परलोकवादी कर्मकांडीय तकनीक जनता को अधिक प्रभावित करने लगी है, तब तत्कालीन राजसत्ताओं ने ब्राह्मण गुरुओं को मौक़ा दिया कि वे जनता में ईश्वर, आत्मा, पुनर्जन्म आदि का भय फैलाकर राज्य और राजसत्ता को अतिरिक्त वैधता देते हुए राजाओं की मदद करें।...

इसके जवाब में बुद्धों, जैनों और आजीवकों के पास कोई तरीका नहीं था। अंधविश्वास के खिलाफ लिए गये उनके पुराने निर्णय उभरती हुई नई राजसत्ताओं के दौर में उन्ही पर भारी पड़ गये और अंधविश्वास को अपना गुरुमंत्र बना चुके ब्राह्मणवाद की जीत शुरू हो गयी।...

इतना ही नहीं ईश्वर को भी सम्राट की तरह ही चित्रित किया गया। यह बातें राजाओं को बहुत पसंद आयीं। इससे प्रसन्न होकर उन्होंने ब्राह्मणों को राजगुरु की तरह प्रचारित और इस्तेमाल किया। इस तरह 'राजा, ईश्वर और ब्राह्मण' का यह गठजोड़ अपने अंधविश्वास के ब्रह्मास्त्र का प्रयोग कर बौद्ध, जैन और आजीवक धर्म से जीत गया।...

लेकिन इस हार की स्मृति उनके दिमाग में हमेशा जीवित रही। वे समझ गये कि अंधविश्वास के बिना जनता और राजसत्ता को प्रभावित करना मुश्किल है।

इसलिए उन्होंने दूसरे देशों में और भारत में (जिन इलाकों में अभी भी उनका प्रभाव था) ब्राह्मणों की सफलता को दोहराते हुए खुद अपने दर्शन में अंधविश्वास परलोक और पुनर्जन्म आदि का आविष्कार किया।..." (संजय श्रमण जोठे, बौद्ध धर्म के पतन के कारण और भविष्य की दिशा, 15 मई 2022, फेसबुक पोस्ट)

ब्राह्मणवाद के राजसत्ता से गठजोड़ को राष्ट्रवाद के नाम से बेचा जाता रहा है। सवाल खड़ा होता है कि क्या बौद्ध धम्म (ईश्वरवाद या अनीश्वरवाद) के पास मानवता हीन राष्ट्रवाद से लड़ने के लिए कोई प्रखर हथियार है? क्या बौद्ध धम्म सिख धर्म की तरह राष्ट्रवाद को खुल के नकार सकता है और जन-साधारण में से बागी पैदा कर सकता है? ऐसा करते हुए कहीं बाबा साहिब अम्बेडकर के संविधान के खिलाफ जाने की ग्लानि भावना तो सामने नहीं आ खड़ी होगी?

"मैं एक हिंदू पैदा हुआ था क्योंकि इस पर मेरा कोई नियंत्रण नहीं था लेकिन मैं हिंदू नहीं मरूंगा।"

यह मशहूर कथन डॉ बी. आर. अम्बेडकर ने सार्वजनिक रूप से 1935 में दिया। लेकिन उन्होंने बुद्ध धम्म की दीक्षा 14 अक्तूबर 1956 में जाकर ली। हिंदु धर्म को छोड़ने की घोषणा और धम्म दीक्षा के बीच 21 साल का अंतराल है। यह विलंब किसी सिद्धांतक तलाश के कारण लगा या सिद्धांत और हालात में तालमेल बिठाने के कारण? इसका उत्तर इस बात से भी मिल सकता है कि धर्म को चुनने में डॉ अम्बेडकर की निजी आज़ाद सोच थी या इसमें दूसरों की सलाह अथवा प्रभाव भी था?

धनंजय कीर ने 'डॉ अम्बेडकर - लाईफ एंड मिशन' के शीर्षक से जीवनी लिखी है जिसका पहला संस्करण मई 1954 में ही आ गया था। लेखक ने मुखबंध में लिखा कि उसने डॉ अम्बेडकर के साथ भेंट वार्ता कर कुछ घटनाओं के संबंध में कुछ नुक्तों को साफ़ किया था। विषय को समझने के लिए इस किताब के कुछ प्रमाण ध्यान देने योग्य हैं:

अगले दिन अम्बेडकर भी सिख मिशन के सम्मेलन में भाग लेने के लिए अमृतसर के लिए रवाना हुए, जिसकी बैठक 13 और 14 अप्रैल (1936) को होनी थी। सिख सम्मेलन में पंजाब, केरल, यू.पी. और सी.पी. के सिखों और दलित वर्गों की भारी भीड़ ने भाग लिया।...

सम्मेलन को संबोधित करते हुए, अम्बेडकर ने सिखों के बीच समानता के सिद्धांतों के प्रति अपनी स्वीकृति व्यक्त की और कहा कि उन्होंने अभी तक अपना मन नहीं बनाया है, हालांकि उन्होंने हिंदू धर्म को रद्द करने का फैसला कर लिया है।...

सिख सम्मेलन में अम्बेडकर की भागीदारी ने जात-पात-तोड़क मंडल के संदेह को और बढ़ा दिया।...

इस समय गांधी शिविर भी अम्बेडकर की गतिविधियों से परेशान था। इसलिए अम्बेडकर को सेठ वालचंद हीराचंद ने गांधी को मिलने के लिए राजी किया। वालचंद के साथ, अम्बेडकर ने वर्धा में और फिर सेगांव में गांधी से मुलाकात की, लेकिन वे समस्या के समाधान पर सहमत नहीं हो सके।...

अम्बेडकर पूना में अछूत युवा सम्मेलन से संतुष्ट नहीं थे। धर्मांतरण प्रवृत्ति के प्रति अपने लोगों के वास्तविक समर्थन का अनुमान लगाने के लिए, उन्होंने महार समुदाय का एक सम्मेलन आयोजित करने का फैसला किया, जिससे वे निकले थे। तदनुसार सम्मेलन 30 और 31 मई, 1936 को दादर, बॉम्बे में एक विशेष रूप से बनाए गए पंडाल में हुआ। उन लोगों में जो विशेष निमंत्रणों से उपस्थित थे, उनमें एक यूरोपीय मिशनरी स्टेनली जोन्स और बी.जे. जाधव थे। मंच पर कई सिख और मुस्लिम नेता और पुजारी थे जो धर्मांतरण के मामले में किसी भी प्रत्यक्ष या अप्रत्यक्ष संकेत को पकड़ने के लिए उत्सुक थे।...

इससे कुछ दिन पहले अम्बेडकर ने अपने बेटे और भतीजे को अमृतसर के गुरुद्वारा मंदिर (हरिमन्दिर) में भेजकर सिख धर्म के प्रति अनोखा इशारा किया था। यह युवक लगभग डेढ़ महीने तक सिखों के गर्मजोशी भरे आतिथ्य में रहे, जिन्होंने उन्हें गर्मजोशी से प्राप्त किया।...

इस बीच, अम्बेडकर ने धर्मांतरण के लिए उचित धर्म चुनने के मामले में विभिन्न प्रांतों के अपने सहयोगियों से परामर्श किया। उन्होंने अब सिख धर्म अपनाने का फैसला कर लिया था। उनके मित्रों और सहयोगियों ने महसूस किया कि अम्बेडकर को सिख धर्म में परिवर्तन के लिए हिंदू सभा के नेताओं का समर्थन लेना चाहिए; क्योंकि, हिंदू सभा के नेताओं का मानना था कि सिख धर्म कोई विदेशी धर्म नहीं है। यह हिंदू धर्म की संतान थी और

इसलिए सिखों और हिंदुओं ने अंतरजातीय विवाह किए, और सिखों को हिंदू महासभा के सदस्य बनने की अनुमति दी गई थी।

तदनुसार, हिंदू महासभा के प्रवक्ता डॉ. मुंजे को बंबई आमंत्रित किया गया था। दो अन्य मित्रों की उपस्थिति में अम्बेडकर ने 18 जून 1936 को उस रात साढ़े सात बजे राजगीरहा में डॉ. मुंजे से बातचीत की। अम्बेडकर ने सभी मुद्दों को साफ़ किया और डॉ. मुंजे के साथ खुल कर बातचीत की। अगले दिन अम्बेडकर के विचारों का सार एक बयान में समेट दिया गया और डॉ. मुंजे को दे दिया गया, जिन्होंने इसकी व्यक्तिगत रूप से स्वीकृति दी। डॉ. एम.आर. जयकर और डॉ. एन.डी. सावरकर के साथ इस मुद्दे पर चर्चा करने के बाद, डॉ मुंजे ने अछूत हिंदुओं के सिख धर्म में परिवर्तन के लिए हिंदू नेताओं की स्वीकृति को सुरक्षित करने के लिए 22 जून को बॉम्बे छोड़ दिया। उन्होंने अम्बेडकर के बयान के मज़मून की कापी विभिन्न हिंदू नेताओं को उनकी स्वीकृति के लिए भेजी। लिखित रूप में अपनी स्वीकृति भेजने वालों में डॉ. एम.आर. जयकर, सेठ जुगल किशोर बिड़ला, सर सी. विजयराघवाचार्य और राजा नरेंद्र नाथ शामिल थे। 30 जून को डॉ. मुंजे ने एम.सी. राजा, हरिजन नेता, को लिखा जिन्होंने 1932 में उनके साथ एक समझौता किया था। राजा, जिन्होंने सोचा कि यह अम्बेडकर को हटाने का एक सुनहरा अवसर था, ने गांधी, राजाजी और मालवीय को पत्र लिखा और इस मामले में उनकी सलाह मांगी।

इस समय पर, पंडित गोविंद वल्लभ पंत ने कांग्रेसियों की भावनाओं को हवा देते हुए कहा कि हरिजनों के पास यह दोनों तरह से नहीं हो सकता। या तो वे हिंदू हैं और पूना पैक्ट के तहत विशेषाधिकार प्राप्त करें या वे हिंदू न रहें और उन्हें जब्त कर लिया जाए।...

अब तक गांधी, मालवीय और राजगोपालाचारी ने राजा को अम्बेडकर और डॉ. मुंजे के कदम के विरोध की घोषणा करते हुए जवाब दे दिया था। डॉ. मुंजे ने नेकनीयती से राजा को पत्र लिखा था। लेकिन गांधी ने राजा से इस कदम का सार्वजनिक रूप से खुलासा करने का आग्रह किया।... राजा द्वारा गुप्त पत्र-व्यवहार प्रकाशित कराने का गांधी का उद्देश्य उचित नहीं था। गांधी राजा के असंतुष्ट दिमाग का एक औज़ार के रूप में इस्तेमाल करके मुसलमानों, ईसाइयों और सरकार को अम्बेडकर के खिलाफ भड़काने और

उन्हें हटाने के लिए कर रहे थे। तो राजा ने डॉ. मुंजे की अनुमति के बिना ही प्रेस को सारे पत्र-व्यवहार जारी कर दिए।...

विस्तार से बताते हुए कि उन्होंने सिख धर्म को क्यों चुना, अम्बेडकर ने आगे कहा: "दूसरा सवाल है, इन वैकल्पिक धर्मों को विशुद्ध रूप से हिंदुओं के दृष्टिकोण से देखना, कौन सबसे अच्छा है- इस्लाम, ईसाई या सिख धर्म? जाहिर है, सिख धर्म सबसे अच्छा है। यदि दलित वर्ग (Depressed Classes) इस्लाम या ईसाई धर्म में शामिल हो जाते हैं, तो वे न केवल हिंदू धर्म से बाहर हो जाते हैं, बल्कि वे हिंदू संस्कृति से भी बाहर चले जाते हैं। दूसरी ओर, यदि वे सिख बन जाते हैं तो वे हिंदू संस्कृति के भीतर रहते हैं। यह किसी भी तरह से हिंदुओं के लिए कोई छोटा फायदा नहीं है।"

"धर्मांतरण के परिणाम पूरे देश के लिए क्या होंगे," उन्होंने आगे कहा, "यह ध्यान में रखने योग्य है। इस्लाम या ईसाई धर्म अपनाने से दलित वर्गों का अराष्ट्रीयकरण हो जाएगा। अगर वे इस्लाम में चले गए, तो मुसलमानों की संख्या दोगुनी हो जाएगी; और मुस्लिम वर्चस्व का खतरा भी वास्तविक हो जाता है। यदि वे ईसाई धर्म की ओर जाएं तो ईसाइयों की संख्या पाँच से छह करोड़ हो जाती है। इससे देश पर ब्रिटेन की पकड़ मजबूत करने में मदद मिलेगी। दूसरी ओर, यदि वे सिख धर्म को अपनाते हैं, तो वे न केवल देश की नियति को नुकसान नहीं पहुंचाएंगे, बल्कि देश की नियति में मदद करेंगे। उनका अराष्ट्रीयकरण नहीं किया जाएगा। इसके विपरीत, वे देश की राजनीतिक उन्नति में सहायक होंगे। इस प्रकार यह देश के हित में है कि यदि दलित वर्गों को अपना धर्म बदलना है, तो उन्हें सिख धर्म की ओर जाना चाहिए।"...

अपने बयान को समाप्त करते हुए, अम्बेडकर ने एक निश्चित भावना के साथ कहा: "सिख धर्म में धर्मांतरण के कदम को शंकराचार्य डॉ कुर्तकोटि सहित कई प्रमुख हिंदुओं द्वारा स्वीकृत किया गया है। वास्तव में, यह पहल उन्होंने की और मुझ पर दबाव डाला। अगर मैं इसे एक विकल्प मानने की हद तक गया हूं, तो यह इसलिए है क्योंकि मैंने हिंदुओं के भाग्य के लिए एक निश्चित मात्रा में जिम्मेदारी महसूस की है।"

गांधी और अन्य लोगों द्वारा प्रायोजित विरोध के बावजूद, अम्बेडकर ने धर्मांतरण आंदोलन के संबंध में एक और कदम उठाया। उन्होंने 18 सितंबर 1936 को

सिख धर्म का अध्ययन करने के लिए अमृतसर में सिख मिशन में अनुयायियों के एक समूह को प्रतिनियुक्त किया। वे तेरह पुरुषों का एक समूह था, जिनमें से कोई भी विद्वान या प्रथम श्रेणी का अम्बेडकरवादी नहीं था। उनमें से एक को लिखे पत्र में, अमृतसर पहुंचने के तुरंत बाद, अम्बेडकर ने उन्हें प्रोत्साहित किया, उन्हें धर्मांतरण आंदोलन के अगुआ होने पर बधाई दी, और उनकी संपूर्ण सफलता की कामना की। लेकिन यहां यह ध्यान दिया जाना चाहिए कि उन्होंने उन्हें सिख धर्म अपनाने के लिए नहीं कहा था। अम्बेडकर अब सिख मिशन और उसके नेताओं के साथ निकट संपर्क में आ रहे थे, और उनके बीच और मिशन के बीच कुछ सहमति बनी थी कि दलित वर्गों के हित में बॉम्बे में एक कॉलेज शुरू करना था, जिनकी सिख धर्म में परिवर्तित होने की उम्मीद थी। यह भी अफवाह थी कि अम्बेडकर इसके प्रमुख और मार्गदर्शक होंगे। अति उत्साह में वे छात्र-अग्रणी सिख धर्म में चले गए और उन्होंने वही किया जो उनके नेता का मतलब नहीं था। बंबई में उनका बिना उत्साह से स्वागत किया गया, और बाद में वे गुमनामी में डूब गए। (वर्डिक्ट औन हिंदूइज्म, डॉ अम्बेडकर- लाईफ एंड मिशन)

अम्बेडकर यूरोप गए,...14 जनवरी, 1937 को अम्बेडकर बंबई लौट आए।...

ब्रिटिश राजनेताओं के साथ अपने इंटरव्यू से पहले, अम्बेडकर ने कुछ जर्मन और विश्व प्रसिद्ध यूरोपीय न्यायविदों से परामर्श किया था कि यदि दलित वर्ग सिख धर्म में चले गए तो प्रांतीय विधानसभाओं में आरक्षित सीटों को बनाए रखने की संभावना क्या है; सिखों के लिए केवल पंजाब में आरक्षित सीटें दी गईं थी। बाद में सिख मिशन के अधिकारी और अम्बेडकर इसे एक साथ नहीं निभा सके; और इसलिये वे अपने स्टैंड से हट गए और अलग हो गए।

14 फरवरी 1937 को चुनाव हुए...

और नए संविधान के तहत पहला चुनाव अम्बेडकर की इंडिपेंडेंट लेबर पार्टी के लिए एक आश्चर्यजनक सफलता साबित हुई।...

पार्टी द्वारा खड़े किए गए सत्रह उम्मीदवारों में से पंद्रह सफल निकले।...
(अ न्यू पार्टी, डॉ अम्बेडकर- लाईफ एंड मिशन)

लेबर नेतृत्व की इस अवधि के दौरान, धर्मांतरण का प्रश्न परिप्रेक्ष्य में पीछे आ गया था। (औन फेडरेशन एंड पाकिस्तान, डॉ अम्बेडकर- लाईफ एंड मिशन)

...अम्बेडकर ने 5 फरवरी, 1951 को हिंदू कोड बिल पेश किया... सिख प्रवक्ता सरदार हुक्म सिंघ ने इस बिल को हिंदुओं की ओर से सिख समुदाय को अवशोषित करने के लिए एक संदिग्ध प्रयास के रूप में माना...

इन आपत्तियों का जवाब देते हुए, अम्बेडकर ने कहा कि पूरे भारत में हिंदू कोड एक समान होगी। सिख आपत्ति के संबंध में, उन्होंने उत्तर दिया कि "सिखों, बौद्धों और जैनियों के लिए हिंदू कोड का आवेदन एक ऐतिहासिक विकास था और, सामाजिक रूप से, इस पर आपत्ति करने के लिए बहुत देर हो चुकी है। जब बुद्ध वैदिक ब्राह्मणों से असहमत थे, तो उन्होंने ऐसा केवल पंथ के मामलों में किया, लेकिन हिंदू कानूनी ढांचे को बरकरार रखा। उन्होंने अपने अनुयायियों के लिए एक अलग कानून का प्रस्ताव नहीं दिया। महावीर और दस सिख गुरुओं के साथ भी ऐसा ही था। प्रिवी काउंसिल ने 1830 की शुरुआत में यह निर्धारित किया था कि सिख हिंदू कानून द्वारा शासित होंगे।"

सरदार भूपिंदर सिंघ मान ने संहिता को धर्मांतरण कानून करार दिया और कहा कि अम्बेडकरवादी धर्म के नए मनु को उन पर नहीं थोपा जाना चाहिए। (बैक टू औपोसिशन, डॉ अम्बेडकर- लाईफ एंड मिशन)

13 अक्तूबर (1956) की शाम को अम्बेडकर ने एक प्रेस कॉन्फ्रेंस की। उन्होंने पत्रकारों से कहा कि उनका बौद्ध धर्म हीनायान और महायान के कारण पैदा हुए मतभेदों में अपने लोगों को शामिल किए बिना स्वयं भगवान बुद्ध द्वारा प्रचारित आस्था के सिद्धांतों से जुड़ा रहेगा।

... उन्होंने यह भी एलान किया कि उन्होंने एक बार महात्मा गांधी से कहा था कि हालांकि वे अस्पृश्यता के मुद्दे पर उनसे भिन्न हैं, लेकिन समय आने पर, "मैं देश के लिए केवल सबसे कम हानिकारक रास्ता चुनूंगा। और बौद्ध धर्म को अपनाकर यही सबसे बड़ा लाभ है जिसे मैं देश को प्रदान कर रहा हूं; क्योंकि बौद्ध धर्म भारतीय संस्कृति का अभिन्न अंग है। मैंने इस बात का ध्यान रखा है कि मेरे धर्म परिवर्तन से इस भूमि की संस्कृति और इतिहास की परंपरा को कोई नुकसान न पहुंचे।" (रिवाइवल औफ बुद्धिज़म, डॉ अम्बेडकर- लाईफ एंड मिशन)

डॉ. अम्बेडकर के लेख, बयान, घटनाक्रम और जीवनी के आधार पर कुछ निम्नलिखित निष्कर्ष निकलते हैं:

1) हमें यह तो पता चलता है कि डॉ. अम्बेडकर ने जब धर्म परिवर्तन के लिए पहली बार अपनी इच्छा ज़ाहिर की तो उन्होंने सिख धर्म को चुना। अप्रैल 1936 से लेकर जनवरी 1937 तक इस बारे में निस्संदेह कहा जा सकता है। उस पश्चात काफी लम्बा समय चुनाव और राजनीतिक गतिविधियों के चलते "धर्मांतरण का प्रश्न परिप्रेक्ष्य में पीछे आ गया था"।

2) बुद्ध धम्म चुनने के फैसले के बाद उन्होंने अपने लेखों में हिंदु, ईसाई, इस्लाम, और मार्क्सवाद के साथ तुलनात्मक अध्ययन कर अपने फैसले को उचित सिद्ध किया है। लेकिन सिख धर्म से कोई तुलनात्मक अध्ययन के बारे में पूरी तरह से मौन रहे। यह बात अजीब है, जबकि उनके सिख धर्म में जाने की खबर सार्वजनिक हो चुकी थी। और उन्होंने अपने लेखों में जब भी सिख धर्म और सिख समाज का जिक्र किया है, तो हमेशा प्रशंसा ही की। ऐसे में सिख धर्म के बारे में चुप्पी बनाए रखना किसी कमज़ोरी या मजबूरी की तरफ इशारा करता है।

3) सिखों का एक हिस्सा समकालीन सिख राजनीतिक नेताओं के रवैया को डॉ. अम्बेडकर का सिख धर्म न अपनाने के फैसले को ज़िम्मेवार मानता है। सिरदार कपूर सिंघ अपनी किताब 'साची साखी' में भी दूसरों की बातों के आधार पर इसी का जिक्र करते हैं। सिरदार कपूर सिंघ की पंथ में विख्याति होने के कारण इस धारना को बल मिला है। डॉ. अम्बेडकर को लेकर अगर सिख राजनीतिक नेताओं में से किसी के मन में असुरक्षा का भाव था, तो खुद सफल राजनेता होने के कारण डॉ. अम्बेडकर इन रंजिशों को तो समझते ही थे। अगर यह खोट सिद्धांतक होती तो डॉ. अम्बेडकर इसे अपने लेखों में ज़रूर कलमबंद करते। जबकि डॉ. अम्बेडकर के अमृतसर में भेजे नुमाइंदे "सिखों के गर्मजोशी भरे आतिथ्य में रहे"। तभी तो सितंबर 1936 में भेजे तेरह में से तेरह ने सिख धर्म अपना लिया था।

4) डॉ. अम्बेडकर के खुद के विवरण के अभाव में अम्बेडकरवादी भी उनके सिख धर्म न अपनाने को मन-मर्जी से रंगत देते हैं। उनका कहना है कि डॉ.

अम्बेडकर ने सिख समाज में जाति भेदभाव को देखकर सिख धर्म अपनाने का विचार त्याग दिया। यह उनका सिख धर्म के प्रतिकूल धारणा को खड़ा करके बुद्ध धर्म के प्रचार का माध्यम बन गया है, खासकर पंजाब में। जबकि डॉ. अम्बेडकर हिंदु समाज में धर्म के आधार पर प्रमाणित जाति-भेद का दूसरे धर्मों के समाज में जाति-भेद में बड़ी स्पष्टता से अंतर करते हुए कहते हैं- "जाति के कारण हुए विघटन का विरोध करने के लिए हिंदूओं के बीच कोई एकीकृत प्रहसन नहीं है। जबकि गैर-हिंदूओं में ऐसे बहुत से जैविक तंतु हैं जो उन्हें एक साथ बांधते हैं।"

5) जब डॉ. अम्बेडकर द्वारा भेजे गए तेरह पुरुषों के समूह ने अमृतसर में सिख धर्म अपना लिया तो यह डॉ. अम्बेडकर को पसंद न आया। जबकि इस पर डॉ. अम्बेडकर को खुशी होनी चाहिए थी। इसका यही तात्पर्य है कि तेरह का सहजता से सिख धर्म अपना लेना 'राजनीतिक' पटकथा के अनुकूल न था। चाहे पहले सिख धर्म को अपनाने की घोषणा हो या बाद में बौद्ध धम्म में दीक्षा लेना, डॉ अम्बेडकर का धर्मांतरण चुनाव स्थायी आध्यात्मिक उत्थान की अनिवार्यता के बजाय अस्थायी स्थितिजन्य राजनीति से समझौते की ओर झुका रहा।

6) डॉ. अम्बेडकर का गलत अनुमान था कि उनके आह्वान पर दलित वर्ग से लगभग पाँच करोड़ लोग धर्म परिवर्तन कर लेंगे। जबकि शुरुआती सालों में केवल चार से पाँच लाख लोगों ने ही धम्म दीक्षा ली। 1951 की जनगणना अनुसार कुल आबादी में बुद्ध धर्म को मानने वालों का 0.74% हिस्सा था, जो 2011 की जनगणना में 0.70% थे। 2011 की जनगणना के अनुसार नवयान बौद्ध एवं परंपरागत बौद्ध को मिलाकर कुल संख्या पचासी लाख है।

7) चाहे डॉ. अम्बेडकर ने अपने लेखों में सिख धर्म या सिख समाज की हमेशा तारीफ की। लेकिन उन्होंने कभी गुरबाणी या सिख इतिहास का ठोस हवाला नहीं दिया। उनकी सिख धर्म के बारे में जो भी जानकारी थी वह सिख नेताओं, कार्यकर्ताओं, सिख समाज के सामान्य पर्यवेक्षण, और बाहरी स्रोतों पर आधारित थी। मूल स्रोतों के अध्ययन के अभाव में उनका सिख धर्म के बारे में निम्न स्तरीय ज्ञान था। इसका एक कारण यह भी था कि उस समय सिख धर्म के बारे में अंग्रेज़ी में बहुत कम साहित्य था। सिख इतिहास पर तो कुछ किताबें अंग्रेज़ी में थीं, मगर गुरबाणी पर बहुत कम। डॉ. अम्बेडकर का अपने

बेटे, भतीजे और तेरह पुरुषों के समूह को अमृतसर भेजना एक राजनीतिक आडंबर प्रतीत होता है क्योंकि अध्ययन तो उन्हें खुद करना चाहिए था। अंग्रेज़ी या मराठी में पर्याप्त साहित्य न होने के कारण उन्हें खुद गुरुमुखी सीखनी चाहिए थी जिससे वह सिख धर्म को समझ सकें।

8) डॉ. अम्बेडकर का सिख नेताओं से सिद्धांतक मतभेद था। संविधान के अनुच्छेद 25(2)(बी) और हिंदु कोड बिल को लेकर हुई बहस से मतभेद खुल कर सामने आ गया था। जहां सिख नेता संविधान में सिख धर्म को हिंदु धर्म में शामिल किए जाने से क्षुब्ध थे, वहीं डॉ. अम्बेडकर सिख, बौद्ध और जैन धर्म को उसी तरह देखते थे जो हिंदु महासभा का नज़रिया था। सिख चिंतक इस विषय पर बहुत गंभीर और सावधान थे। सिख धर्म के प्रबुद्ध विद्वान भाई काण सिंघ नाभा (1861 - 1938) ने सन 1898 में 'हम हिंदु नहीं' के शीर्षक से किताब लिखी थी जो बहुत विख्यात हुई। यकीनन डॉ. अम्बेडकर सिख समाज की चिंताओं प्रति संवेदनशील नहीं थे। लेकिन सिख नेताओं के साथ हुई बहस से एक बात स्पष्ट हो जाती है कि डॉ. अम्बेडकर को समझ आ गई होगी कि वह सिख धर्म के सिद्धांतों से अपनी मर्जी से छेड़छाड़ या समझौता नहीं कर सकते थे। छेड़छाड़ का यह दरवाज़ा बुद्ध धर्म में खुला था, जिसका भारत में कोई अस्तित्व नहीं था। इसी समझौते में से नवयान बुद्ध निकला।

9) अनुच्छेद 25(2)(बी) में बौद्ध को हिंदु धर्म का अंग बनाने के पश्चात धम्म अपनाने से वह अपनी शपथ, "मैं हिंदू नहीं मरूंगा," को पूरा नहीं कर सके।

10) डॉ. अम्बेडकर एक तरफ कांग्रेस के हिंदु नेताओं की जम कर आलोचना करते, वहीं दूसरी तरफ हिंदु महासभा के नेताओं के प्रभाव में थे। हिंदु महासभा एक बहुत छोटी पार्टी थी और कांग्रेस की राजनीतिक प्रतिद्वंद्वी भी। इसी तरह डॉ. अम्बेडकर की इंडिपेंडेंट लेबर पार्टी की भी कांग्रेस के साथ प्रमुख टक्कर थी। इसके बावजूद कांग्रेस ने उनकी योग्यता के आधार पर उन्हें देश का पहला कानून मंत्री बनाया और संविधान समिति का अध्यक्ष। अगर कांग्रेस की जगह हिंदु महासभा अग्रणी होती तो क्या वह डॉ. अम्बेडकर को संविधान समिति में चुनती? डॉ. अम्बेडकर का हिंदु महासभा के नेताओं से नजदीकी और कांग्रेस की आलोचना में दलित उत्थान के चिंतन के साथ-साथ राजनीतिक नफ़ा-नुकसान का मिश्रण भी रहा। अन्यथा हिंदु महासभा के

नेताओं की सलाह से दलित समाज के लिए धर्म चुनने को किसी दूसरी तरह से नहीं समझा जा सकता।

कबीर पंथी समाज से कानून के विशेषज्ञ दिनेश कुमार सिख धर्म अपना कर दिनेश सिंघ बने। वह दूसरों को भी, खासकर दलित समाज को, सिख धर्म की ओर प्रेरित करने के लिए बहुत यत्नशील हैं। उनका इस विषय पर बड़ा स्पष्ट विचार है:

"जब मुझे सिख बनना था, तो मैंने किसी को भी नहीं पूछा कि मैं सिख बन जाऊं? लेकिन जब डॉ. अम्बेडकर को सिख बनना था तो वे हिंदू महासभा को पूछ कर सिख क्यों बनना चाहते थे? जिसके लिए उन्होंने डॉ. मुंजे से पैक्ट भी किया था।" (8 अगस्त 2022, फेसबुक पोस्ट, दिनेश सिंघ एलएल.एम)

11) डॉ. अम्बेडकर ने खुद ही दलित वर्ग के लिए धर्म चुनने के फैसले में दूसरों की दखलअंदाजी के दरवाज़े खोल दिए थे। इसी पृष्ठभूमि में गांधी की चालबाजी, एम. सी. राजा की राजनीतिक प्रतिस्पर्धा, मालवीय, राजगोपालाचारी, पंडित गोविंद वल्लभ पंत, पंजाब से जात-पात तोड़क मंडल (आर्य समाज) का विरोध, हिंदु महासभा का हिंदुत्व प्रभाव, और पूना पैक्ट में हुई हार की पेचीदगी में ही धर्म परिवर्तन के फैसले में देरी हो रही थी। धर्म परिवर्तन कर लेने के बाद दलित वर्ग के लिए आरक्षित सीटों को बरकरार रखना डॉ. अम्बेडकर के लिए बहुत अहम मुद्दा था। सिखों के लिए केवल पंजाब में सीटें आरक्षित थी। इस बीच दूसरे प्रांतों के दलित अगर सिख बनते तो उनके आरक्षण के विरोध में पंडित गोविंद वल्लभ पंत जैसे नेताओं ने खुल कर चुनौती दे दी थी। यह भी कारण था कि डॉ. अम्बेडकर ने संविधान में सिख, बुद्ध और जैन को हिंदु धर्म का अंग स्वीकार किया। जबकि आरक्षण के प्रावधान की निरंतरता के लिए हिंदु धर्म का हिस्सा बने रहने की शर्त को चुनौती देनी चाहिए थी।

12) कुछ वर्ष पूर्व ही पंजाब एवं कांग्रेस के हिंदु नेताओं ने सिख समाज को अपने गुरुद्वारे आज़ाद करवाने के लिए महंतों और अंग्रेज़ों से लोहा लेते देखा था। वह समझते थे कि सिखों को वश में नहीं रखा जा सकता। ऐसे में हिंदु धर्म को छोड़ने की प्रतिज्ञा और "हिंदू संस्कृति" के लिए "सबसे कम हानिकारक"

समझौतावादी रास्ते में बुद्ध धर्म ही विकल्प बचता था। अगर संविधान में बुद्ध धर्म को हिंदु धर्म का हिस्सा न माना गया होता, तो क्या डॉ. अम्बेडकर बुद्ध धर्म अपनाते? या, अगर भविष्य में बुद्ध धर्म को हिंदु धर्म से आज़ाद कर बौद्धों के लिए आरक्षण का प्रावधान समाप्त कर दिया जाता है तो क्या नव-बौद्ध दोबारा किसी और "हिंदू संस्कृति" के अधीन धर्म की खोज करेंगे?

13) सबसे अहम; डॉ. अम्बेडकर के अनुसार इस्लाम या ईसाई धर्म अपनाने वालों का "अराष्ट्रीयकरण" हो जाता है, जबकि सिख, बुद्ध या जैन धर्म अपनाने वालों का नहीं होता। यह विचित्र दलील है। जब महान मुक्केबाज कैसियस मार्सेलस क्ले धर्म परिवर्तन करके मुहम्मद अली बना तो क्या उसका अमरीका से अराष्ट्रीयकरण हो गया? भारत में वह कौन है जो धर्म के आधार पर राष्ट्रीयता का प्रमाणपत्र बांट रहा है? यकीनन यह ब्राह्मणवादी ताकतें हैं। इस संस्करण को चुनौती देने के बजाए डॉ. अम्बेडकर खुद ब्राह्मणवादी सोच को प्रचार रहे थे। इस भावना से अगर डॉ. अम्बेडकर सिख धर्म अपनाते तो इससे सिख विचारधारा को हानि पहुंचती।

'ब्राह्मणवाद के हैं चार स्तंभ' में विस्तार से समझा था 'मानवता हीन राष्ट्रवाद' और 'दूसरों प्रति असहिष्णुता' ब्राह्मणवाद के दो अहम स्तंभ हैं। इस्लाम और ईसाई धर्म को विदेशी स्थापित करके क्षीण करना, और सिख, बुद्ध व जैन को हिंदु धर्म का हिस्सा बताकर अपने में समावेश करके विघटित करना। यही तो ब्राह्मणवाद के 'दूसरों प्रति असहिष्णुता' की प्रमुख कार्य-प्रणाली है। डॉ. अम्बेडकर इस कार्य-प्रणाली के सिपाही क्यों बन गए? डॉ. अम्बेडकर 'जन्म आधारित जाति असमानता' और 'मिथक आधारित धार्मिक आस्था' के ब्राह्मणवादी स्तंभों को तो बड़ी बेबाकी से बेनकाब करते हैं। इसके बावजूद वह बाकी दो स्तंभों के चुंगल में फंस गए। यही ब्राह्मणवाद के भ्रमजाल का चक्रव्यूह है। इन चारों स्तंभों से मुक्त होने को ही ब्राह्मणवाद से मुक्ति कहा जा सकता है।

ब्राह्मणवाद किसी विचारधारा पर नहीं बल्कि राजनीतिक, आर्थिक और धार्मिक अधिकार की लक्ष्य प्राप्ति पर टिका है। इस लक्ष्य को हासिल करने में सिद्धांत में लचीलापन उसकी कमज़ोरी नहीं ताकत है। इस लचीलेपन एवं भ्रमजाल को समझना अनिवार्य है। गुरबाणी इस भ्रमजाल को बार-बार उजागर करती है। उदाहरण के लिए गुरु नानक साहिब का यह शब्द देखिए जो ब्राह्मणवाद के

भ्रमजाल में फंसकर 'राष्ट्र-सेवा' में लगे नौकरशाहों का दुरंगा जीवन बयान करता है। आज के भ्रष्ट नौकरशाहों पर भी यह पूरी तरह लागू होता है:

माणस खाणे करहि निवाज ॥ छुरी वगाइनि तिन गलि ताग ॥
तिन घरि ब्रहमण पूरहि नाद ॥ उन्हा भि आवहि ओई साद ॥
कूड़ी रासि कूड़ा वापारु ॥ कूड़ु बोलि करहि आहारु ॥
सरम धरम का डेरा दूरि ॥ नानक कूड़ु रहिआ भरपूरि ॥
मथै टिका तेड़ि धोती कखाई ॥ हथि छुरी जगत कासाई ॥
नील वसत्र पहिरि होवहि परवाणु ॥ मलेछ धानु ले पूजहि पुराणु ॥
अभाखिआ का कुठा बकरा खाणा ॥ चउके उपरि किसै न जाणा ॥
दे कै चउका कढी कार ॥ उपरि आइ बैठे कूड़िआर ॥
मतु भिटै वे मतु भिटै ॥ इहु अंनु असाडा फिटै ॥
तनि फिटै फेड़ करेनि ॥ मनि जूठै चुली भरेनि ॥
कहु नानक सचु धिआईऐ ॥ सुचि होवै ता सचु पाईऐ ॥

(गुरु ग्रंथ साहिब, महला १, अंग 471)

अर्थ: मानव को खा जाने अर्थात दूसरों का हक खाने वाले (काजी और मुसलमान हाकिम) नमाज पढ़ते हैं। (इन हाकिमों के नौकरशाह वह खत्री हैं जिनके) गले में जनेऊ है, पर (गरीबों पर जुल्म की) छुरी चलाते हैं।

इन (जालिम नौकरशाहों) के घर में ब्राह्मण जा के शंख बजाते हैं। उन ब्राह्मणों को भी उन ही (जुल्म से कमाए हुए) पदार्थों का स्वाद आता है।

(इन लोगों की) झूठ की पूंजी है और झूठा ही इनका व्यापार है। झूठ बोल-बोल के यह रोजी कमाते हैं।

अब शर्म और धर्म का डेरा (ख्याल) इनसे दूर जा चुका है। हे नानक! सभी जगह झूठ ही प्रधान हो रहा है।

यह माथे पर तिलक लगाते हैं, कमर पर गेरुआ रंग की धोती (बांधते हैं)। पर हाथ में (जैसे) छुरी पकड़ी हुई है और (मौका मिलते ही) जन-साधारण पर जुल्म करते हैं।

नीले रंग के कपड़े पहन के (तुर्क हाकिमों के पास जाते हैं, तभी) उनके पास जाने की आज्ञा मिलती है। (जिन्हें) मलेछ (कहते हैं, उनसे) ही रोजी लेते हैं, और (फिर) पुराण को पूजते हैं (भाव, खुद को धर्मी समझते हैं)।

(यहीं बस नहीं) खुराक भी इनकी वह बकरा है जो कलमा पढ़ के हलाल किया हुआ है। (लेकिन अपने घर की रसोई) चौके पर किसी को चढ़ने नहीं देते।

चौका बना के (चारों तरफ सुच्चता के ढोंग की) लकीर खींचते हैं। (फिर इस पवित्र किए) चौके में कूड़ जीवन वाले खुद आ बैठते हैं।

(और लोगों को कहते हैं: हमारे चौके के पास न आना) कहीं चौका अपवित्र न हो जाए। और हमारा अन्न खराब न हो जाए।

बुरे कर्मों के कारण (इन लोगों का) तन ही अपवित्र है। इनका मन मलीन है, पर (मुंह से) चुल्लियां करते (हुए पवित्रता का ढोंग करते) हैं।

नानक कहता है, सच की विचार करो। (मन की) शुचिता हो तभी सचिआर जीवन पाया जा सकता है।

ब्राह्मणवाद को भ्रमजाल में निपुणता हासिल करने की ज़मीन बुद्ध ने ही प्रदान की। जैसे पेड़ की लकड़ी से बना कुल्हाड़ी का दस्ता पेड़ को काटने में ही मदद करता है। उसी तरह बुद्ध से निपटने के अनुभव से हासिल हुई निपुणता से ही ब्राह्मणवाद ने बुद्ध को शिकस्त दी। वह पेड़ दूसरों को कटने से कैसे रोक सकता है जो खुद को कुल्हाड़ी का दस्ता बनने से नहीं रोक सका। बुद्ध को डॉ. अम्बेडकर ने समय के अनुकूल न समझा, तभी तो नवयान-बुद्ध को स्थापित करना चाहा। लेकिन नवयान में जो तबदीलियां की गई वह परंपरागत बुद्ध की अंदरूनी कमज़ोरियों को ध्यान में रखकर की गई, न कि ब्राह्मणवाद की नव-निपुणता को समझकर। सिख धर्म ब्राह्मणवाद के चार स्तंभों की नव-निपुणता को कड़ी टक्कर देता है।

ब्राह्मणवाद केवल विचारधारा से नहीं जीता जा सकता। क्योंकि ब्राह्मणवाद ने मनुष्य के सहजात विकारों को अपना हथियार बनाया हुआ है। इस पर जीत हासिल करने के लिए उत्तम विचारधारा के साथ-साथ स्थूल संस्थाएं चाहिए जिनके आधार पर समाज संगठित रूप से एक-दूसरे के आध्यात्मिक तथा सांसारिक उत्थान में सहाय हो सके। गुरबाणी ब्राह्मणवाद के भ्रमजाल और क्रूरता के किले को बड़ी बेबाकी से ध्वस्त करती है। सिख धर्म की जीवित संस्थाएं, प्रयोज्य रीत व बेमिसाल इतिहास का संबल गुरबाणी-विचार को रूपमान करता है।

रोनकी राम के 'प्रबुद्ध' डेरे

कलम जलउ सणु मसवाणीऐ कागदु भी जलि जाउ ॥
लिखण वाला जलि बलउ जिनि लिखिआ दूजा भाउ ॥
नानक पूरबि लिखिआ कमावणा अवरु न करणा जाइ ॥

(गुरु ग्रंथ साहिब, महला ३, अंग 84)

अर्थ: जल जाए (पहचानी जाए) वह कलम, समेत दवात के, और वह कागज भी जल जाए।

लिखने वाला भी जल मरे, जिसने दूजी भावना (माया के प्रभाव) के अधीन होकर लिखा हो।

हे नानक! (जीव) पहले से (किए हुए अच्छे-बुरे कर्मों) के अनुसार (अपने संस्कार खुद) लिखता है और वही कमाता है; वह इस के उलट कुछ नहीं कर सकता।

पंजाब यूनिवर्सिटी, चंडीगढ़ के कला विभाग के प्रोफेसर रोनकी राम का नाम प्रमुख दलित चिंतकों की श्रेणी में आता है। ऐसा भी कह सकते हैं कि प्रमुख श्रेणी में स्थापित किया गया है। पंजाब यूनिवर्सिटी के ऊपर हिंदुत्वी केंद्र सरकार का हस्तक्षेप दिन-ब-दिन बढ़ता जा रहा है। मई 2017 की एक जांच रिपोर्ट के अनुसार सात सहायक प्रोफेसरों के अनुसूचित जाति (एस.सी.) और पिछड़ा वर्ग (बी.सी.) प्रमाणपत्र फर्जी पाए गए थे। फ़रवरी 2020 में पंजाब और हरियाणा उच्च न्यायालय ने पंजाब यूनिवर्सिटी के कुलपति सहित छह लोगों को यह जानने के लिए नोटिस जारी किया कि अब तक इस फर्जी एस.सी. / बी.सी. प्रमाण पत्र मामले में क्या कार्यवाही हुई है, या कोई कार्यवाही क्यों नहीं हुई। पंजाब यूनिवर्सिटी की बढ़ती फीसों और घटते वज़ीफ़ों का भी सबसे बुरा असर गरीब और दलित छात्रों के ऊपर ही पड़ रहा है। इस सभी के चलते यूनिवर्सिटी परिसर में छात्रों के विरोध प्रदर्शन बढ़ते जा रहे हैं।

प्रमुख दलित चिंतक प्रोफेसर रोनकी राम का इस सभी में दलितों की मुश्किलों के निवारण में क्या योगदान है? कोई खबर नहीं। सरकार बड़े सुनियोजित ढंग से

अपने पसंद के लेखक, प्रोफेसर या कुलपतियों को देश के विभिन्न विश्वविद्यालयों में फिट कर रही है, और दूसरों को आगे आने का हर अवसर बंद कर रही है। क्या प्रोफेसर रोनकी राम के लेखों का मकसद दलित चिंतन को ब्राह्मणवादी राजनीति के अनुकूल दिशा देना है? इस प्रश्न का उत्तर रोनकी राम के लेखों में दर्ज सूचना व आँकड़ों की जगह आंतरिक भाव के विश्लेषण से मिल जाता है।

इनके अंग्रेज़ी में छपे लेख खोजी मसाले के तौर पर परोसे जाते हैं। बाहरी तौर पर किसी को लग सकता है कि रोनकी राम तो ब्राह्मणवाद का विरोध करते हैं। लेकिन ब्राह्मणी तंत्र को ऐसे विरोध से कोई फर्क नहीं पड़ता अगर विरोधी आपस में विभाजित रहें। ब्राह्मणी तंत्र अपने विरोधियों की आपसी फूट से ही अपना क़िला मजबूत कर लेता है। ब्राह्मणी तंत्र से पीड़ित विभिन्न जनजातियां एक मंच पर न आने पाएं, एक-दूसरों से भिड़ती रहें, रोनकी राम के लेख दलित चिंतन को इसी दिशा में ले जाते हैं।

रोनकी राम के 'प्रबुद्ध' डेरों का जिक्र करने से पहले उनके द्वारा किसान आंदोलन पर लिखे लेख की चर्चा लाभदायक होगी। किसान आंदोलन ने बड़ी-बड़ी हस्तियों की असलियत जनता के सामने उधेड़ कर रख दी थी। यह किसान आंदोलन की अलौकिकता है कि बदनीयती से लिखने वालों का भी खुद-ब-खुद नकाब उतर जाता है। क्योंकि इस आंदोलन ने दो विचारधाराओं को बड़ी स्पष्टता से आमने-सामने रख दिया था। इस पर लिखने वाले भी दोनों में से एक खेमे के साथ खड़े होने से खुद को छुपा नहीं सकते। रोनकी राम चाहे जितने भी संतुलित शब्दों का जाल बिछाना चाहें, उनका खेमा स्पष्ट नज़र आ जाता है। रोनकी राम ने इस अलौकिक व ऐतिहासिक आंदोलन पर लिख कर हमारा काम आसान कर दिया है। अब पाठकों के लिए समझना आसान हो जाएगा।

साल 2020-2021 में चला किसान आंदोलन मानव सभ्यता के लिए कीमती तोहफे से कम नहीं था। पूरी दुनिया में इसके ऊपर ढेरों लेख छपे। सिख धर्म के मूल्य इस आंदोलन के लिए प्राणवायू थे, जिसका हर लेखक और विश्लेषक ने खुल कर वर्णन किया। इस वर्णन से तो भारत की हिन्दुत्वी सरकार को चिढ़ है। दुनिया भर में सरकार की हुई फजीहत को कुछ कम करने के लिए शोध पत्रों के रूप में पेश किया जाना मददगार तो हो ही सकता है। ऐसे शोध पत्र जो तीन कृषि (काले) कानूनों को सरकार की 'सुधारवादी' नियत या मजबूरी बताए; आंदोलन के प्रति सरकार की क्रूरता को कम करके पेश करें; और मोर्चे में सिख मूल्यों को गायब कर दें। इसी मंशा की पूर्ति के लिए पंजाब यूनिवर्सिटी के 'दलित चिंतक' प्रोफेसर

रोनकी राम का अंग्रेज़ी में एक लंबा शोध पत्र छपा। लेख का शीर्षक है: Agrarian Resistance in Punjab: Contextualising Farmer Protests at the Gates of Delhi in a Historical Perspective (पंजाब में कृषि प्रतिरोध: ऐतिहासिक परिप्रेक्ष्य में दिल्ली के द्वारों पर किसान विरोध को प्रासंगिक बनाना)

रोनकी राम 1906 में अंग्रेज़ सरकार द्वारा लाए पंजाब भूमि औपनिवेशीकरण अधिनियम के किसान विरोधी प्रावधानों का वर्णन तो करते हैं। लेकिन 2020 में पारित हुए अध्यादेशों के प्रावधान, जो इसे 'काला' कानून बनाते थे, के बारे में रोशनी डालना ज़रूरी नहीं समझते। जिस असंवैधानिक ढंग से बिना चर्चा और जबरन ध्वनि मत से इन्हें पारित किया गया उसे कलम बंद करने की भी जरूरत नहीं समझी।

तेज़ी से विवादों के समाधान के नाम पर अनुबंध खेती बिल के सैक्शन-19 में किसानों को कानूनी सहायता से वंचित कर केवल उप-मंडल मजिस्ट्रेट से विवादों का हल करने का प्रावधान किया गया था। कृषि विशेषज्ञ और वरिष्ठ पत्रकार पी. साईनाथ लिखते हैं:

"इन कानूनों की कानूनी-भाषा भी (निम्न-स्तरीय) कार्यपालिका को न्यायपालिका में बदल देती है। वास्तव में, न्यायाधीश, जूरी और जल्लाद में। यह किसानों और उन विशाल कारपोरेट के बीच ताकत के पहले से ही सबसे अन्यायपूर्ण असंतुलन को भी बढ़ाता है, जिनसे वे निपटेंगे।" (द वायर, 9 दिसंबर 2020)

रोनकी राम ने सरकार के सुधारवादी पक्ष के समकक्ष किसानों के शंकों का पक्ष रख तानाशाह और उत्पीड़ित में संतुलन बनाने का कार्य किया है। इस संतुलन के साथ "किसान विद्रोह की गौरवशाली परंपरा" को ऐतिहासिक परिप्रेक्ष्य में लिखा है। इस तरह पंजाब के किसानों को (आजादी से पहले और बाद वाली) पिछली सरकारों के खिलाफ बार-बार आंदोलन करने के कारण उनका 'आंदोलनजीवी' बन जाने का प्रासंगिक वर्णन बन जाता है। रोनकी राम सरकार की नियत को पाक साफ पेश करते हैं:

"2020 के बाद से, सभी केंद्र सरकारों ने कृषि क्षेत्र में सुधार शुरू करने के लिए राज्यों को मनाने के लिए कई प्रयास किए। हालाँकि, राज्य सरकारें प्रस्तावित कृषि सुधारों में रुचि नहीं ले रही थीं, शायद किसानों के विरोध की*

आशंका के कारण, और इसमें शामिल मामले के संघीय पक्ष को देखते हुए, वर्तमान एन.डी.ए. केंद्र सरकार ने 5 जून, 2020 को इसमें डुबकी लगाई।"

(*साल 2000 होना चाहिए था, गलती से 2020 लिखा गया हो सकता है)

भाजपा सरकार के घिनौने और क्रूर अपराधों की धार को कुंठित करने के साहित्यिक अपराध से भी रोनकी राम पीछे न रहे:

"हालांकि विरोध के दौरान किसानों को नामों से पुकारा जाता रहा, लेकिन गणतंत्र दिवस की घटना के बाद इस तरह की मैली बातों की तीव्रता तुरंत बढ़ गई। कृषि कानूनों का समर्थन करने वालों ने विरोध कर रहे किसानों को खालिस्तानी, अर्बन-नक्सल और यहां तक कि माओवादी भी कहा। अकसर यह भी सुनने में आया था कि दिल्ली की सीमाओं पर विरोध करने वाले असली किसान नहीं हैं।"

जहां से "यह भी सुनने में आया था" उन "कृषि कानूनों का समर्थन करने वालों" का 'नाम' क्यों नहीं लिखा गया?

शायद किसानों को अभद्र नाम देने वाले भाजपा के मंत्री, मुख्य मंत्री, कैबिनेट मंत्री, विधायक, या सांसदों की गिनती ढेरों में थी। इस कारण रोनकी राम को उन में से चुनाव करने में दिक्कत आ रही होगी। अगर ऐसा था तो कम से कम प्रधान सेवक का जिक्र करना तो बनता ही था। प्रधान मंत्री नरेंद्र मोदी ने 8 फरवरी 2021 को राज्य सभा में दिए अपने भाषण में किसानों को 'अंदोलनजीवी' और 'परजीवी' नाम दिए जिसे रोनकी राम भूल गए। विपक्षी पार्टी कांग्रेस या किसान नेता के बयान के हवाले से "मोदी सरकार" या "नरेंद्र मोदी सरकार" का टूक मात्र जिक्र आया है। लेकिन रोनकी राम ने खुद से निश्चित किया कि 'प्रधानमंत्री नरेंद्र मोदी' का नाम लिखे बिना "केंद्र सरकार" को ही सामने रखा जाए। क्या इस नाम को लिखे बिना किसान आंदोलन पर किसी लेख को शोध-पत्र कहा जा सकता है? क्या गब्बर सिंह का नाम लिखे बिना रामगढ़ के डाकू लिखकर शोले फिल्म की कहानी सुनाई जा सकती है? रोनकी राम ने ऐसा कर दिखाया।

3 अक्तूबर 2021 को लखीमपुर खीरी की दर्दनाक घटना ने सभी को स्तब्ध कर दिया था। केंद्रीय राज्य मंत्री अजय मिश्रा टेनी की गाड़ी से उसी के लड़के ने

शांतिपूर्ण किसानों के ऊपर जान-बूझकर चढ़ा दी थी। रोनकी राम इस घटना को भी दो गुटों की आपसी झड़प की तरह पेश करते हैं जिसमें दोनों तरफ का बराबर नुकसान हुआ:

"यह इस स्थल पर विरोध के दौरान था कि एक वाहन ने हत्या के इरादे से शांतिपूर्ण सभा के विरोध कर रहे किसानों के ऊपर चढ़ा दिया, जिसमें चार (नक्षत्र सिंघ, दलजीत सिंघ, लवप्रीत सिंघ और गुरवेंद्र सिंघ) की मौत हो गई। मृत पाए गए नौ में से अन्य चार खबरों के अनुसार भाजपा कैडर के थे। वे काफिले के वाहन में यात्रा कर रहे थे और प्रदर्शनकारियों द्वारा कथित तौर पर उन्हें घसीटा गया और पीट-पीट कर मार डाला गया। नौवीं मौत पत्रकार के तौर पर पहचाने जाने वाले रतन कश्यप की रिपोर्ट हुई थी, जो एक टीवी समाचार चैनल के लिए हिंसा की घटना को कवर करने घटना स्थल पर मौजूद था।"

कई अहम तथ्य हैं जिनका जिक्र किए बिना इस घटना के बारे में लिखना बेईमानी है। जैसे सोशल मीडिया पर हुआ वायरल वीडियो जिसने क्रूरता को उजागर कर दिया और सरकार पर कुछ दबाव बन पाया। हत्या केवल "वाहन" से नहीं, केंद्रीय राज्य मंत्री अजय मिश्रा टेनी के वाहन' से हुई। हत्या के बाद भी केंद्रीय राज्य मंत्री (वह भी गृह मंत्रालय) लगातार मंत्रालय में बना रहा। प्रधान मंत्री ने जांच में पारदर्शिता के ढोंग के लिए भी उसे नहीं हटाया। भाजपा कैडर वालों को "पीट-पीट कर मार डाला" लिखने से पहले क्या यह नहीं बताना चाहिए था कि गाड़ी में बैठे गुंडों ने भीड़ के ऊपर गोलियां भी चलाई? दोनों तरफ चार मौतों का आंकड़ा बराबर रखने के चलते पत्रकार की मौत को न इधर का न उधर का छोड़ा। चश्मदीद और परिवार वालों के मुताबिक पत्रकार की मौत भी गाड़ी से कुचले जाने से ही हुई थी।

गुरुद्वारों और विभिन्न सिख संस्थाओं द्वारा संचालित लंगर के बिना, किसान मोर्चे का जिक्र तो हो ही नहीं सकता। रोनकी राम को भी लंगर का वर्णन करना पड़ा, लेकिन ऐसी व्याख्या पहले न किसी ने पढ़ी न सुनी होगी:

"दुनिया भर में चर्चित दिल्ली की सीमा पर किसानों के धरना स्थल का एक और पहलू है लंगर (सामुदायिक रसोई)। लंगर संयुक्त रूप से भाग लेने वाले किसानों – पुरुषों और महिलाओं – द्वारा तैयार किया जाता है और किसानों द्वारा उनके सामुदायिक स्रोतों के साथ-साथ सहानुभूतिपूर्ण

परोपकारी प्रवासियों द्वारा दान किए गए प्रावधानों से प्रबंधित किया जाता है। लंगर न केवल किसानों के लिए खुला है, बल्कि जाति, रंग और पंथ के बावजूद सभी के लिए खुला है।"

ऐसा लगता है रोनकी राम ने कई दिन की सोच-विचार और अपनी बौद्धिकता की चरम तक जा कर लंगर की इस परिभाषा को शब्द दिए होंगे। किसान मोर्चे पर चल रहे लंगर का 'सिख', 'गुरुद्वारा' या 'गुरु नानक' शब्दों का जिक्र किए बिना परिभाषित कर देना किसी अचंभे से कम नहीं। सिख विरोधी मानसिकता से भरी धूर्तता को शोध पत्र में समा जाने वाले शब्द देना हर किसी बुद्धिजीवी के बस की बात नहीं।

वहीं दूसरी तरफ कांचा इलैया शेफर्ड भी जाने माने दलित चिंतक हैं। उन्होंने ने किसान आंदोलन पर भी लिखा और लंगर के बारे में भी:

"किसानों के विरोध का नेतृत्व पंजाब के सिख क्यों कर रहे हैं...

एक और कारण है कि सिख किसानों ने श्रमिकों के लिए गदा उठाई है, जिसे सिख धर्म में बहुत सम्मान दिया जाता है। और इसकी जड़ें सिखों के बीच जातिवाद को क्षीण करने के सापेक्ष हैं।...

एक बार जब गुरु नानक देव ने सिख धर्म की स्थापना कर दी और उनकी और अन्य सिख गुरुओं की शिक्षाओं और भजनों को एक साथ धार्मिक ग्रंथ गुरु ग्रंथ साहिब में संकलित कर दिया, तो इसने समुदाय की वर्ण व्यवस्था और श्रम-तिरस्कार से मुक्ति की नींव रखी।...

इसका मतलब यह नहीं है कि दलित सिख, जिन्हें मजहबी सिख भी कहा जाता है, को पंजाब में सामाजिक भेदभाव का सामना नहीं करना पड़ता है। करना पड़ता है।

लेकिन सिख समुदाय हिंदुत्ववादियों की तरह जातिवादी और वर्ण धर्म के अनुयायी नहीं हैं।...

पंजाब की कृषि की उन्नति की जड़ें खेत में काम करने वाले सभी लोगों के सम्मान के साथ सामाजिक आधार पर हैं। इस प्रकार, पंजाब भारतीय संघवाद के भीतर एक अलग सांस्कृतिक इकाई के रूप में विकसित हुआ है।..."

गुरुद्वारे – विशेष रूप से अमृतसर का स्वर्ण मंदिर – अपने लंगरों के लिए जाने जाते हैं जहाँ कोई भी आगंतुक निशुल्क भोजन कर सकता है और यहाँ तक कि सिख समुदाय के अमीर सदस्य भी खुल कर श्रम में भाग लेते हैं। मंदिरों में जातिगत सांस्कृतिक अपमान का आह्वान किए बिना श्रम सेवा की ऐसी संस्कृति आरएसएस-भाजपा के एजेंडे में नहीं है, भले ही उनके सदस्य और समर्थक नियमित रूप से खुद को प्रामाणिक हिंदू राष्ट्रवादी के रूप में पेश करते हैं।...

सिख धर्म 'सरबत दा भल्ला' (सबकी भलाई के लिए काम करना) और कार सेवा (सर्वहित के लिए शारीरिक कार्य करना) पर जोर देता है। यह दो विचार गुरु ग्रंथ की आध्यात्मिक विचारधारा का हिस्सा हैं, जो हिंदुत्ववादी ताकतों की वर्ण धर्म विचारधारा के विपरीत है। सिख गुरुओं ने उस समय श्रम की गरिमा की अवधारणा की स्थापना की जब यह विचार ब्राह्मणवादी आध्यात्मिक, सामाजिक और राजनीतिक विचारधारा के लिए लगभग अज्ञात था।" *(दि प्रिंट, 28 दिसंबर 2020)*

सिख विरोधी मानसिकता की सनक में रोनकी राम पंजाब के डेरों को प्रबुद्ध स्थापित करने की हर मुमकिन कोशिश करते हैं। हमने पिछले अध्याय में समझा था कि डेरे, बाबे, अथवा तथाकथित संत चाहे किसी भी धर्म या सम्प्रदाय से हों, वह सत्ताधारी के खिलाफ कभी संघर्ष नहीं कर सकते। क्योंकि भारत में सत्ताधारी ब्राह्मणवादी तंत्र है, यहां के डेरे सदा ही ब्राह्मणवाद के लिए लाभदायक रहेंगे। जो ऊपर से ब्राह्मणवाद का विरोध करते भी दिखते हैं, वह भी समाज में जाति-धर्म के आधार पर विभाजनकारी नीतियों के चलते सत्ताधारी के फायदे में ही जाता है। अगर सक्षम कानून का राज हो तो भारत के अधिकतर डेरों पर ताला लग जाना चाहिए था और इन्हें चलाने वाले संत (ठग) जेल के अंदर होने चाहिए थे। इनका अस्तित्व ही अपने आप में भ्रष्ट तंत्र के साथ समझौते की गवाही भर रहा है।

जिस तरह किसान आंदोलन के समाप्त होने के ठीक बाद रोनकी राम ने सिखी रंगत को शून्यांकन करने तथा पीड़ित-उत्पीड़क में बराबरी स्थापित करने के लिए 'शोध पत्र' लिखा, उसी तरह 2007 में सिखों का डेरा सिरसा के साथ हुए टकराव के ठीक बाद सिख समाज को ही पूरी तरह कसूरवार स्थापित करने के लिए लेख लिखा जिसका शीर्षक है: Social Exclusion, Resistance and Deras

- Exploring the Myth of Casteless Sikh Society in Punjab / सामाजिक बहिष्कार, प्रतिरोध और डेरे- पंजाब में जातिविहीन सिख समाज के मिथक की खोज (रोनकी राम, अक्तूबर 2007)

अगर "डेरे" के नाम से पाठकों को लगता है कि रोनकी राम ने डेरों के कुकर्मों (भू माफिया, बलात्कार, अंध विश्वास, घटिया राशन या दवाइयों की बिक्री, विभाजनकारी वोट बैंक, इत्यादि) को मिली दण्ड रहित व्यवस्था का विश्लेषण किया होगा, तो पाठकों को निराशा ही हाथ लगेगी। इस सभी पर चुप्पी उसी तरह बनाई गई है जैसे किसान आंदोलन के लेख में 'प्रधान मंत्री नरेंद्र मोदी' के नाम पर रखी थी। उलटा रोनकी राम तो डेरों की तारीफ करते लिखते हैं:

"इस प्रकार पंजाब में दलित डेरों के उदय को राज्य में उभरती दलित चेतना और अलग दलित पहचान की संस्कृति के सूचक के रूप में देखा जा सकता है।" (रोनकी राम, अक्तूबर 2007)

रोनकी राम के लेख पाठक की मानसिकता में जो धारणा बिठाना चाहते हैं उसका सारांश यह है कि सिख समाज में जट्टों द्वारा दलितों के साथ भेदभाव और दुर्व्यवहार होता है, जबकि डेरों में दलितों को सम्मान मिलता है। क्योंकि दलित अपने अधिकारों का दावा ठोक रहे हैं, इसी प्रतिरोध में डेरा-सिख टकराव बढ़ रहा है।

लेख की शुरुआत से ही रोनकी राम की पटकथा में बदनीयत दिख जाती है:

"डेरा सच्चा सौदा (सिरसा, हरियाणा में मुख्यालय के साथ 1948 में स्थापित समन्वित धार्मिक केंद्र) के अनुयायियों और सिखों के विभिन्न समूहों के बीच हालिया हिंसक झड़पें (मई 2007), और राज्य में जाट सिखों और दलितों के बीच अन्य प्रकार के सामाजिक संघर्ष भी, पंजाब के राजनीतिक इतिहास में एक महत्वपूर्ण मोड़ है। इन संघर्षों का कारण "बदला लेने की अल्पकालिक राजनीति" के बारे में की जाने वाली बात से आगे और पंजाब में तथाकथित जातिविहीन सिख समाज में गहरे सामाजिक-धार्मिक पदानुक्रम को दर्शाता है। एक ओर, वह सामाजिक भेदभाव की सुप्त संरचनाओं को उजागर करते हैं, जो सिख समाज के ताने-बाने में व्याप्त हैं, और दूसरी ओर, सिख-खालसा पहचान के बारे में नव-रूढ़िवादी सिखों की चिंता की ओर इशारा करते हैं। वे न केवल राज्य में राजनीतिक स्थिरता के लिए बल्कि भारत में लोकतंत्र की संस्थाओं के लिए भी एक गंभीर चुनौती पेश करते हैं।" (रोनकी राम, अक्तूबर 2007)

डेरा प्रमुख गुरमीत राम रहीम सिंह, जो खुद जट्ट बिरादरी से है, सिखों का उससे टकराव को जट्ट-दलित टकराव की रंगत देना न सिर्फ झूठ है बल्कि बेईमानी की पराकाष्ठा। अगर गुरमीत राम रहीम दलितों का मसीहा है, फिर रोनकी राम को चिंता किस बात की? उसका साथ देने में सरकार ने तो कोई कसर नहीं छोड़ी। इस हिसाब से तो "उभरती दलित चेतना" को हर सरकार मंजूरी दे ही रही है। डेरा सच्चा सौदा का राजनीतिक विंग किस पार्टी को चुनाव में समर्थन करने के लिए कहेगा वहीं से "दलित पहचान की संस्कृति के सूचक के रूप में देखा जा सकता है।"

डेरा प्रमुख गुरमीत राम रहीम के घिनौने कारनामों की चर्चा बहादुर पत्रकार राम चंद्र छत्रपति के नवंबर 2002 में हुए कत्ल से ही शुरू हो गई थी। छत्रपति ने बड़ी बेबाकी के साथ डेरे में होते गंभीर अपराधों को अपने अखबार 'पूरा सच' में लिखना शुरू कर दिया था। लोकतंत्र की हर तरफ से धज्जियां उड़ाकर एक घिनौने अपराधी को लंबे समय तक बचाया गया और सालों चले मुकदमे के बाद जाकर वह अगस्त 2017 को गिरफ्तार हुआ।

अकसर जब कभी ऐसे अपराधी जेल में जाते हैं तो कुछ लोग इसे 'सिस्टम की जीत' कहते हैं। इसे सिस्टम की जीत नहीं बल्कि हार कहना चाहिए। क्योंकि सिस्टम ऐसे अपराधियों को बचाने की पूरी कोशिश करता है। लेकिन जब कभी शूरवीर पत्रकार, निडर गवाह, साहसी वकील और ईमानदार न्यायाधीश के सालों की तपस्या (मुकदमे) का अलौकिक संयोग बनता है, तो सिस्टम हार जाता है।

लेकिन रोनकी राम को सिखों का राम रहीम के खिलाफ आक्रोश "राजनीतिक स्थिरता" और "भारत में लोकतंत्र की संस्थाओं के लिए भी एक गंभीर चुनौती" नज़र आ रही है। इसी सिस्टम की बात तो हम कर रहे हैं, जिसे बनाए रखने में रोनकी राम की भी ड्यूटी लगी हुई है।

अगर कोई रोनकी राम को संशय-लाभ देना चाहे कि यह लेख बहुत पुराना (अक्तूबर 2007) है, हो सकता है कि उन्होंने अपनी गलती बात में सुधार ली हो। वैसे तो पत्रकार राम चंद्र छत्रपति की नवंबर 2002 में शहादत के बाद संशय-लाभ देना खुद से बेईमानी है। फिर भी, डेरों के मुद्दे पर रोनकी राम के और भी कई लेख हैं, वह लगातार लिखते रहते हैं। हर लेख में उन्होंने डेरों द्वारा होते जनता (अधिकांश दलित) के शोषण और उन्हें मिली दण्ड-रहित व्यवस्था पर पर्दा ही डाला है। जैसे उनका लेख है: Structures of Social Exclusion, Dera Culture and

Dalit Social Mobility in Contemporary East Punjab / सामाजिक बहिष्कार की संरचनाएं, समकालीन पूर्वी पंजाब में डेरा संस्कृति और दलित सामाजिक की गतिशीलता। (रोनकी राम, नवंबर 2016)। इसमें भी यही लिखते हैं:

"मालवा में डेरा सच्चा सौदा की सघन अनुसरणता इसका उदाहरण है। मुख्य धारा की सिख गुरुद्वारा संस्कृति के बीच, सभी प्रकार के डेरों के उदय ने समकालीन पंजाब में विशिष्ट महत्व ग्रहण किया। इसने राज्य में एक अलग दलित धार्मिक स्थान को जन्म दिया जहां धर्म (सिख धर्म पढ़ें) ने सामाजिक और राजनीतिक शक्ति की संरचनाओं में गहराई से प्रवेश किया हुआ है।"

रविदास डेरों के समर्थन में वह कहते हैं:

"सभी रविदास डेरों के प्रबंधन पर आदि धर्मियों का एकाधिकार है। रविदास डेरे केवल एक धार्मिक स्थान नहीं हैं। वास्तव में, वे पंजाब में एक अलग दलित पहचान के निर्माण की चल रही सावधानीपूर्वक प्रक्रिया का प्रतीक हैं। उनकी केंद्रीय चिंता खुद को हिंदू और सिख तीर्थ स्थलों से अलग पेश करने और एक वैकल्पिक धार्मिक क्षेत्र प्रदान करने की रही है जहां दलित अनुयायियों को अपनी पहचान छिपाने की जरूरत नहीं है और सामाजिक बहिष्कार के नम्र हमलों का सामना नहीं करना पड़ता है।" (रोनकी राम, नवंबर 2016)

"आदि धर्मियों" से मतलब चमार जाति के एकाधिकार से है। रविदास डेरे के प्रबंध में भंगी, मजहबी या वाल्मीकि समाज के लोगों को जगह मिल पाएगी? नहीं। तो फिर रविदास डेरे में चमार जाति के एकाधिकार को "दलित पहचान" नहीं 'चमार पहचान' लिखना चाहिए था। रविदास डेरों में जाति संरचना पर आधारित केवल एक जाति के एकाधिकार को रोनकी राम ने "उभरती दलित चेतना" के रूप में स्वीकार कर लिया है।

जिस तरह प्रशासनिक तंत्र डेरों को अवैध ढंग से स्थापित करता है, विभिन्न डेरों से जुड़ी कुछ खबरें इसे समझने में सहाय होंगी:

नूरमहल डेरा-

जिला और सेशन न्यायाधीश की जांच में पाया गया कि जालंधर जिले के नूरमहल ब्लॉक में विवादास्पद दिव्यग्राम पंचायत की अपनी कोई राजस्व संपत्ति नहीं थी।

2013 में अस्तित्व में आई दिव्यग्राम पंचायत नकली और केवल कागज़ों में थी। यह कागजी पंचायत दिव्य ज्योति जागृति संस्थान नाम के डेरे से जुड़ी है। इस नकली ग्राम पंचायत का गठन 14वें वित्त आयोग, स्थानीय क्षेत्र विकास निधि, और महात्मा गांधी राष्ट्रीय ग्रामीण रोजगार गारंटी अधिनियम (मनरेगा) द्वारा प्रदान किए गए धन को हथियाने के लिए किया गया था। डेरे के प्रमुख आशुतोष महाराज को चिकित्सकीय रूप से मृत घोषित कर दिया गया हुआ है, लेकिन उसका शरीर 2014 से नूरमहल में एक फ्रीजर के अंदर संरक्षित रखा गया है। डेरे समर्थकों का मानना है कि आशुतोष समाधि में लीन हैं, वह दोबारा उठ खड़े होंगे। (हिंदुस्तान टाइम्स, 26 अक्टूबर 2021)

डेरा सच्चा सौदा-

मौड़ मंडी में पंजाब विधानसभा चुनाव से तीन दिन पहले 31 जनवरी 2017 को कांग्रेस विधायक हरमिंदर सिंघ जस्सी की एक चुनावी रैली के बाद विस्फोट हुआ। जस्सी की बेटी की शादी डेरा प्रमुख गुरमीत राम रहीम के बेटे जसमीत सिंघ से हुई है। इस विस्फोट में सात लोगों की जान गई। भारती मीडिया ने अपनी आदत से मजबूर झट से सिखों को बदनाम करते हुए इसे खालिस्तान से जोड़ झूठी खबरें चलानी शुरू कर दीं। लेकिन विस्फोट के एक साल बाद विशेष जांच टीम (एसआईटी) ने 4 गवाहों के बयान के आधार पर इसके 'तार' डेरा सच्चा सौदा की ओर इशारा करते बताए। जिस मारुति 800 गाड़ी में विस्फोट हुआ था, उसका संबंध डेरे से था। लेकिन इसके बाद जांच को वहीं रोक दिया गया और खबर गुम हो गई। (द ट्रिब्यून, 23 दिसंबर 2021)

(खालिस्तान एक राजनीतिक मांग है, जिसका शांतिमय ढंग से विरोध या समर्थन हो सकता है। 1995 में, बलवंत सिंघ मामले में, उच्चतम न्यायालय ने फैसला सुनाया था कि "खालिस्तान जिंदाबाद" का नारा देशद्रोह नहीं है। याद रखें, यह इंदिरा गांधी की हत्या वाले दिन खुले बाजार में नारे बाजी करने के आरोप में किया गया फैसला था, इसके बावजूद अदालत की स्थिति स्पष्ट थी। इंगलैंड से स्कॉटलैंड या कनाडा से क्यूबेक को अलग देश बनाने की मांग सहजता से होती है। वहां की लोकतांत्रिक सरकारों ने इस पर रिफ़रेंडम (जनमत-संग्रह) करवा कर अलग देश बनाने का फैसला नागरिकों के बहुमत पर छोड़ रखा है। लेकिन भारती मुखधारा मीडिया खालिस्तान को हमेशा आतंकवाद की झूठी कहानियों के साथ जोड़कर

सिखों को बदनाम करती है और नागरिकों को लोकतंत्र में रिफ़रेंडम के महत्त्व से अछूता रखती है। वहीं दूसरी तरफ भारत को हिंदु राष्ट्र बनाने की मांग को साधारण खबर बना दिया गया है, और चुने हुए मंत्री व नेता इसका खुल कर समर्थन करते हुए देखे जा सकते हैं।)

ईसाई पास्टर डेरा-

पंजाब में ईसाई मिशनरियों की कार्यवाही में भी बहुत वृद्धि आई है। नव-मिशनरी भी डेरा माडल पर ही काम कर रहे हैं, जिसमें 'बाबा' खुद को पास्टर या प्रोफेट कहता है। निर्धारित पटकथा के अनुसार मंच पर पास्टर की कृपा (प्रार्थना) से श्रद्धालु (अभिनेता) की कैंसर जैसी गंभीर बीमारियों के ठीक होने का दावा किया जाता है। इन ईसाई डेरों की चपेट में भी रविदास समाज सहित अधिकतर दलित ही हैं। पास्टर बजिंदर सिंघ, जो हरियाणवी जाट है, बलात्कार के आरोप में जूलाई 2018 में जेल जा चुका है। अगस्त 2021 के एक बहुचर्चित वीडियो में बजिंदर सिंघ ने मंच पर तथाकथित मृत बच्चे को पुनर्जीवित किया था। अनुयायियों ने 'हलिलुय' के जाप के साथ खूब तालियाँ बजाई। दिल्ली 2020 के विधान सभा चुनाव के नतीजों के बारे में प्रोफेट बजिंदर सिंघ ने भविष्यवाणी की कि "नया चेहरा आएगा" और "कुछ खिलेगा"। खिलने से मतलब भाजपा के कमल के फूल से था। भविष्यवाणी का मकसद अपने अनुयायियों को भाजपा के पक्ष में वोट डालने के इशारे से था। न तो नया चेहरा आया और न ही कमल का फूल खिला, और आम आदमी पार्टी दोबारा जीत गई।

पाठकों को हैरानी हो सकती है कि ईसाई प्रार्थना सभाओं में तो अकसर हिंदुत्वी संगठन हमला करते रहते हैं, फिर ईसाई प्रोफेट भाजपा का समर्थन कैसे कर सकते हैं। यही समझने वाली बात है। मरने-मारने का कार्य फुट सोल्जरज़ का होता है। डेरा प्रमुख का हित उसके अनुयायियों से भिन्न होता है। डेरेदार उसी पार्टी को समर्थन करेगा जो उसे अधिक से अधिक निजी छूट देने का आश्वासन देगा।

रोनकी राम ने कुछ ऐसे भी उदाहरण दिए हैं जिसमें गुरुद्वारा प्रबंध को लेकर जट्ट-दलित टकराव हुआ है। जैसे शहीद निहाल सिंघ गुरुद्वारा, तलहन गांव के दलित समाज के लोगों की गुरुद्वारा प्रबंध में अपनी अधिक नुमाइंदगी की जायज़ मांग थी। जट्ट प्रबंधक परिवारों ने न सिर्फ इसका विरोध किया बल्कि गांव के दलितों

का सामाजिक बहिष्कार भी किया। जून 2003 में तनाव बहुत बढ़ गया, जिसमें उग्र विरोध के चलते एक दलित की पुलिस फाईरिंग में मौत हो गई। वहीं इस टकराव से कांग्रेस-अकाली-भाजपा-कम्युनिस्ट पार्टियां भी अपने राजनीतिक लाभ का हिसाब-किताब लगाने में पीछे न थी। पंजाब प्रदेश कांग्रेस के प्रमुख एच.एस. हंसपाल का इस घटना पर बयान था, "प्रशासन की ओर से घोर ढिलाई और दो दलित मंत्रियों के बीच तीखी नोकझोंक के कारण संकट ने एक बदसूरत मोड़ ले लिया।" हंसपाल ने इंडिया टुडे से चौधरी जगजीत सिंघ और मोहिंदर सिंघ केपी के बीच तकरार की ओर इशारा करते हुए कहा कि प्रत्येक खुद को दलितों का असली नेता साबित करने की कोशिश कर रहे हैं। (इंडिया टुडे, रमेश विनायक, 23 जून 2003)

अगले कुछ महीनों में दोनों दलों के बीच गुरुद्वारा प्रबंधन का मसला सुलझा लिया गया। आज यह 'जहाज वाला गुरुद्वारा' के नाम से प्रचलित है। सिख गुरुद्वारों में भेद-भाव तो धर्म के मूल सिद्धांतों के खिलाफ है, और शोषित वर्ग का इसके खिलाफ आवाज़ उठाना सिख धर्म को प्रफुल्ल करने में सहाई होता है।

यहां एक बात बताना ज़रूरी है कि पंजाब में अगर किसी एक समुदाय के ऊपर सबसे ज्यादा पुलिस अत्याचार हुआ है तो वह सिख समुदाय ही है। यकीनन यह भी सभी जातियों से थे, क्योंकि पंजाब के सिखों में जट्टों का अनुपात ज्यादा है तो मरने वालों में अधिकतर जट्ट ही होंगे। शहीद जसवंत सिंघ खालड़ा एक महानतम मानवाधिकार कार्यकर्ता हुए हैं। उन्होंने अपनी जांच और अनुमानों के आधार पर साबित किया था कि पंजाब के तेरह जिलों में 1984 से 1994 के दशक के बीच सरकारी बलों द्वारा कुल 25000 लापता व्यक्तियों की हत्या कर अवैध रूप से 'लावारिस लाश' बना कर जला दिया गया था। माँ-बाप अपने बच्चों के मृत्यु प्रमाणपत्र भी हासिल न कर पाए क्योंकि उन्हें मृत नहीं लापता करार दिया गया था। खालड़ा जी ने अपने तथ्य विदेशों में जाकर और कनाडा की संसद में भी रखे। उनकी जान को खतरे के बावजूद वह अपनी जांच को जारी रखने के लिए भारत वापस आए। जसवंत सिंघ खालड़ा को उनके अपने घर के बाहर से पंजाब पुलिस ने 6 सितंबर 1995 को उठा लिया, जिसके बाद उन्हें कभी नहीं देखा गया। लावारिस लाशों की गिनती करने वाला खुद लापता हो गया और लावारिस लाश बना दिया गया। शहीद जसवंत सिंघ खालड़ा की रिपोर्ट और उनके खुद के अपहरण ने पूरी दुनिया में हड़कंप मचा दिया। भारत सरकार कातल (जूनियर) पुलिस अफसरों के

ऊपर मुकदमे तथा कार्रवाई करने के लिए मजबूर हुई जिससे पुलिस द्वारा हत्याओं में विराम लगा, और पंजाब शांति बहाली की तरफ बढ़ सका।

12 अक्तूबर 2015 को गांव बरगाड़ी (फरीदकोट) में श्री गुरु ग्रंथ साहिब की बेअदबी हुई थी जिसमें दोष डेरा सच्चा सौदा के ऊपर जा रहा था। इसी मामले में सिख संगठनों व संगत द्वारा बरगाड़ी से सटे गांव बहबल कलां (कोटकपूरा) में भी धरना दिया गया था। सिखों की यही मांग थी कि दोषी को कानून के अनुसार सज़ा मिले। इसी दौरान 14 अक्तूबर 2015 को पंजाब पुलिस ने बिना किसी कारण शांतिपूर्ण धरने पर बैठ कर सतनाम-वाहेगुरु का जाप कर रही सिख संगत पर गोलियां चलाई थीं। जिसमें दो सिख युवकों की मौत हो गई और कई अन्य घायल हो गए। दो जांच आयोगों की रिपोर्ट अनुसार फायरिंग अकारण और अनुचित थी। जांच में एक जन आयोग भारत के सर्वोच्च न्यायालय के पूर्व न्यायाधीश मार्कंडेय काटजू के नेतृत्व में था और दूसरा उच्च न्यायालय के पूर्व न्यायाधीश रणजीत सिंघ के नेतृत्व में राज्य सरकार द्वारा नियुक्त आयोग शामिल था। (सिख सियासत न्यूज, 18 जून 2020)

क्योंकि रोनकी राम डेरा सच्चा सौदा को दलित डेरा मानते हैं, क्या वह इस गोलीकांड को भी दलित-सिख की रंगत देकर सिखों पर होते अत्याचार को मानेंगे? ऐसा मानना गलत होगा। किसी सिख चिंतक ने समाज विरोधी डेरों को दिए जाते गैर कानूनी संरक्षण को दलित-सिख रंगत नहीं दी। आम सिख संगत अच्छी तरह से समझती है कि उनकी टक्कर भ्रष्ट विभाजनकारी सरकार से है किसी समुदाय से नहीं। यही कारण रहा कि डेरा प्रमुख राम रहीम को अनुचित संरक्षण देने के चलते अकाली दल (बादल), जो जट्टों की पार्टी कहलाती है, को 2017 और फिर 2022 के विधान सभा चुनाव में करारी हार मिली।

रोनकी राम जब भी किसी घटना (जैसे डेरा सच्चा सौदा टकराव, तलहन कांड, इत्यादि) का जिक्र करते हैं, तो उसका मकसद केवल जाति भेद को उभारना होता है। वह दूसरे बहुआयामी अहम पक्ष को नहीं छूते। लेकिन भारती राजनीति के व्यवहार को समझे बगैर ऐसे मसलों को समझा ही नहीं जा सकता, जो सदा ही विभाजनकारी परिस्थितियों को उभारती है। इस व्यवहार का चरित कौन निभा रहा है, इस से अहम है यह समझना कि यह ब्राह्मणवादी मुख्य धारा तंत्र का हिस्सा है।

रोनकी राम दलितों की सिख धर्म में बराबर हिस्सेदारी के दावे को मान्यता नहीं देना चाहते। क्या भंगी, मजहबी या वाल्मीकि समाज के लोग रविदास डेरे के प्रबंध में दावा करने की सोच भी सकते हैं? रोनकी राम के लेख दलित समाज को उकसा कर, उनके मुंह में शब्द डालकर, उन्हें विभिन्न डेरों में बट जाने की प्रेरणा देते हैं। इस तरह वह ब्राह्मणवादी व्यवस्था की सेवा करते हैं। एक तरफ वह सिख समाज के खिलाफ नफरत पैदा कर रहे हैं, वहीं दूसरी ओर वह दलित समाज को वोट बैंक में तबदील कर उनकी राजनीतिक चेतना को डेरा प्रमुख को मिली दण्ड-छूट तक सीमित कर देते हैं।

कदाचित हमारा मकसद दलित समाज पर होते अत्याचारों या भेदभाव को नकारना नहीं है। लेकिन भेदभाव की घटनाओं को इस तरह पेश करना कि शोषित वर्ग विभाजनकारी भ्रष्ट तंत्र के चुंगल में और गहरा फंस जाए, इस वृतांत को तो नकारना चाहिए। एक तरफ रोनकी राम का दलितों पर जाति आधारित अन्याय पर चिंतन करना, वहीं दूसरी तरफ अंधविश्वास व वोट बैंक की राजनीति से अनुयायियों का शोषण करने वाले डेरों की तरफदारी करना विरोधाभास से भरपूर है। यह तो खरगोश के साथ दौड़ना और शिकारी कुत्तों के साथ शिकार करने की अंग्रेज़ी कहावत वाली बात है।

राष्ट्रीय परिवार स्वास्थ्य सर्वेक्षण 2019-21 के अनुसार भारत के चार प्रमुख धार्मिक समूहों (हिंदु, मुसलिम, ईसाई, और सिख) में से औसतन सिख व्यापक अंतर से सबसे संपन्न हैं। 59 प्रतिशत सिख परिवार शीर्ष समृद्ध क्विंटल (पंचमक) में हैं, जबकि पूरे भारत की औसत केवल 20 प्रतिशत है। सिखों से आगे केवल जैन हैं। इसका मतलब हुआ की सिख समाज में आर्थिक असमानता सबसे कमतर है। यही कारण है कि पंजाब का दलित समाज भारत के बाकी दलित समाज के मुकाबले सबसे अधिक संपन्न है।

वहीं राष्ट्रीय अपराध रिकॉर्ड ब्यूरो द्वारा जारी आंकड़ों के अनुसार भारत में 2019 में दलितों के खिलाफ कुल अपराधों का 84% हिस्सा नौ राज्यों में था; हालांकि वे देश की अनुसूचित जाति की आबादी का केवल 54% थे। यह राज्य हैं राजस्थान, मध्य प्रदेश, बिहार, गुजरात, तेलंगाना, उत्तर प्रदेश, केरल, ओडिशा और आंध्र प्रदेश। दलितों के खिलाफ अपराधों की राष्ट्रीय औसत 22.8 प्रति लाख एस.सी. जनसंख्या का था, राजस्थान में सबसे अधिक 55.6 रहा। पंजाब, जहां अनुसूचित जाति का

आबादी अनुपात सबसे अधिक है, में अपराधों की दर सबसे कम राज्यों में रही; प्रति लाख एस.सी. आबादी पर 1.9 अपराध। बेशक 1.9 अपराध प्रति लाख भी क्यों हो? शून्य होना चाहिए। लेकिन दूसरे राज्यों के मुकाबले कहीं बेहतर अच्छे आंकड़ों के पीछे सिखी मूल्यों को पहचानकर और अच्छा किया जा सकता है।

केवल दलित वर्ग के प्रति ही अपराध कम नहीं हैं, बल्कि पंजाब में दूसरे अल्पसंख्यक भी बहुत सुरक्षित हैं। पंजाब में मुस्लिम आबादी 2% से कम है। मुसलमानों के खिलाफ हिंदुत्वियों के नफरती प्रचार का पंजाब में कोई असर नहीं है। इतना ही नहीं जब नवंबर 1984 में दिल्ली और देश के विभिन्न शहरों में लगभग 30000 से ज्यादा सिखों का हिंदुत्वी भीड़ (जिसमें दलित भी थे) के हाथों नरसंहार हुआ, उस समय में भी कभी ऐसा सुनने में नहीं आया कि सिखों की भीड़ पंजाब के हिंदूओं को मारने निकली हो। भ्रष्ट विभाजनकारी भारती राजनीति द्वारा बहुत विषम परिस्थितियों के बावजूद सिखों के मानवतावादी मूल्यों का बार-बार प्रकट होना विस्मयकारी है। इसे प्रोफेसर पूरन सिंघ के मशहूर वाक्यांश द्वारा ही संक्षेप में कहा जा सकता है, "पंजाब वसदा गुरां दे नां ते।"

रोनकी राम अपनी सिख विरोधी मानसिकता के चलते झूठ और भद्दे वर्णन से भी पीछे नहीं हटते:

> "ऐसा कम ही होता है कि किसी सिख डेरे का मुखिया गैर जट्ट सिख हो। अगर होगा भी तो वह कभी दलित नहीं हो सकता। सिख डेरों में अधिकांश दलित सिखों की भागीदारी केवल विभिन्न प्रकार की तुच्छ सेवाओं के साथ-साथ पवित्र पाठ (गुरु ग्रंथ साहिब) के वर्णन और कीर्तन (पवित्र भजनों का संगीतमय प्रतिपादन) तक ही सीमित है। जो लोग कीर्तन करते हैं उन्हें रागी कहा जाता है, पेशेवर कथाकारों को ग्रंथी के रूप में नामित किया जाता है और अन्य जो सेवा प्रदान करते हैं उन्हें सेवादार कहा जाता है। अधिकांश रागी, ग्रंथी और सेवादार दलित सिख हैं। बहुत कम जट्ट सिख इस तरह के पेशे को अपनाते हैं (क्षेत्रीय बातचीत के आधार पर)।" (रोनकी राम, नवंबर 2016)

"क्षेत्रीय बातचीत के आधार पर" वर्णन न सिर्फ झूठ है, बल्कि यह सिखों की धार्मिक भावनाओं का अनादर भी है। गुरु ग्रंथ साहिब जी के पाठ, कथा, कीर्तन और गुरुद्वारे में सेवा को "तुच्छ" सेवाएं (menial services) लिखना बहुत आपत्तिजनक है। रोनकी

राम को यह भी बताना चाहिए था कि उनके 'प्रबुद्ध' डेरों में कौनसी सेवाएं होती हैं, और उन सेवाओं को कौन करता है? कहीं रोनकी राम डेरा अनुयायियों को सिरसा वाले डेरे की गुफा में दी जाने वाली 'सेवाओं' की ओर प्रेरित तो नहीं कर रहे?

सिख समाज में कथा या कीर्तन करने वाले प्रचारकों का बहुत आदर है। सभी जाति के लोग "इस तरह के पेशे को अपनाते हैं"। बल्कि सिख प्रचारक अपने नाम के साथ केवल 'सिंघ' या 'कौर' ही लगाते हैं। जिससे अधिकांश संगत को प्रचारक की जाति का न तो कभी पता चलता है और न ही कभी इसे जानने की संगत को इच्छा होती है। गुरबाणी की कथा या कीर्तन बहुत विशाल कार्यक्षेत्र है। जहां कीर्तन से गुरमत संगीत कला की ऊंचाइयों को छूने की अपार संभावनाएं हैं, वहीं कथा से गुरबाणी विचार की गहराइयों के साथ-साथ ऐतिहासिक खोज के नए आयाम खुलते हैं। प्रसिद्धि प्राप्त कीर्तनकार और कथाकार सभी जातियों से आते हैं जो अकसर सिख समाज में प्रभावकारी व्यक्तित्व होते हैं। और उनकी प्रसिद्धि पूर्ण रूप से उनकी अपनी योग्यता के आधार पर है, न कि किसी जाति के आधार पर।

"जबकि पार्टियां ऐसी बात करती हैं जैसे वे पंजाब में सोशल इंजीनियरिंग का आविष्कार कर रही हैं, तथ्य यह है कि यह सुरक्षा वाल्व पहले से मौजूद हैं। उदाहरण के लिए, दो सबसे महत्वपूर्ण और सर्वोच्च सिख संस्थानों के प्रमुख तथाकथित निचली जातियों से आते हैं। ज्ञानी हरप्रीत सिंघ, अकाल तख्त के कार्यवाहक जत्थेदार, सिखों की सर्वोच्च कालिक सीट, अनुसूचित जाति (एससी) पृष्ठभूमि से आते हैं। इसी तरह शिरोमणि गुरुद्वारा प्रबंधक कमेटी की अध्यक्ष बीबी जागीर कौर पिछड़ा वर्ग (बीसी) पृष्ठभूमि से आती हैं।" (आईपी सिंघ, टाइम्स ऑफ इंडिया, 20 जुलाई 2021)

दलितों की भूमिहीनता एक गंभीर विषय है। लेकिन रोनकी राम सरकार से अपेक्षा या समाधान नहीं मांगते, वह इसमें भी केवल जट्ट-दलित दृष्टिकोण की पैठ छोड़ते हैं:

"भारत में कहीं भी, दलित इतने बड़े पैमाने पर कृषि भूमि से वंचित नहीं हैं जितना कि पंजाब में। वे राज्य में कुल परिचालन जोत का केवल 5.98 प्रतिशत साझा करते हैं और खेती के तहत कुल क्षेत्रफल का केवल 3.20 प्रतिशत हिस्सा लेते हैं। चूँकि पंजाब में (एक कृषि प्रधान अर्थव्यवस्था होने के नाते) भूमि का स्वामित्व सामाजिक स्थिति को निर्धारित करने में अत्यधिक महत्व रखता है, दलितों के बीच भूमिहीनता उनकी सामाजिक स्थिति को

अत्यधिक प्रभावित करती है। दलितों के बीच अत्यधिक भूमिहीनता और वैकल्पिक रोजगार के अवसरों के अभाव ने उनमें से एक बड़ी संख्या को जमींदारों की भूमि पर काम करने के लिए कृषि श्रम में धकेल दिया, जो हमेशा जाट सिख थे।" *(रोनकी राम, नवंबर 2016)*

वैसे केवल पंजाब नहीं, पूरा भारत ही कृषि प्रधान अर्थव्यवस्था है। रोनकी राम "दलितों के बीच अत्यधिक भूमिहीनता" का हर लेख में इस तरह जिक्र करते हैं, मानो दलितों की ज़मीन जट्टों ने छीनी हो। वह दलित समाज को जट्ट समाज के खिलाफ भड़का कर पूंजीपतियों द्वारा संचालित अर्थव्यवस्था की सरकारी नीतियों से ध्यान भटका रहे हैं। इन नीतियों के चलते पंजाब समेत पूरे देश में किसान तो खुद अपने अस्तित्व की लड़ाई लड़ रहा है। इसी के चलते 2020-21 में किसान आंदोलन हुआ था जिसका पंजाब के किसानों ने नेतृत्व किया था। रोनकी राम दलित समाज को किसके इशारे पर जट्ट किसानों के खिलाफ खड़ा कर रहे हैं? भूमिहीनता की बात ब्राह्मण या बनिया भी तो कर सकता है। यकीनन इसका जवाब यही मिलेगा कि ब्राह्मण-बनिया का प्रशासन, नौकरियों और व्यापार पर कब्ज़ा है। तो इसका मतलब यह हुआ कि भूमि-धारक या भूमि-हीन से ज्यादा अहम सवाल यह है कि सरकार की आर्थिक नीति में नागरिक को कहां रखा गया है।

अगर भूमि धारक होने से ही स्थिति ठीक हो जानी थी, तो इस तथ्य पर भी ध्यान दिया जाए:

"बिहार और उत्तर प्रदेश के छोटे किसानों को एक अनोखी समस्या का सामना करना पड़ता है। अपने राज्यों में जमीन के मालिक होने के बावजूद वे पंजाब और हरियाणा में मजदूर के रूप में काम कर रहे हैं। कुछ प्रवासी मजदूरों का कहना है कि उनके राज्यों में खेती लाभदायक नहीं है क्योंकि उन्हें अपनी फसलों का अच्छा मूल्य नहीं मिलता है।" (अनंद पटेल, इंडिया टुडे, 17 दिसंबर 2020)

वहीं दूसरी तरफ पंजाब के किसान अपनी ज़मीनें बेचकर विदेशों में पलायन कर रहे हैं।

"अपने गृह राज्य में सिकुड़ती भूमि जोत तेजी से अव्यावहारिक हो गई है, कई पंजाबी और पड़ोसी हरियाणा के कुछ किसानों ने भी जॉर्जिया में

सस्ती जमीन खरीदने की संभावनाएं तलाशना शुरू कर दिया है...” (चंद्र सुत डोगरा, द हिंदु, 16 नवंबर 2021)।

दूसरे देश जहां पंजाब के किसान कई सालों से खेती कर रहे हैं, वह हैं कनाडा, कैलिफोर्निया, ऑस्ट्रेलिया, पूर्वी अफ्रीका, अर्जेंटीना, बोलीविया, इत्यादि। हम सभी यह भी जानते हैं कि पंजाब से पलायन करके अधिकांश लोग विदेशों में मजदूरी तथा ट्रक ड्राइवरी भी करते हैं।

पंजाब के रविदास समाज ने भी भारी संख्या में विदेशों में प्रवास किया है, लेकिन किसानी को बहुत कम ने ही चुना है। विदेशों में “कृषि भूमि से वंचित” होने का पैमाना तो सभी प्रवासियों के लिए बराबर ही माना जाना चाहिए। लेकिन पंजाब के (जट्ट) किसानों में से बहुतों ने विदेशों में जाकर भी किसानी को नहीं छोड़ा। कैलिफोर्निया राज्य की 9.6 मिलियन एकड़ कृषि भूमि में से तकरीबन 10% खेत लगभग 3,000 पंजाबी मूल के लोगों के पास हैं। युबा सिटी से कर्मदीप सिंह बैंस का कहना है-

“यह कठिन और कठिन होता जा रहा है। यह वह कृषि नहीं है जो मेरे पिता, मेरे दादा और मेरे परदादा करते थे। लेकिन कोई फर्क नहीं पड़ता (चाहे) पंजाब हो या कैलिफोर्निया या कहीं भी, पंजाबी कभी भी खेती नहीं छोड़ेंगे। यह हमारे डीएनए में है।” (वुफ़्रेई यू, हाई कंटरी निउज़, 22 फरवरी 2021)

कहने का मतलब यह हुआ कि बिहार, उत्तर प्रदेश जैसे राज्यों में किसानी से होने वाली आय से पंजाब और हरियाणा में मजदूरी की आय अधिक है। और पंजाब में किसानी से होने वाली आय से विदेशों में मजदूरी तथा किसानी की आय अधिक है। भारत में कृषि बहुत बुरे समय से गुज़र रही है। बढ़ते कर्ज के चलते पूरे भारत वर्ष में किसानों की आत्महत्याओं की ख़बरें आम बात हो गई है। पंजाब सरकार के आंकड़ों के मुताबिक, पंजाब में भी साल 2000-2019 में 3,300 किसानों ने आत्महत्या की है।

रोनकी राम के लेखों में सरकार की उन आर्थिक नीतियां की ममीक्षा पूरी तरह से गायब हैं जिसके चलते देश की संपत्ति कुछ पूंजीपतियों के कब्जे में जा रही हैं। इन नीतियों के कारण भारत में असमानता भयंकर रूप से बढ़ रही है। किसान मज़दूर दोनों इन नीतियों का सीधे रूप से शिकार हो रहे हैं। ऐसे में किसान-मजदूर एकता जिंदाबाद का नारा बुलंद होना चाहिए।

बढ़ते कृषि संकट के बीच चाहे दलितों की भूमिहीनता को कम करना कोई असरदार हल तो नहीं, पर कुछ हद तक लाभकारी हो सकता है। पंजाब के दलितों की भूमिहीनता को कम करने के लिए खेती के लिए उपलब्ध शामलात भूमि (गांव की सांझी भूमि) का उपयोग एक रास्ता मौजूद है। राज्य सरकार के रिकॉर्ड के अनुसार, राज्य में कुल 1.57 लाख एकड़ शामलात भूमि खेती के लिए उपलब्ध है। इसमें से लगभग एक तिहाई या लगभग 53,000 एकड़ अनुसूचित जाति के लिए आरक्षित है, और उन्हें वार्षिक पट्टे पर दिया जाता है। लेकिन लच्चर कानून व्यवस्था के चलते कई बार यह ज़मीन भी जरूरतमंद दलितों को मिलने की बजाए इन पर गैर कानूनी ढंग से प्रभावकारी जमींदार कब्ज़ा कर लेते हैं। हालांकि इसका एक स्थायी समाधान है कि राज्य सरकार को गांवों के अनुसूचित जाति के लोगों को खेती के लिए उपलब्ध शामलात भूमि को पूर्ण स्वामित्व और पट्टा या टाइटल डीड के साथ दे देना चाहिए।

डेरा प्रमुख इस तरह की मांगें राजनेताओं के आगे क्यों नहीं रखते जब वह इनके पास वोट बटोरने के मकसद से आते हैं? होता इसके ठीक उलट है। डेरेदार राजनेताओं से मोल-तोल तो करते हैं, लेकिन अपने अनुयायियों के लिए नहीं। नतीजा, जो ज़मीन दलित समाज के भूमि-हीन किसानों में बटनी चाहिए थीं, उन पंचायती ज़मीनों पर पंजाब के डेरों ने बड़े पैमाने पर कब्ज़ा किया हुआ है। किसान नेता और समाज सेवक सरदार बलदेव सिंह सिरसा इस भू माफिया के खिलाफ कई सालों से संघर्ष कर रहे हैं। उन्होंने बताया कि राधा स्वामी सत्संग ब्यास के डेरा प्रमुख गुरिंदर सिंह ढिल्लों ने 20-22 गांवों में हजारों एकड़ जमीन पर अवैध कब्जा कर रखा है। इसके अलावा कई गांवों के गरीबों के 2-2 मरले के भूखंडों पर अवैध कब्जा कर लिया है। बलदेव सिंह सिरसा ने विभिन्न राजनीतिक दलों, उच्च न्यायालय, राष्ट्रीय अनुसूचित जाति आयोग और यहां तक कि सांसद धर्मवीर गांधी के माध्यम से केंद्रीय गृह मंत्री राजनाथ सिंह से संपर्क किया। पर प्रशासन की तरफ से कोई कार्रवाई नहीं हुई। (रोजाना सपोकस्मैन, फरवरी 15, 2019) अतिक्रमण के कारण डेरे के ऊपर ब्यास नदी के प्राकृतिक प्रवाह में बदलाव के भी गंभीर दोष हैं। रोनकी राम दलित हितों की रक्षा हेतु सरदार बलदेव सिंह सिरसा का इस संघर्ष में साथ देंगे? "उभरती दलित चेतना" इस तरफ से पूरी तरह अचेत है और जानबूझिकर अचेत रखी जा रही है।

यहां पर अनंदपुर साहिब रैज़ोलूशन (1973) की कुछ मांगों का भी जिक्र करना बनता है:

"प्रस्ताव संख्या 3:

(आर्थिक नीति संकल्प)

शिरोमणि अकाली दल की आर्थिक नीतियों और कार्यक्रम के प्रेरणा के मुख्य स्रोत गुरु नानक और गुरु गोबिन्द सिंघ की धर्मनिरपेक्ष, लोकतांत्रिक और समाजवादी अवधारणाएं हैं। हमारा आर्थिक कार्यक्रम तीन सिद्धांतों पर आधारित है:

(क)   श्रम की गरिमा।
(ख)   एक आर्थिक और सामाजिक संरचना जो समाज के गरीब और पिछड़े वर्गों के उत्थान के लिए प्रदान करती है।
(ग)   पूंजीपतियों के हाथों में आर्थिक और राजनीतिक सत्ता के केंद्रीकरण का बेरोकटोक विरोध।

.....

शिरोमणि अकाली दल अगले दस वर्षों के दौरान केंद्र और राज्य सरकारों से बेरोजगारी मिटाने का आह्वान करता है। इस उद्देश्य को आगे बढ़ाते हुए, कमजोर वर्गों, अनुसूचित और दलित वर्गों, श्रमिकों, भूमिहीन और गरीब किसानों और शहरी गरीब किसानों और शहरी गरीबों की स्थिति में सुधार पर विशेष जोर दिया जाना चाहिए। इन सभी के लिए न्यूनतम मजदूरी तय होनी चाहिए।

.....

शिरोमणि अकाली दल दृढ़ता से महसूस करता है कि अनुसूचित वर्गों से संबंधित लाखों शोषित व्यक्तियों की स्थिति को सुधारने की सबसे बड़ी राष्ट्रीय समस्या है। ऐसे उद्देश्य के लिए शिरोमणि अकाली दल केंद्र और राज्य सरकारों से विशेष धन निर्धारित करने का आह्वान करता है। इसके अलावा, राज्य सरकारें शहरी और ग्रामीण दोनों क्षेत्रों में अनुसूचित जातियों को मुफ्त आवासीय भूखंड देने के लिए अपने-अपने बजट में पर्याप्त धनराशि आवंटित करें।

.....

प्रस्ताव संख्या 8

शिरोमणि अकाली दल के इस सम्मेलन में केंद्र और राज्य सरकारों से गरीबों और मजदूर वर्गों पर विशेष ध्यान देने की अपील की गई और मांग की गई कि न्यूनतम मजदूरी अधिनियम में उपयुक्त संशोधन करने के अलावा मजदूर वर्ग की आर्थिक स्थिति में सुधार के लिए उपयुक्त कानूनी कदम उठाए जाएं, जिससे एक सम्मानजनक जीवन जीने और देश के तीव्र औद्योगीकरण में उपयोगी भूमिका निभाने में सक्षम बन पाएं।

.....

प्रस्ताव संख्या 11

शिरोमणि अकाली दल की यह विशाल सभा भारत सरकार पर बहुत जोर देती है कि अनुसूचित और गैर-अनुसूचित जातियों के आर्थिक पिछड़ेपन को ध्यान में रखते हुए उनके कल्याण के लिए बजट में उनकी जनसंख्या के अनुपात में प्रावधान किया जाना चाहिए। उन्हें आरक्षण के आधार पर न्याय दिलाने के लिए व्यावहारिक उपाय के रूप में केंद्र में एक विशेष मंत्रालय बनाया जाना चाहिए।

सत्र में सरकार से यह भी आह्वान किया गया है कि पहले से किए गए समझौते को ध्यान में रखते हुए देश के किसी भी हिस्से में सिख और हिंदू हरिजनों के बीच कोई भेदभाव नहीं किया जाना चाहिए।"

अनंदपुर साहिब रैज़ोलूशन (1973) की मांगे केवल सिख या पंजाब विशेष नहीं थी, यह दलित वर्ग के हित में तथा भारत के संघीय ढांचे को बचाने की कोशिश थी। लेकिन इसे हिंदु-सिख का मुद्दा बना दिया गया, जिसमें सिखों के खिलाफ वामपंथी और हिंदुत्वी एक साथ खड़े थे। इन मांगों को लेकर सिखों ने धर्म युद्ध मोर्चा लगाया जिसे कुचलने के लिए भारत सरकार ने जून 1984 को सिखों के दिल और केंद्रीय धार्मिक स्थान दरबार साहिब, अमृतसर में फौजी हमला किया। इस हमले में कई बेगुनाह बच्चे, जवान, बूढ़े और महिलाओं को मार दिया गया।

इन सभी जटिलताओं को छिपाते हुए रोनकी राम भूमिहार-भूमिहीन के नाम पर जट्ट-दलित की विभाजनकारी कार्यावली कर रहे हैं। लेकिन जाने अनजाने में रोनकी राम से कुछ पते की बात भी लिखी गई है:

"लेकिन जट्ट सिखों के विपरीत, दलित तीक्षणता से 38 जातियों में विभाजित हैं, जो विभिन्न धर्मों (हिंदू धर्म, सिख धर्म, ईसाई धर्म और बौद्ध धर्म) में बिखरे हुए हैं, ज्यादातर भूमिहीन, आर्थिक रूप से हाशिए पर हैं, सामाजिक रूप से उत्पीड़ित और राजनीतिक रूप से उपेक्षित हैं। यह जाट सिखों और दलितों के अन्यथा संख्यात्मक रूप से तुलनीय समुदायों के बीच अत्यधिक असमानता के संदर्भ में है कि जाति पदानुक्रम का विशिष्ट पैटर्न पंजाब में विवेचनात्मक महत्व रखता है।" (रोनकी राम, अक्तूबर 2007)

रोनकी राम ने ठीक लिखा कि जहां पंजाब के लगभग सभी जट्ट एक ही धर्म (सिख) से हैं, पंजाब के दलित लगभग 38 जातियों और 4 धर्मों में बटे हैं। बल्कि डेरे इन्हें और कई हिस्सों में विभाजित कर देते हैं। दलितों का कई गुटों में विभाजित होना उन्हें एक संगठनात्मक शक्ति बनने से रोकता है। हम शुरु से यही बात बताने की कोशिश रहे हैं कि सिख धर्म ही एकमात्र प्लैटफ़ॉर्म (संगत) प्रदान करता है जिसने सभी वर्गों के लोगों को एक सिद्धांत के नीचे इकट्ठा किया। इस प्लैटफ़ॉर्म ने सभी जनजातियों, कबीलों की खूबियों को एक दूसरे से साझा करने का अवसर दिया।

भीलवाड़ा, राजस्थान, से दलित लेखक भंवर मेघवंशी ने अपनी आत्मकथा लिखी है- "मैं एक कारसेवक था"। वह तेरह साल की उम्र से राष्ट्रीय स्वयंसेवक संघ से जुड़े हुए थे। उन्होंने माना की संघ दलित और आदिवासी समाज को मरने मारने के लिए फुट सोलजर की तरह इस्तेमाल करती है। 1992 में बाबरी मस्जिद के विध्वंस के लिए अधिकतर दलितों को ही आगे रखा गया था, जिनके मन में मुसलमानों के प्रति नफरत पैदा की गई थी। भंवर मेघवंशी भी 'कार सेवा' के लिए भीलवाड़ा से ट्रेन में बैठे थे पर उन्हें अयोध्या पहुंचने से पहले ही आगरा में अस्थायी जेल में 10 दिनों के लिए बंद कर लिया गया। जब भंवर मेघवंशी को राष्ट्रीय स्वयंसेवक संघ के दलितों के प्रति निम्न विचारों का अहसास हुआ, तब उन्होंने संघ को त्यागकर अपना अनुभव दूसरों से साझा करने की ठानी। वह लिखते हैं:

"मैंने अपनी व्यक्तिगत पीड़ा और अपमान को निजी दुश्मनी बनाने की बजाय सामाजिक समानता, अस्मिता एवं गरिमा की सामूहिक लड़ाई बनाना तय किया और एक प्रतिज्ञा की कि मैं अब हर तरीके से संघ और संघ परिवार के समूहों तथा उनके दोगले विचारों की बोलकर, लिखकर और अपने क्रियाकलापों के जरिये मुखालफत करूंगा।" (मैं एक कारसेवक था, भंवर मेघवंशी)

चमार समुदाय से संबंधित अशोक भवनभाई परमार 'मोची' को गुजरात नरसंहार 2002 की बर्बरता का पोस्टर बॉय बना दिया गया था। अब मुस्लिम विरोधी हिंसक भीड़ का हिस्सा बनने पर अशोक मोची खुल कर पश्चाताप का इज़हार करता है और दलित-मुस्लिम एकता की बात करता है।

यह कटु सत्य है कि दलित समाज को हिंसा की घटनाओं में फुट सोलजर की तरह इस्तेमाल किया जाता रहा है। नवंबर 1984 में सिखों का नरसंहार, 1992 में बाबरी विध्वंस, गुजरात 2002 में मुसलमानों का नरसंहार, या दिल्ली 2020 में मुसलमानों के प्रति हिंसा। भंवर मेघवंशी या अशोक मोची जिस मानसिकता से मुक्त होकर दूसरों को सचेत कर रहे हैं, रोनकी राम उसी गुलाम मानसिकता में दलितों को सिख विरोधी डेरों के फुट-सोल्जर बना रहे हैं। बड़े अफसोस की बात है कि यह दलित चिंतन के नाम पर स्वीकार किया जा रहा है।

दलित साहित्य किसे कहा जाए और किसे नहीं? क्या गैर-दलित द्वारा लिखा साहित्य दलित साहित्य कहा जा सकता है? दलित समाज में इस विषय पर गंभीर चर्चा चल रही है। दलित या गैर-दलित की बहस में साफ नीयत और बदनीयत की पहचान धूमिल नहीं पढ़नी चाहिए। सच्चे आचार एवं कथनी-करनी के सूरे चिंतकों द्वारा दलित समाज की जागरूकता, उत्थान और एकजुटता के लिए लिखा साहित्य ही कल्याणकारी दलित साहित्य कहा जा सकता है। सच चाहे सदैव अग्रिम होता है, लेकिन सच के भी ऊपर सच्चा आचार है:

सचहु औरै सभु को उपरि सचु आचारु ॥

(गुरु ग्रंथ साहिब, महला १, अंग 62)

हमने इस लेख की शुरुआत उन कलमों से की थी जिन्हें जला देना (पहचानना) बहुत ज़रूरी है। क्योंकि डर, लालच, ईर्ष्या, द्वेष व निजी स्वार्थों की बाध्यता में लिखे गए लेख समाज को पहले से भी अधिक बंधनों में जकड़ लेते हैं। समाज का उद्धार वह धन्य कलम व लेखारी ही कर सकते हैं जिन्होंने निरभउ निरवैर नाम के मानक पर खरा सच लिखा हो:

धनु सु कागदु कलम धनु धनु भांडा धनु मसु ॥
धनु लेखारी नानका जिनि नामु लिखाइआ सचु ॥

(गुरु ग्रंथ साहिब, महला १, अंग 1291)

डॉ. धर्मवीर का आजीवक धर्म

आज दलित समाज में असमानता पर खड़ी व्यवस्था के खिलाफ उल्लेखनीय जाग्रति आई है। जिसे हज़ारों सालों से धर्म के नाम पर बेचा जा रहा था, बहुत से दलित चिंतक खुल कर ब्राह्मणवाद के खिलाफ बोल-लिख रहे हैं। पर जितना बड़ा दलित समाज है और जिस बड़े पैमाने पर लोगों में मान्यताओं के नाम पर भ्रम हैं, अभी बहुत कार्य अधूरा है और जनशक्ति की बहुत कमी है। इस कमी के चलते कई बार ऐसे लोग भी बुद्धिजीवियों की श्रेणी में गिने जाने लगते हैं जो संदेहों को खड़ा करके संघर्ष को दिशाहीन कर सकते हैं। इसी श्रेणी में डॉ. धर्मवीर का नाम गिना जाना चाहिए जो पुनर्जन्म को तो नहीं मानते, जो अच्छी बात है, परंतु सदियों पहले लुप्त हो चुके आजीवक धर्म को 'पुनर्जन्म' देने की अवास्तविकता में दूसरों को भ्रमित कर रहे हैं। धर्मवीर की किताब 'महान आजीवक- कबीर, रैदास और गोसाल' का विश्लेषण पाठकों के लिए लाभकारी होगा, इसलिए नहीं कि उन्होंने साहित्य में कोई मानदण्ड स्थापित किया है, बल्कि इसलिए कि एक ही बार में बहुत सारे पथभ्रष्ट विचारों की चर्चा की जा सकती है जिनसे समाज को सावधान होना ज़रूरी है।

धर्मवीर अपनी एक और किताब 'कबीर के कुछ और आलोचक' में लिखते हैं:

> *"सिख धर्म क्षत्रियों का तीसरा धर्म है। इससे पहिले भारत के क्षत्रिय इस देश को बौद्ध और जैन धर्म के नामों से दो धर्म दे चुके थे। क्षत्रियों के तीनों धर्मों की विशेषता यह है कि तीनों वर्ण-व्यवस्था और पुनर्जन्म में विश्वास रखते हैं।"*

इस मायने से म्यानमार, थाइलैंड, जापान, इत्यादि के लोग बौद्ध बनने से वर्ण-व्यवस्था में आ गए होंगे। इन तीन पंक्तियों में ही ढेरों गलतियां हैं। अगर धर्मवीर यह मानते हैं कि कबीर और रैदास पुनर्जन्म को नकारते हैं तो सिख पुनर्जन्म को कैसे मान सकते हैं? क्या वह यह नहीं जानते कि भगत कबीर जी और भगत रविदास जी की बाणी भी गुरु ग्रंथ साहिब में है। सिख धर्म को वर्ण-व्यवस्था से जोड़ना एक घटिया जुमला है। वर्ण-व्यवस्था के खिलाफ सिख संरचनाएं एवं गुरबाणी के कई प्रमाण हम दे चुके हैं।

बुद्ध धर्म राज सत्ता के संरक्षण में ज़रूर फैला, लेकिन 'ऐतिहासिक पक्ष' में हम अच्छी तरह समझ आए हैं कि सिख धर्म का पसार मुग़ल-क्षत्रिय राजनीतिक गठजोड़ के दमन चक्र की विपरीत परिस्थितियों के दौरान हुआ है। और जब सिखों के पास राज आया तो किसान-श्रमिकों के हाथ में ही ज्यादा ताकत आई, खत्रियों के नहीं। दरअसल भ्रम फैलाना धर्मवीर के लिए आजीवक धर्म को दलितों का एकमात्र धर्म के अफ़साने की ज़मीन तैयार करने के लिए ज़रूरी था।

आजीवक धर्म की स्थापना मक्खलि गोसाल द्वारा की गई मानी जाती है। मक्खलि गोसाल महावीर (जैन) के समकाली और बौद्ध धर्म से पहले हुए हैं। इनकी विचारधारा का वर्णन करते हुए धर्मवीर अपनी किताब 'महान आजीवक - कबीर रैदास और गोसाल' में लिखते हैं:

> "ब्राह्मणों, बौद्धों और जैनियों के पुनर्जन्म में विश्वास रखने वाले सिद्धांत के बाद अब मक्खलि गोसाल के आजीवक चिन्तन पर आया जाए। पुनर्जन्म पर उनके क्या विचार हैं? उनके विचार यह है कि पुनर्जन्म नहीं होता। उनका पहला सूत्र है- ना धम्मो 'त्ति। उनका दूसरा सूत्र है- ना तवो 'त्ति। उनका तीसरा सूत्र है- नत्थि पुरिस्कारे। कोई ऐसा धर्म नहीं है जो तुम्हें मरने के बाद अमुक योनि में पैदा कर देगा; कोई ऐसा तप नहीं है जो तुम्हें मरने के बाद अमुक योनि में पैदा कर देगा; कोई ऐसा पुरस्कार नहीं है जो तुम्हें मरने के बाद पुनर्जन्म के रूप में मिलने वाला है। तभी पुनर्जन्म को हटा कर मक्खलि गोसाल ने 'नियति' का शब्द दिया है। गोसाल के इसी सिद्धांत को मध्य काल में हमारे रैदास और कबीर ने आगे बढ़ाया था।"

"हमारे रैदास और कबीर" में पाठक "हमारे" की शब्दावली के ऊपर ज़रूर ध्यान दें। "हमारे" में कौन आता है और कौन नहीं, आगे चलकर और स्पष्ट होगा।

'नियतिवाद' का सिद्धांत आजीवक धर्म का मूल है। परन्तु इसे समझने के लिए धर्मवीर जो सलाह देते हैं वह इस प्रकार है:

> "नियति पर अधिक शास्त्रीय जानकारी कहाँ से प्राप्त की जाए जो आजीवक दर्शन को समझने में मदद कर सकता है? इस के लिए जैन ग्रंथों की सहायता ली जा सकती है क्योंकि आजीवक धर्म और जैन धर्म का आपसी आरम्भिक रिश्ता रहा है। इस का अर्थ यह नहीं लगाया जा सकता कि नियति पर जो विचार

जैन दर्शन के हैं, हू-ब-हू वे ही विचार नियति पर आजीवक दर्शन के भी हैं। उन में फर्क है, और भारी फर्क है, पर अच्छी बात यह है कि सन्दर्भ बना रहता है।"

आजीवक धर्म के मूल सिद्धांत को समझने के लिए आजीवकों को दूसरे धर्मों के ग्रंथ ही पढ़ने होंगे। यह ऐसे है जैसे कि ईसाई धर्म की जानकारी आप कुरान या हदीस से लें। या फिर इस्लाम की जानकारी नागपुर से छपती आर.एस.एस. की किताबों से प्राप्त करें। यकीनन यह हास्यास्पद है। आजीवक धर्म पर ऐतिहासिक तल पर शोध तो हो सकता है, पर एक इतिहासकार का दूसरे से भिन्न परिणाम निकालना सामान्य है। ऐतिहासिक खोज पर खड़ा धर्म पैगंबर का नहीं बल्कि खोजकर्ता की सीमित समझ पर अवधारित रहेगा। ऐसे धर्म के अनुयायी पैगंबर को समझने के भ्रम में खोजकर्ता के चिंतन तक सीमित रह जाते हैं। इसलिए जिस आजीवक धर्म की बात धर्मवीर कर रहे हैं, वह गोसाल का नहीं, धर्मवीर का अपना है। धर्मवीर ने तो गोसाल, कबीर और रैदास का बस नाम इस्तेमाल किया है, बात उन्होंने अपनी ही की है। आजीवक धर्म को जानने के लिए गोसाल को नहीं धर्मवीर को ही पड़ना होगा। इस कारण आजीवकों की समझ और उत्थान डॉ. धर्मवीर की समझ से आगे नहीं बढ़ सकती।

भगत कबीर और भगत रविदास जी की बाणी में न तो मक्खलि गोसाल का नाम आया और न ही उन्होंने खुद को आजीवक कहा, फिर भी धर्मवीर इन्हें गोसाल के उत्तराधिकारी लिखते हैं। क्योंकि वह इस कमी को समझते हैं कि गोसाल की कोई प्रामाणिक रचना नहीं है। इस कमी को दूर करने के लिए और अपनी कल्पना को ऐतिहासिक व धर्मग्रंथ का रूप देने के लिए कबीर व रैदास को गोसाल के साथ जोड़ा गया।

ऐसे 'बुद्धिजीवियों' की विचारधारा का अगर थोड़ा भी विश्लेषण किया जाए तो विरोधाभास प्रत्यक्ष दिखने लगेगा। जिन सिद्धांतों और दर्शन के अवशेष 'बाहरी' ग्रंथों से ढूंढने की बात की जा रही थी, वहीं आजीवकों को बाहरी लोगों से सावधान रहने के लिए इसी किताब की भूमिका में इस तरह लिखते हैं:

"इशारा यह है कि बाहरी लोगों का एक हिस्सा जरूर आजीवक धर्म और दर्शन में आने की कोशिश करेगा। आजीवकों की सफलता यह रहेगी कि किसी एक बाहरी आदमी को भी इस में न आने दिया जाए। आजीवक समाज इसे धरती पर अपनी सबसे बड़ी लड़ाई और होशियारी समझे। यदि

वे बाहरी आदमियों को आजीवक दार्शनिक और धार्मिक होने से रोक सके तो फिर उन्हें किसी दूसरी अक्ल की जरूरत नहीं है। यह समझा जाए कि इसी जगह पूरा घमासान होना है। इस के लिए आजीवक समाज हर रोज चौकस और तैयारी में रहे और अपने धर्म और दर्शन की इन बाहरी लोगों से रक्षा करता रहे।"

धर्मवीर अपनी किताब के प्रसंग की समाप्ति इन पंक्तियां से करते हैं:

"निष्कर्ष यह है कि रैदास और कबीर आदि अपने किसी भी आजीवक महापुरुष के बारे में किसी भी ब्राह्मण की लिखी कोई भी पुस्तक न पढ़ी जाए तो उससे आजीवकों को अपने आजीवक धर्म को समझने में सदैव आसानी रहेगी।"

बात सिर्फ ब्राह्मण लेखकों को न पढ़ने की नहीं है। वह आजीवक लेखक कौन हैं जिन्हें पड़ना है? क्या खुद को आजीवक घोषित करके और पुनर्जन्म नकार देने से ही कोई ब्राह्मणी प्रभाव से मुक्त हो जाएगा? इतना सरल तो यकीनन नहीं है। आंतरिक भाव तो यही हुआ जिसे धर्मवीर सही कहें वह सही है, जिसे वह गलत कहें वह गलत।

यह संकीर्ण सोच किसी तरह भी ब्राह्मणवादी सोच से भिन्न नहीं है। दोनों ही जन्म के आधार पर खुद को श्रेष्ठ मानते हुए 'बाहरी लोगों' को अपने धर्म में शामिल होने से रोकते हैं। और दूसरे समुदायों से घृणा सिखाते हैं। दोनों समाज के हित में नहीं है। हमारा विरोध न तो ब्राह्मण से है और न ही आजीवक से। सभी को अपना धर्म चुनने का अधिकार है; यह एक निजी फैसला है। लेकिन अगर किसी ने दूसरे को नीचा दिखाना और घृणा करना अपना धर्म मान लिया हो, तब यह निजी नहीं रहता। अगर ब्राह्मणवाद का विरोध समाज के भले के लिए है, तो धर्मवीर के आजीवकवाद की आलोचना भी ज़रूरी है।

धर्मवीर की विचारधारा समानता के लिए संघर्ष में से नहीं निकली, बदले और वैर की भावना से निकली है। तभी तो धर्मवीर कहते हैं कि कबीर ने यह सूत्र दिया है कि "जो व्यक्ति ब्राह्मण और ब्राह्मणवाद में अन्तर करता है, समझ लो, उस ने ब्राह्मण को समझना बन्द कर दिया है।" यह भगत कबीर जी को भी खुद की तरह नस्लवादी समझते हैं। भगत जी तो हर किसे में अल्लाह का नूर देखते हैं और जन्म के आधार

पर किसे को भला या मंदा नहीं कह सकते। भगत जी उसी ज्ञान को पूरा कहते हैं जो सभी जीवों (भूत) में एक प्रभु के समाए होने का अहसास करवाए जिससे सभी विवादों का नाश हो:

अवलि अलह नूरु उपाइआ कुदरति के सभ बंदे ॥
एक नूर ते सभु जगु उपजिआ कउन भले को मंदे ॥

(गुरु ग्रंथ साहिब, भगत कबीर, अंग 1349)

सरब भूत एकै करि जानिआ चूके बाद बिबादा ॥
कहि कबीर मै पूरा पाइआ भए राम परसादा ॥

(गुरु ग्रंथ साहिब, भगत कबीर, अंग 483)

भगत कबीर जी जब देखते हैं कि ब्राह्मण खुद को श्रेष्ठ जाति होने के भ्रम में जीवन व्यर्थ गंवा रहा है तो वह उसे भी अहंकार से रोगमुक्त होने की सीख देते हैं। वह समझाते हैं कि जन्म के कारण अगर ब्राह्मण उच्च होता तो उसका पैदा होने का रास्ता 'आन बाट' (अलग) होता। शूद्र की रगों में अगर खून है तो ब्राह्मण की रगों में भी दूध नहीं बह रहा। माता के गर्भ में किसी की कोई जाति नहीं होती। कबीर जी ब्राह्मण पर दया करते हैं और उसे भी एक नूर का वह ज्ञान देते हैं जिससे ब्राह्मण ब्राह्मणवाद से मुक्त हो सके:

गरभ वास महि कुलु नही जाती ॥ ब्रहम बिंदु ते सभ उतपाती ॥१॥
कहु रे पंडित बामन कब के होए ॥ बामन कहि कहि जनमु मत खोए ॥१॥ रहाउ॥
जौ तूं ब्राहमणु ब्रहमणी जाइआ ॥ तउ आन बाट काहे नही आइआ ॥२॥
तुम कत ब्राहमण हम कत सूद ॥ हम कत लोहू तुम कत दूध ॥३॥
कहु कबीर जो ब्रहमु बीचारै ॥ सो ब्राहमणु कहीअतु है हमारै ॥४॥

(गुरु ग्रंथ साहिब, भगत कबीर, अंग 324)

डॉ. धर्मवीर यहीं नहीं रुकते, वह अपने नफरत से भरे अपशब्द सत्पुरुषों के मुंह में डालने का दुष्कर्म करते हैं। वह भगत कबीर और भगत रामानंद में काल्पनिक वार्तालाप बयान करते हैं जो असल में उनके अपने अंदर की भड़ास है। दरअसल धर्मवीर कुछ लेखकों द्वारा भगत रामानंद जी को भगत कबीर जी का गुरु कहने से परेशान हैं। वह कहते हैं:

"कबीर के गुरु मक्खी और मच्छर हो सकते थे, कबीर के गुरु कुत्ते और बिल्ली हो सकते थे लेकिन रामानंद ब्राह्मण उनके गुरु कभी नहीं हो सकते थे।"

यह फ़ासीवादी भाषा किसी भी तरह से जर्मनी के तानाशाह हिटलर द्वारा यहूदियों की 'कीड़े-मकोड़े' से तुलना करना और भारत के गृह मंत्री अमित शाह का बंगलादेशी प्रवासियों को 'दीमक' कहने से भिन्न नहीं है। कई दलित नेताओं ने ब्राह्मण को गाली निकालना ही अपने चिंतन का पैमाना बना लिया है। खुद को महान दलित चिंतक कहलवाने के लिए ब्राह्मण को लंबी से लंबी गाली देना इन्होंने अनिवार्य बना दिया है। नफरत पर टिका ऐसा चिंतन दलित समाज को और गहरे गड्ढे में धकेल रहा है। इसी सोच के चलते धर्मवीर एक लंबा काल्पनिक वार्तालाप लिखते हैं जो इस तरह शुरु होता है:

रामानंद कहते हैं- "तू जुलाहा है, तू नीच है।" कबीर कहते हैं- "तू घमंडी है, तू बावन रूपी है।" रामानंद कहते हैं- "जुलाहे, तुझे नीच होने के कारण मोक्ष का अधिकार नहीं है, तू जाकर खड्डी पर कपड़े बुन।" कबीर कहते हैं- "बमने, तुझे घमंडी होने के कारण कभी मुक्ति नहीं मिलेगी। तू दुनिया में लबड़ लबड़ करता फिरेगा, सभी से लड़ता फिरेगा, तुझे शांति नहीं मिलेगी, तेरा जन्म अभिशप्त है।" ...

गुरु ग्रंथ साहिब जी के सिख के लिए अपने रहनुमाओं के नाम से इस तरह की भद्दी और घृणास्पद शब्दावली दुखद है। सच्चे बोल और द्वेषपूर्ण कड़वे बोलों में अंतर है। रूहानी रास्ते पर चलने वालों का स्वभाव भी अपने प्रभु स्वामी की तरह मीठे बोलों वाला होता है जो कभी किसी को कड़वा बोल नहीं बोलता। गुरबाणी का फरमान है:

मिठ बोलड़ा जी हरि सजणु सुआमी मोरा ॥
हउ समलि थकी जी ओहु कदे न बोलै कउरा ॥
कउड़ा बोलि न जाने पूरन भगवानै औगणु को न चितारे ॥
(गुरु ग्रंथ साहिब, महला ५, अंग 784)

सिख के लिए न तो इस बात से कोई परेशानी है कि भगत कबीर जी के गुरु भगत रामानंद जी थे, न ही इस बात से कि भगत रामानंद जी के गुरु भगत कबीर जी थे। सिख का चिंतन किंवदंतियों पर आधारित नहीं है। सिख को तो गुरबाणी विचार की असीम गहराइयों में उतर कर हीरे-मोती रूपी सदगुणों को हासिल करना है और यही खजाना दूसरों में बांटना है। क्योंकि सिख का गुरु 'शब्द' है, वह शब्द जो खुद

गुरु द्वारा प्रामाणिक है। यह प्रमाणिकता आजीवक धर्म के पास नहीं है। इसी बात से तो हमने शुरु किया था कि 'शब्द गुरु' के मूल सिद्धांत को समझे बिना सिखी के बारे में कोई भी विश्लेषण सही हो ही नहीं सकता।

सच तो यह है कि धर्मवीर खुद हीन भावना में जकड़े हुए हैं जिस कारण वह बाबा कबीर को 'ऊँची' जाति वाले ब्राह्मण को उपदेश करता नहीं चेत सकते। इस हीनता के चलते एक तरफ तो धर्मवीर कबीर जी के मुंह में अभद्र शब्द डालते हैं, वहीं दूसरी ओर वह यह सोच भी नहीं सकते कि कोई ब्राह्मण कबीर साहिब को गुरु कबीर भी कह सकता है। सिखों को इस हीन भावना से मुक्त कर दिया गया है। गुरबाणी में तथाकथित ऊंची जाति के 'ब्राह्मण' भट्टों ने अपने से तथाकथित नीची जाति के 'खत्री' को गुरु कहा है।

धर्मवीर के मन में जिन भगत रामानंद जी का ब्राह्मण जाति में पैदा होने के कारण इतनी नफरत है, गुरु ग्रंथ साहिब जी में उनका भी एक शब्द है। लेखकों ने भगत रामानंद जी के बारे में क्या कहानियाँ या दंतकथाएं लिखी हैं, वह सिख के विश्वास का हिस्सा नहीं हैं। सिख के लिए भगत रामानंद जी वही हैं जो गुरु ग्रंथ साहिब जी में दर्ज इस एक शब्द के अनुकूल हों:

कत जाईऐ रे घर लागो रंगु ॥ मेरा चितु न चलै मनु भइओ पंगु ॥१॥ रहाउ॥
एक दिवस मन भई उमंग ॥ घसि चंदन चोआ बहु सुगंध ॥
पूजन चाली ब्रहम ठाइ ॥ सो ब्रहमु बताइओ गुर मन ही माहि ॥१॥
जहा जाईऐ तह जल पखान ॥ तू पूरि रहिओ है सभ समान ॥
बेद पुरान सभ देखे जोइ ॥ ऊहां तउ जाईऐ जउ ईहां न होइ ॥२॥
सतिगुर मै बलिहारी तोर ॥ जिनि सकल बिकल भ्रम काटे मोर ॥
रामानंद सुआमी रमत ब्रहम ॥ गुर का सबदु काटै कोटि करम ॥३॥
(गुरु ग्रंथ साहिब, भगत रामानंद, अंग 1195)

अर्थ: हे भाई! और कहाँ जाएं? (अब) हृदय-घर में ही मौज बन गई है; मेरा मन अब डोलता नहीं, स्थिर हो गया है।1। रहाउ।

एक दिन मेरे मन में भी यह चाहत पैदा हुई थी, मैंने चंदन घिसा के इत्र व अन्य कई सुगंधियाँ ले लीं, और मैं मंदिर में पूजा करने चल पड़ी। पर अब तो मुझे वह परमात्मा (जिसको मैं मंदिर में रहता समझती थी) मेरे गुरु ने मेरे मन में ही बसता दिखा दिया है।1।

(तीर्थों पर जाएं चाहे मंदिरों में) जहाँ भी जाएं वहाँ पानी है अथवा पत्थर हैं। हे प्रभु! तू तो हर जगह एक समान भरपूर (व्यापक) है, वेद-पुराण आदि धर्म-पुस्तकें भी खोज के देख ली हैं। मैं तीर्थों या मंदिरों में तब ही जाऊँ अगर परमात्मा मेरे मन में न बसता हो।2।

हे सतिगुरु! मैं तुझसे सदके जाता हूँ, जिसने मेरे सारे मुश्किल भुलेखे दूर कर दिए हैं। रामानंद का मालिक प्रभु हर जगह मौजूद है, गुरु का शब्द करोड़ों कर्मों (भ्रान्तियों) का नाश कर देता है।3।

नोट: भगत रामानंद जी जाति से ब्राह्मण थे। पर धर्म-नायक ब्राह्मणों द्वारा डाले हुए भुलेखों का इस शब्द में खंडन करते हैं कि तीर्थों के स्नान, चंदन का लेप और मूर्ति-पूजा से मन की अवस्था ऊँची नहीं हो सकती। पूरे गुरु की शब्द विचार से सारे भुलेखे दूर हो जाते हैं, और परमात्मा हर जगह व्यापक और अपने अंदर बसता दिख जाता है। यकीनन भगत रामानंद जी ब्राह्मण जाति में पैदा तो हुए, पर ब्राह्मणवाद से खुद भी मुक्त थे और दूसरों को भी मुक्त करवा रहे थे।

गुरु ग्रंथ साहिब जी में भगतों में से सबसे ज्यादा बाणी कबीर जी की दर्ज है। धर्मवीर के पास प्रमाणिकता की कोई कसौटी तो नहीं है, पर वह भगत कबीर जी की बाणी के लिए 'बीजक' ग्रंथ को अधिक मान्यता देते हैं। धर्मवीर ने बिना किसी अर्थ विचार के भगत कबीर और भगत रविदास जी के नाम से लिखे हुए बहुत से काव्यों को किताब में संकलन कर दिया है। इनमें से बहुत सी रचनाओं में न तो सिद्धांतक स्थिरता है और न ही रूहानी उत्कृष्टता। अगर जीवन में शब्द विचार का अभ्यास किया होता तो इन हल्की रचनाओं को सत्पुरुषों से नाम से न जोड़ा जाता। बात समझने के लिए धर्मवीर द्वारा कबीर के नाम से प्रचारित काव्यों के तीन उदाहरण देखिए:

क) ये अंखियां अलसानी हो, पिय सेज चलो।
खंभ पकर पतंग अस डोलै, बोलै मधुरी बानी।
फूलन सेज बिछाय जो राख्यो, पिया बिना कुम्हिलानी॥
धीरे पांव धरो पलंगा पर, जागत ननद जिठानी।
कहै कबीर सुनो भाई साधो, लोक लाज बिलछानी॥ (55)

विश्लेषण: आध्यात्मिक काव्य शैली में परमेश्वर को पति या पिया कहने में कोई दुविधा नहीं। लेकिन पलंग के ऊपर धीरे पांव क्यों रखना है? पलंग क्या है?

ननद-जेठानी से क्या तात्पर्य हुआ, जिन्हें जगाना नहीं चाहिए? अगर 'पलंग' को मन, और 'ननद जेठानी' को विकार भी समझ लें, फिर भी आध्यात्मिक पक्ष रखने का यह कोई शालीन ढंग नहीं है। पिया के किन गुणों को धारण करना है और कौन से विकारों जो जगाने से रोकना है, इसका कोई निर्देश नहीं। ऐसी अशोभनीय शैली भगत कबीर जी के उन शब्दों से मेल नहीं खाती जो गुरु ग्रंथ साहिब में दर्ज हैं।

ख) सैंया निकस गयो, मैं ना लड़ी थी।
ना मैं बोली, ना मैं चाली, ओढ़ चदरिआ अकेली पड़ी थी।
पाँच देवरनियां पचीस जेठनियां, ना जानो कुछ इनने कही थी।
रंग महल में दस दरवाजा, ना जानो कौन खिड़की खुली थी।
कहै कमाली कबीर की बेटी, इस ब्याही ते कुमारी भली थी। (72)

विशलेषण: इस काव्य की आखिरी पंक्ति से ही साफ हो जाता है कि यह कबीर जी का नहीं है, उनकी बेटी कमाली के नाम से लिखा गया है। इस काव्य को भगत कबीर जी की वाणी लिख देना ही, धर्मवीर की शब्द विचार प्रती गैर-गंभीरता को दर्शाता है। इसके अर्थ करने पर पता चलेगा कि कवि अहंकार में लिप्त है। सैंया (प्रभु) के नाराज़ होने का बोध तो है, मगर अपनी कोई गलती मानने को तैयार नहीं- न तो लड़ी, न कुछ गलत बोली, न ही गलत रास्ते पर चाली। 'पाँच देवरनियां' से पाँच विकार और 'दस दरवाजे' से ज्ञान इंद्रियां का अर्थ किया जा सकता है, मगर यह 'पचीस जेठनियां' कौन हैं? 'ब्याही ते कुमारी भली' का मतलब तो यह हुआ कि प्रभु सैंया की संगत पसंद नहीं आई। यह कैसा धार्मिक उपदेश हुआ?

ग) बिरहा बिरहा मत कहो, बिरहा है सुलतान।
जा घट बिरह न संचरे, सो घट जान मसान। (131)

विशलेषण: इस काव्य में 'कबीर' नाम की मोहर नहीं है। असल में यह बाबा फरीद जी की बाणी है। उसमें थोड़ी तबदीली करके बाबा कबीर जी के नाम से संकलन कर दिया गया है। यह शब्द गुरु ग्रंथ साहिब जी में इस तरह से दर्ज है:

बिरहा बिरहा आखीऐ बिरहा तू सुलतानु ॥
फरीदा जितु तनि बिरहु न ऊपजै सो तनु जाणु मसानु ॥
(गुरु ग्रंथ साहिब, शेख फरीद, अंग 1379)

गुरु ग्रंथ साहिब में दर्ज भगत कबीर जी की बाणी में कहीं भी विरोधाभास नहीं है। कबीर जी खुद समझाते हैं कि लोग शब्द-विचार को केवल (साधारण सा) गीत समझ बैठते हैं, पर यह तो परमात्मा के गुणों की विचार है, जो अहंकार से जीते-जी मुक्ति दिलाता है:

लोगु जानै इहु गीतु है इहु तउ ब्रहम बीचार ॥

(गुरु ग्रंथ साहिब, भगत कबीर, अंग 335)

गुरु ग्रंथ साहिब जी से बाहर भगतों के नाम पर बहुत सी रचना मिलती है जो जिज्ञासु को विरोधाभास में डाल देती है। यह अति आवश्यक नुक्ता है जिसकी गंभीरता को समझते हुए सिख गुरुओं ने न केवल गुरु ग्रंथ साहिब जी का खुद संपादन किया, बल्कि 'कच्ची बाणी' से दूर रहने का स्पष्ट फरमान दिया:

सतिगुरू बिना होर कची है बाणी ॥

बाणी त कची सतिगुरू बाझहु होर कची बाणी ॥

कहदे कचे सुणदे कचे कचीं आखि वखाणी ॥

हरि हरि नित करहि रसना कहिआ कछू न जाणी ॥

चितु जिन का हिरि लइआ माइआ बोलनि पए रवाणी ॥

कहै नानकु सतिगुरू बाझहु होर कची बाणी ॥

(गुरु ग्रंथ साहिब, महला ३, अंग 920)

धर्मवीर का बेमेल चिंतन आजीवकों का कहां तक उत्थान कर पाएगा? इसकी तुच्छ सीमा की एक झलक उनके द्वारा भारत के संविधान के किए गुणगान से मिलती है। वह लिखते हैं:

"भारत के संविधान के मूल अधिकार वाले भाग में मिला समता का अधिकार, स्वातंत्र्य अधिकार और शोषण के विरुद्ध अधिकार आजीवकों की बहुत बड़ी सफलता है। शिक्षा के अधिकार और भोजन के अधिकार की संवैधानिक गारन्टी आजीवकों की प्राप्ति का एक बड़ा उत्सव है। संविधान में राज्य की नीति के निदेशक तत्व वाले भाग के अनुच्छेद 51क(ज) में यह लिखा जाना कि 'भारत के प्रत्येक नागरिक का यह कर्तव्य होगा कि वह ...... वैज्ञानिक दृष्टिकोण, मानववाद ज्ञानार्जन तथा सुधार की भावना का विकास करें,'

आजीवक धर्म और दर्शन की सर्वोपरि विजय है। यहां नियतिवाद 'संविधान बनाम पुनर्जन्म' बन कर अपनी जीत की घोषणा कर रहा है।"

उनका यह विचार न सिर्फ नासमझी दर्शाता है बल्कि बेईमानी भी।

बेईमानी: बेईमानी इसलिए कि संविधान में लिखी हर अच्छी बात को वह आजीवकों की सफलता बताते हैं पर आजीवकों का नाम नहीं लेते। नाम इसलिए नहीं लेते क्योंकि नाम की सूची जारी करते हुए उन्हें डॉ. बी. आर. अम्बेडकर का नाम लिखना पड़ता जो संविधान मसौदा समिति के अध्यक्ष थे। और मसौदा समिति के दूसरे सदस्यों के नाम भी लिखने पड़ते जिनमें सवर्ण और मुस्लिम भी थे। धर्मवीर ब्राह्मणों का नाम लिखें यह तो उम्मीद नहीं की जा सकती थी, वह तो डॉ. अम्बेडकर को भी कोई रियायत देने का ईमान नहीं रखते। धर्मवीर डॉ. अम्बेडकर को "जड़ों से दूर" कहते हैं।

ऐसा नहीं कि डॉ. अम्बेडकर की आलोचना नहीं हो सकती, ज़रूर होनी चाहिए। हमने भी की है। आलोचना का मकसद नई परिस्थितियों और जानकारी के चलते पिछली गलतियों को सुधार कर समाज को उन्नत करना होना चाहिए। लेकिन अगर आलोचना दूसरे को नीचा दिखाने की बदनीयत से हो तो इसका असर कबूलने वाला वर्ग और पिछड़ जाएगा, यही पाप धर्मवीर कर रहे हैं। वह लिखते हैं:

"मूल्यांकन यह है कि जो बात डॉ. अम्बेडकर ने ठीक कही है वह आजीवक होने के नाते कही है और जो बात बेठीक कही है वह बौद्ध बनने के नाते कही है।"

इसी (कु)तर्क के आधार पर डॉ. अम्बेडकर का नाम लिख देते क्योंकि संविधान तो उनके बौद्ध धर्म अपनाने से पहले तैयार हो चुका था। संविधान ही क्यों, उनका ज्यादा कार्य और लेखन तो बौद्ध धर्म अपनाने से पहले का है, तो क्या उस सभी से धर्मवीर सहमत हैं?

अगर कोई यह तर्क दे कि धर्मवीर ने व्यक्ति विशेष का नाम इसलिए नहीं लिखा क्योंकि उनके कहने का मतलब भारत में आजीवक विचारधारा की निरंतरता से था। तो यह बात नहीं भूलनी चाहिए कि संविधान मसौदा समिति ने कई दूसरे देशों और उनके संविधानों से भी प्रेरणा ली थी। उदाहरण के लिए:

क) सरकार का संसदीय स्वरूप ब्रिटिश शासन शैली से लिया गया था। कानून का शासन और एकल नागरिकता की अवधारणा के पहलू ब्रिटिश संविधान से अपनाए गए थे।

ख) मौलिक अधिकारों का चार्टर, सरकार का संघीय ढांचा, न्यायिक समीक्षा और संविधान की प्रस्तावना अमेरिका से लिए गए थे।

ग) स्वतंत्रता, समानता और बंधुत्व के आदर्श फ्रांसीसी संविधान से लिए गए थे।

तो क्या ब्रिटेन, अमेरिका, फ्रांस, इत्यादि ने भी आजीवक धर्म और दर्शन से प्रेरणा ली थी?

नासमझी: संविधान को लेकर धर्मवीर का उल्लास ज़मीनी वास्तविकता की नासमझी के कारण है। क्या वह यह नहीं जानते कि दुनिया के सबसे ज्यादा भूख से पीड़ित लोग भारत में रहते हैं? वैश्विक भूख सूचकांक (Global Hunger Index) 2022 की रिपोर्ट के अनुसार भारत 121 देशों में शर्मनाक 107वें स्थान पर है। भारत की कुल आबादी का 16.3% हिस्सा अल्प पोषित है। संविधान में "भोजन के अधिकार" लिख देने से किस बात का "उत्सव"? यह उत्सव भूख से आकुल लोगों पर भद्दा मज़ाक है।

"वैज्ञानिक दृष्टिकोण" लिख देने से कैसी "सर्वोपरि विजय"? गणेश के मानव-सिर की जगह हाथी का सिर लगाने को प्रधान मंत्री द्वारा शल्य-विज्ञान (surgery) बताने को क्या संविधान रोक पाया? जहाँ गाय के मूत्र और गोबर से बनी चीज़ों को आयुर्विज्ञान माना जाता हो, वहाँ 'वैज्ञानिक दृष्टिकोण' लिख देने से क्या लाभ?

जो संविधान ऐतिहासिक बाबरी मस्जिद की जगह काल्पनिक राम जन्मभूमि मंदिर को बनाने की सम्मति देता हो, क्या वह प्राचीन मंदिरों के नीचे दबे बौद्ध विहारों को उजागर करने की अनुमति देगा? अगर नहीं, तो समता का अधिकार कैसे हुआ?

जिस जगह से न्याय की उम्मीद की जाती है, उस "सुप्रीम कोर्ट में अनुपातहीन निरूपण" की अपनी अलग कहानी है:

"जब तक 50वें CJI (भारत के मुख्य न्यायाधीश) की नियुक्ति होगी तब तक हमारे पास कम से कम 17 ब्राह्मण CJI हो चुके होंगे। तब ब्राह्मण मुख्य न्यायाधीशों का प्रतिशत 34% होगा।.... ध्यान दें कि 1980 तक, ओबीसी या

एससी समुदाय से कोई न्यायाधीश नहीं था।.... क्या यह केवल एक संयोग है कि पिछले 15 वर्षों में, सर्वोच्च न्यायालय के सभी न्यायाधीश, जिनके मूल उच्च न्यायालय राजस्थान हैं, वे अकेले बनिया/वैश्य/मारवाड़ी समुदाय के हैं?" (नमित सक्सेना, बार एंड बेंच, 23 मई, 2021)

क्या संविधान में अधिकारों को लिख देने से न्याय व्यवस्था पहले से बेहतर हो गई? अमेरिका का मूल संविधान केवल चार पन्नों का है, जबकि अमरीकी नागरिकों की समृद्धि, वैज्ञानिक दृष्टिकोण, प्रजातांत्रिक अधिकार और न्याय व्यवस्था भारत से कहीं ऊपर है।

नियतिवाद के चिंतन से बनी समझ की यही तुच्छ सीमा है। हार को ही जीत का नाम दे दो। परंतु हार तो दलित समाज के लिए है, धर्मवीर निजी तौर पर इस व्यवस्था के लाभार्थी रहे हैं। वह उस समय आई.ए.एस. अधिकारी थे जब भारत के पूर्व प्रधान मंत्री राजीव गांधी ने मशहूर बयान दिया- "सरकार द्वारा खर्च किए गए हर एक रुपये में से केवल 15 पैसे ही नियत लाभार्थी तक पहुंचते हैं।" अपनी नौकरी के दौरान आई.ए.एस. धर्मवीर ने कई भ्रष्ट नेताओं के साथ काम किया होगा, जिन्होंने गरीब दलित समाज के हक़ कुचलने में कोई कसर नहीं छोड़ी होगी। धर्मवीर ने कभी किसे दलित विरोधी भ्रष्ट नेता के खिलाफ आवाज़ उठाई हो ऐसा कोई किस्सा नहीं है। कथनी और करनी से दूर, 'निजी विजय' के उत्सव के रंग में भंग हो भी क्यों?

ऐसे 'बुद्धिजीवियों' को स्थापित करने में सरकारी तंत्र की भी दिलचस्पी होती है जो दलित चिंतन को दिशाहीन करने में सहाय हों। अंग्रेज़ी अखबार 'द ट्रिब्यून' में सत्यपाल सहगल (पंजाब यूनिवर्सिटी) ने धर्मवीर की किताबों की समीक्षा करते हुए लिखा: *"हिंदी साहित्य के मंच पर आखिरकार दलित आ ही गया।" (स्पेक्ट्रम, द संडे ट्रिब्यून, 8 अक्तूबर 2000)*

भारत में ऐसे कुछ ही नौकरशाहों के उदाहरण हैं जिन्होंने अपनी आई.ए.एस की नौकरी की परवाह किए बिना असूलों से समझौता नहीं किया। धर्मवीर उन में से नहीं थे। सिरदार कपूर सिंघ आज़ाद भारत के वह पहले आइ.ए.एस. अधिकारी थे जिन्हें जवाहर लाल नेहरू और सरदार पटेल की सिख विरोधी नीतियों का विरोध करने के कारण अपनी नौकरी से हाथ धोने पड़े। उन्हें झूठे मुकदमों में धक्के खाने पड़े पर समझौता नहीं किया। सिरदार कपूर सिंघ एक प्रखर सिख चिंतक और लेखक

भी थे जिनका सिख राजनीति में बहुमूल्य योगदान है। सिख मांगों और भारत के संघिय ढांचे को मजबूत करने के लिए राज्यों को ज्यादा अधिकार देने के बहु-चर्चित अनंदपुर साहिब प्रस्ताव 1973 का मसौदा भी इन्होंने ही तैयार किया था।

संविधान में क्या लिखा है इस से कहीं अधिक महत्वपूर्ण है कि जो लिखा है उसकी व्याख्या करने का अधिकार किस के पास है।

जब अधिकार सिखों के पास आया तो नागरिकों की समृद्धि, न्याय व्यवस्था और अमन भाईचारे की मिसाल को दुनिया ने स्वीकारा है। बाबा बंदा सिंघ बहादुर के नेतृत्व में पहले सिख राज का पहला फ़रमान जागीरदारी को समाप्त करके खेतिहर को ज़मीन का मालिकाना हक देना था।

बीबीसी वर्ल्ड हिस्ट्रीज़ पत्रिका (BBC World Histories Magazines) ने चोटी के इतिहासकारों से चुनाव करवाया और मार्च 2020 में रिपोर्ट छपी जिसमें अकबर, विन्सटन चर्चिल, अब्राहम लिंकन को पछाड़ते हुए महाराजा रणजीत सिंघ को "सर्वकालिक महान नेता" घोषित किया "जिसने शक्ति का प्रयोग किया और मानवता पर सकारात्मक प्रभाव डाला।" इसका कारण बताते हुए लिखा, "सिंघ केवल एक विजेता से अधिक था। जबकि भारतीय उपमहाद्वीप शाही प्रतिस्पर्धा, धार्मिक संघर्ष और युद्धों से ग्रस्त था, महाराजा रणजीत सिंघ, लगभग अद्वितीय रूप से, स्थिरता, समृद्धि और सहिष्णुता के लिए एकजुटता के सूत्रधार थे।"

भगत रविदास जी के 'बेगमपुरा' की कल्पना के सच्चे वारिस तो सिख ही हैं।

बेगम पुरा सहर को नाउ ॥ दूखु अंदोहु नही तिहि ठाउ ॥
(गुरु ग्रंथ साहिब, भगत रविदास, अंग 345)

सिखों के राज पाने से पहले मुग़लों, अफ़ग़ानों, हिन्दू दरबारियों और हिन्दू पहाड़ी राजाओं से भीषण युद्ध हुए जिसमें सिखों ने असह्य यातनाएं और नरसंहार झेले। लेकिन राज मिलने के बाद हिन्दू, मुस्लिम, सिख सभी बराबर के शहरी बने, क्योंकि सिखी के संविधान का पहला पाठ निरभउ और निरवैर के रूहानी गुणों का सुमेल सिखाता है जो नियतिवाद बनाम पुनर्जन्म की निर्मूल बहस से परे है।

निष्कर्ष यह है कि धर्मवीर की विचारधारा नसलवाद और नफरत पर अवधारित होने के कारण संकीर्णता और विरोधाभास से भरपूर है। खुद में स्पष्टता नहीं, पर हर

किसे दूसरे की आलोचना व नीचा दिखाना ही इनका चिंतन है। ब्राह्मण का विरोध तो केवल मुहाना है, आंतरिक रूप से यह ब्राह्मणी तंत्र के सहाय हैं। पिछले पाठ में भी हमने समझा था कि ब्राह्मणवादी तंत्र को ऐसे विरोध से कोई फर्क नहीं पड़ता अगर विरोधी आपस में विभाजित रहें। ब्राह्मणी तंत्र अपने विरोधियों की आपसी फूट में से अपना क़िला मजबूत कर लेता है। धर्मवीर शोषित वर्ग में पथभ्रष्टता और आपसी फूट डालकर यही मज़बूती ब्राह्मणवाद को प्रदान करते हैं।

सही और गलत की परिभाषा चाहे समय, स्थान और समझ के सापेक्ष बदल सकती है, लेकिन असमानता और अन्याय के विरुद्ध एकजुटता स्थायी सत्य का पैमाना होना चाहिए। जो इस एकजुटता को तोड़े वही झूठा है। डॉ. धर्मवीर की विचारधारा को उभारना मानो अपने घर को अपने ही हाथों से आग लगाना। ऐसे लोगों के बारे में क्या कहा जा सकता है? आइए 'हमारे, आपके, हम सभी के सांझे' भगत कबीर जी से जाने:

हरि जसु सुनहि न हरि गुन गावहि ॥ बातन ही असमानु गिरावहि ॥१॥
ऐसे लोगन सिउ किआ कहीऐ ॥ जो प्रभ कीए भगति ते बाहज तिन ते सदा
डराने रहीऐ ॥१॥ रहाउ॥
आपि न देहि चुरू भरि पानी ॥ तिह निंदहि जिह गंगा आनी ॥२॥
बैठत उठत कुटिलता चालहि ॥ आपु गए औरन हू घालहि ॥३॥
छाडि कुचरचा आन न जानहि ॥ ब्रहमा हू को कहिओ न मानहि ॥४॥
आपु गए औरन हू खोवहि ॥ आगि लगाइ मंदर मै सोवहि ॥५॥
अवरन हसत आप हहि कांने ॥ तिन कउ देखि कबीर लजाने ॥६॥
(गुरु ग्रंथ साहिब, भगत कबीर, अंग 332)

अर्थ: जो लोग न कभी प्रभु की महिमा सुनते हैं, न हरि के गुण गाते हैं, पर बातों ही बातों में (जैसे) आसमान गिरा लेते हैं।1।

ऐसे लोगों के बारे में क्या कहा जाए? जो प्रभु की भक्ति से वंचित हैं (उन्हें समझाने की जगह) उनसे सदा दूर-दूर ही रहना चाहिए।1। रहाउ।

(वह लोग) खुद तो (किसी को) एक चुल्लू जितना पानी भी नहीं देते, पर निंदा उनकी करते हैं जिन्होंने गंगा बहा दी हो।2।

बैठते-उठते (हर समय वे) टेढ़ी चालें ही चलते हैं, वे अपने आप से तो गए-गुजरे हैं ही, और लोगों को भी गलत रास्ते पर डालते हैं।3।

फोकी बहस के बिना वे और कुछ करना जानते ही नहीं, किसी बड़े से बड़े जाने-माने समझदार की बात नहीं मानते।4।

अपने आप से गए-गुजरे वे लोग और लोगों को भी भटकाते हैं, वे (मानो, अपने ही घर को) आग लगा के घर में ही सो रहे हैं।5।

वे खुद तो काणे हैं (कई तरह के विकारों में फंसे हुए हैं) पर औरों का मजाक उड़ाते हैं। ऐसे लोगों को देख के, हे कबीर! शर्म आती है।6।

मानुख की टेक बिरथी सभ जान

महान विचारक और समाज सेवक ज्योतिराव फुले (1827-1890) लिखते हैं:

"स्वतंत्र होने से मनुष्य अपने सभी मानवी अधिकार प्राप्त कर लेता है और असीम आनंद का अनुभव करता है। सभी मनुष्यों को मनुष्य होने के जो सामान्य अधिकार, इस सृष्टि के नियंत्रक और सर्वसाक्षी परमेश्वर द्वारा दिए गए हैं, उन तमाम मानवी अधिकारों को ब्राह्मण-पंडा-पुरोहित वर्ग ने दबोच कर रखा है। अब ऐसे लोगों से अपने मानवी अधिकार छीन कर लेने में कोई कसर बाकी नहीं रखनी चाहिए। उनके हक उन्हें मिल जाने से उन अंग्रेज़ों को खुशी होती है। .....ऐसे में बड़ी खुशकिस्मत कहिए कि ईश्वर को उन पर दया आई, इस देश में अंग्रेज़ों की सत्ता कायम हुई और उनके द्वारा ये लोग ब्राह्मणशाही की शारीरिक गुलामी से मुक्त हुए। ..... ये लोग अंग्रेज़ों के इन उपकारों को कभी भूलेंगे नहीं।" (गुलामगिरी)

ज्योतिराव फुले ने आज़ाद होकर मानवी अधिकार का लक्ष्य सटीक रखा है। लेकिन इसे हासिल करने के लिए अंग्रेज़ों की टेक रख ली। मानवी अधिकार और सत्ता के बीच में से अंग्रेज़ी सरकार ने हमेशा सत्ता का ही चुनाव किया। हाँ, जहां सत्ता को कोई नुकसान न होता हो, वहां मानवी अधिकार को पहल मिल गई। इस लिहाज़ से अंग्रेज़ी सरकार का न्याय ब्राह्मणी व्यवस्था से बेहतर रहा। लेकिन इसे ही गुलामी से मुक्ति मान लेना, अपने "सर्वसाक्षी परमेश्वर द्वारा दिए गए" "सामान्य अधिकार" को हासिल करने के आशय से बहुत निम्न है। गुरबाणी किसी दूसरी सत्ता या मनुष्य पर टेक रखने की बजाए परमेश्वर पर पूर्ण विश्वास रखकर खुद को बुलंद करने की प्रेरणा करती है। अकाल पुरख को सदा मन में बसाकर रूहानी गुणों से ही बुलंदी हासिल हो सकती है:

मानुख की टेक बिरथी सभ जानु ॥ देवन कउ एकै भगवानु ॥
(गुरु ग्रंथ साहिब, महला ५ अंग 281)
अबिनासी प्रभु मन महि राखु ॥ मानुख की तू प्रीति तिआगु ॥
(गुरु ग्रंथ साहिब, महला ५ अंग 283)

गुरबाणी का स्पष्ट आदेश है कि सभी को दात देने वाले केवल एक हरि से माँगना चाहिए, जिसके पास से मन-मांगी मुराद (सामर्थ्य) मिलती है। अगर किसी दूसरे (देवता, अवतार, या राजा) से मांगें तो बेहतर है शर्म से मर जाएं:

हरि इको दाता मंगीऐ मन चिंदिआ पाईऐ ॥

जे दूजे पासहु मंगीऐ ता लाज मराईऐ ॥

(गुरु ग्रंथ साहिब, महला १, अंग 590)

ऐसा नहीं कि दूसरे पर निर्भर होने की हीन भावना केवल ज्योतिराव फुले की है। यह व्यापक है जिसने दलित उत्थान में बड़ी रुकावट खड़ी कर रखी है। बाबू मंगू राम मगोवलिया (1886-1980) के भी यही विचार थे:

"सदियों पहले हिंदूओं ने हमें दबाया था; उनसे सारे संबंध तोड़ लें। जो आदि जाति के कसाई हैं, उनसे हम क्या न्याय की उम्मीद कर सकते हैं। समय आ गया है; सतर्क रहें, अब सरकार अपील सुनती है। हमदर्दी रखने वाली सरकार के सहयोग से नस्ल को बचाने के लिए एक साथ आएं। सदस्यों को पारिषद में भेजें ताकि हमारी कौम फिर से मजबूत हो। अंग्रेजों का राज हमेशा बना रहना चाहिए। भगवान के सामने प्रार्थना करें। इस सरकार के सिवा किसी को हमसे हमदर्दी नहीं है। कभी भी अपने आप को हिंदू मत समझो। याद रहे कि हमारा धर्म आदि धर्म है।" ('पंजाब दे अछूत पंथ नूं वधाई- मेरे वलों संदेश' शीर्षक से 1926 में मंगू राम द्वारा हस्ताक्षरित पैम्फलेट 'कौमी उडारियां,' 1986: पन्ना 21-22, पत्रिका में पुन: प्रस्तुत किया गया)

भगवान ने मंगू राम की प्रार्थना 1947 तक सुनी, और उसके बाद भारत में कांग्रेस की सवर्ण प्रधान सरकार बन गई। मंगू राम जी ने भी समय के साथ बदलना ठीक समझा। और अपनी कौम के भाग्य के लिए नए मालिकों की अधीनता को स्वीकार करते हुए यह बयान दिया:

"धन्यवाद करना कांग्रेस राज वाला, छोटे बड़े का भेद मिटा दिया। महात्मा गांधी जी बहुत उपकार किया, गिरी कौमों को साथ मिला दिया।" (कौमी उडारियां, 1986: पन्ना 23-24)

बाबू मंगू राम मगोवलिया ने होशियारपुर (पंजाब) के ग्रांव मगोवाल के एक स्कूल में 11-12 जून 1926 की एक 'मीटिंग' में आदि धर्म की स्थापना की। कहने को आदि धर्म समस्त दलित समाज के लिए था, लेकिन इसके मानने वाले केवल चमार जाति के कुछ हिस्से के लोग ही थे। 1926 की मीटिंग में पैदा हुए नए धर्म को अंग्रेज़ों ने 1931 की जनगणना में मान्यता भी दे दी और 4,18,789 ने खुद को हिंदु धर्म से अलग आदि धर्मी बताया। लेकिन बाद में मंगू राम समेत आदि धर्म के सभी नेता मुख्य धारा राजनीति में शामिल हो गए। 1941 की जनगणना में गिनती घटकर 3,49,863 रह गई।

"आदि धर्म आंदोलन के पतन की शुरुआत शायद महात्मा गांधी और बी. आर. अम्बेडकर के बीच 1932 के प्रसिद्ध पूना समझौते और भारत सरकार अधिनियम, 1935 में अनुसूचित सूची का गठन है। अनुसूचित जातियों को हिंदूओं के साथ मिलाने से पंजाब में आदि धर्म आंदोलन के लिए राष्ट्रवादी और आधिकारिक वर्गीकरण को स्वीकार करने के अलावा कोई विकल्प नहीं बचा था। उन्हें या तो 'आरक्षण' के लाभ त्यागने पड़ने थे या एक अलग धार्मिक पहचान का दावा।" (सुरिंदर एस. जोधका और अविनाश कुमार, रिलिजन ऐन्ड डिवेलप्मन्ट, 2010)

मंगू राम की अपनी आत्मकथा अनुसार वह 1909 में अमरीका चले गए थे। बाद में वह गदर लहर में शामिल हो गए। 1915 में उन्होंने कैलिफोर्निया से पंजाब भेजे गए तस्करी के हथियारों से जुड़े एक खतरनाक मिशन में भाग लेने के लिए स्वेच्छया से पाँच ग़दरियों में से एक बनने के लिए भाग लिया। उन्हें इस कार्य के लिए ग़दर पार्टी के नेता सोहन सिंघ बखना ने चुना था। लेकिन वह सिंगापुर में ब्रिटिश अधिकारियों के हाथ आ गए जिन्होंने तुरंत उन्हें तोप के सामने रखने और गोली मारने का आदेश दिया। फिर जर्मनों ने मंगू राम को वहां से भगा दिया, और उन्हें जहाज से मनीला पहुंचा दिया। जब मंगू राम फिलीपींस पहुंचे तो उन्होंने मनीला टाइम्स अखबार में राजद्रोह के दोष में खुद के मारे जाने की रिपोर्ट पढ़ी। मंगू राम का मानना था कि उनके पकड़े गए सहयोगियों में से एक ने उनकी रक्षा के लिए खुद का नाम मंगू राम बताया होगा, और उस आदमी को उनके स्थान पर गोली मार दी गई होगी। मंगू राम गुप्त तौर पर फिलीपींस में विभिन्न द्वीपों पर ठिकाने बदल-बदल कर रहे। 1925 में वह वापस पंजाब पहुंचे और 1926 की मीटिंग में आदि धर्म की स्थापना की।

बाबू मंगू राम की जहां भी जीवनी लिखी मिलती है वह बिना किसे अन्य स्रोत के हवाले से एक जैसी वाक्य बनतर की कॉपी-पेस्ट मिलती है। हमने भी कॉपी-पेस्ट कर कुछ अंश ऊपर लिख दिए हैं। लेकिन बाबू मंगू राम की कहानी का विनायक दामोदर सावरकर की कहानी से बहुत समानताएं हैं। दोनों अंग्रेज़ सरकार के खिलाफ खतरनाक मिशन पर थे, लेकिन करियर के दूसरे चरण में अंग्रेज़ों के कट्टर समर्थक बन गए। सावरकर ने 1924 में जेल से रिहा होकर स्वतंत्रता संग्राम को छोड़कर हिंदु संगठन को मजबूत किया। लगभग उसी समय 1925 में बाबू मंगू राम भारत वापस आए और आदि धर्म की स्थापना की। सावरकर की जेल से रिहाई के पीछे दया याचिकाएं और माफीनामे के बारे में लिखित प्रमाण हैं। क्या बाबू मंगू राम की सुरक्षित भारत वापसी के पीछे भी अंग्रेज़ सरकार के साथ कोई समझौता था? परिस्थितिजन्य सबूत इस तरफ इशारा करते हैं।

गदर लहर के कई नेताओं को या तो फांसी लगा दी थी या वह जेलों में बंद थे। उन्नीस वर्षीय शहीद करतार सिंघ सराभा को 1915 में फांसी हुई। जबकि बाबा सोहन सिंघ बखना 1948 तक जेल में रहे। ऐसे में बाबू मंगू राम स्कूल में पढ़ाना शुरु कर देते हैं, आदि धर्म की स्थापना करते हैं और अंग्रेज़ सरकार द्वारा जनगणना में अलग श्रेणी शामिल करवा लेते हैं। सावरकर और मंगू राम दोनों अंग्रेज़ की विभाजनकारी राजनीति में फिट बैठते थे। लेकिन सावरकर अपने इरादे में ज्यादा मजबूत रहे। उन्होंने अपना मिशन 1947 के बाद भी नहीं छोड़ा, लेकिन मंगू राम कांग्रेस के "उपकार" से संतुष्ट हो गए।

बाबू मंगू राम मगोवलिया के जीवन और ब्यानों में दिख रहे विरोधाभास से समझा जा सकता है कि उनका आदर्श निम्न स्तरीय होने के कारण दूसरों द्वारा नियंत्रित स्थिति पर निर्भर रहा। मंगू राम अधीनस्थ व्यवहार से चलते दलित उत्थान का राह खोज रहे थे जो बिल्कुल मुमकिन नहीं था।

इसी तरह संविधान में आरक्षण को लेकर अम्बेडकरवादी नेता दलित समाज को अकसर फर्जी उल्लास में रखना चाहते हैं। उनका मानना है कि बाबा साहिब अम्बेडकर ने इस प्रावधान से एस.सी. / एस.टी. / ओ.बी.सी. पर बड़ा अहसान किया है। बेशक आरक्षण का कुछ फायदा मिला है, लेकिन यह तुच्छ है। देश की कुल नौकरियों में से केवल 1% पर ही आरक्षण है। आरक्षण केवल सरकारी नौकरियों में है, निजी नौकरियों में नहीं। जहां-जहां आरक्षण है, वह सभी सरकारी अदारे

एक-एक करके पूंजीपतियों को बेचे जा रहे हैं। जिस कारण आरक्षण का प्रावधान दिन-ब-दिन क्षीण होता जा रहा है।

जनसंख्या के संबंध में, भारत में सरकारी रोजगार नॉर्वे के मुकाबले केवल दसवां हिस्सा है, ब्राजील से इसका केवल 15 प्रतिशत और चीन के मुकाबले एक तिहाई से भी कम है। मतलब, नॉर्वे अपनी 1000 की जनसंख्या पर 159 सरकारी रोजगार देता है, वहीं ब्राजील 111 और चीन 57 लोगों को सरकारी रोजगार देता है। लेकिन भारत 1000 की जनसंख्या पर केवल 16 लोगों को ही सरकारी रोजगार उपलब्ध करवाता है। (बिज़नेस लाइन, 29 जुलाई 2019)

सरकारी रोजगार की यह स्थिति 2015 की एक रिपोर्ट के अनुसार थी। हालत हर साल बिगड़ रही है। 2016-17 में कर्मचारी चयन आयोग (एसएससी) ने केंद्र सरकार के लिए 68,880 उम्मीदवारों की भर्ती की थी, यह संख्या 2020-21 में घटकर सिर्फ 2,106 रह गई। 96 प्रतिशत की भारी गिरावट। (द प्रिंट, 8 मार्च 2021)

रॉकफेलर इंटरनेशनल से रुचिर शर्मा की छपी एक रिपोर्ट (फाइनैन्शल टाइम्ज़, 15 अगस्त 2022) के अनुसार 1947 स्वतंत्रता के समय भारतीयों की औसत आय विश्व औसत का 18 प्रतिशत थी, जो अभी भी लगभग 18 प्रतिशत ही है। मतलब, भारत की अर्थव्यवस्था का विकास उसी अनुपात में हुआ जिस तरह से औसतन बाकी दुनिया ने बढ़त हासिल की।

वहीं 1951 की जनगणना के अनुसार भारत में दुनिया की कुल जनसंख्या के 14 प्रतिशत लोग रहते थे, जो 2011 में बढ़कर 18 प्रतिशत हो गए। भारत में आर्थिक असमानता भी भयंकर रूप से बड़ी है। खासकर 1980 के दशक के बाद की भारत की नई राजनीतिक अर्थव्यवस्था समावेशी विकास देने में विफल रही है। 'विश्व असमानता रिपोर्ट 2022' के अनुसार भारत बढ़ती गरीबी और 'समृद्ध कुलीन वर्ग' के साथ दुनिया के सबसे असमान देशों में से एक है। भारत में शीर्ष 10 प्रतिशत और शीर्ष 1 प्रतिशत के पास कुल राष्ट्रीय आय का क्रमशः 57 प्रतिशत और 22 प्रतिशत हिस्सा है, जबकि नीचे के 50 प्रतिशत का हिस्सा घटकर 13 प्रतिशत हो गया है। हम सभी जानते हैं कि निचले तबके में अधिकांश अनुसूचित जाती, अनुसूचित जनजाति, अन्य पिछड़ा वर्ग और मुस्लिम हैं। भारत के आर्थिक विकास दर को भारत की आबादी और असमानता से मिलाकर बाकी दुनिया की

बढ़त के साथ मूल्यांकन किया जाना चाहिए। यकीनन निचले तबके की अर्थव्यवस्था का हिस्सा बहुत घटा हुआ पाया जाएगा। यह आर्थिक पक्षपात संविधान के बावजूद व संविधान के अधीन हुआ है।

दलित समाज का उत्थान न तो अंग्रेज़ों पर निर्भर रहने से हुआ, न कांग्रेस के उपकार से, और न ही संविधान में लिख देने से। व्यक्तिगत एवं सामाजिक उत्थान का सर्वोच्च रास्ता अकाल पुरख के एकमात्र तख्त का आसरा है, जो हर जगह समान रूप से बेफिक्र होकर समाया हुआ है। क्योंकि जो अगम्य अगोचर एककार का आसरा लेते हैं उनके चिंतन व गुणों की भी कोई सीमा नहीं रहती। असीम करतार को छोड़कर अगर किसी दूसरे का आसरा लेंगे तो प्राप्ति समझौतावादी और सीमित ही रहेगी। गुरबाणी खुद ही को बुलंद करना सिखाती है:

एको तखतु एको पातिसाहु ॥ सरबी थाई वेपरवाहु ॥
तिस का कीआ त्रिभवण सारु ॥ ओहु अगमु अगोचरु एककारु ॥
(गुरु ग्रंथ साहिब, महला १, अंग 1188)

आखिरी शब्द

एह वसतु तजी नह जाई

हमने शुरूआत गुरु ग्रंथ साहिब के पहले अंग (पन्ने) में दर्ज 'हुकमि रजाई चलणा' के मूल सिद्धांत से की थी। इस पुस्तक की समाप्ति हम गुरु ग्रंथ साहिब के आखिरी अंग पर दर्ज 'एह वसतु तजी नह जाई' से करेंगे। भाव इस वस्तु (विचारधारा व संरचना) को त्याग नहीं सकते क्योंकि दूसरा विकल्प नहीं है।

गुरबाणी विचार से हमने हुक्म में जीने की समझ बनाई। देखा जाए तो दुनिया के हर पैगंबर, दार्शनिक, वैज्ञानिक, इत्यादि अपने मत अनुसार जीने का रास्ता बयान करते हैं। किसी ने अपने पैगंबर को खुदा का इकलौता पुत्र या आखिरी नबी बताया। जो उसे माने वही उत्तम। किसी ने जन्म आधारित ऊंच-नीच को दैवी नियम बताया। लेकिन गुरु ने एकंकार के समान सर्वव्यापी गुणों के आधार पर निरभउ निरवैर की अवस्था में जीना ही मनोरथ माना। यही जीते जी मुक्ति का रास्ता है।

चार्ल्स डार्विन ने 'योग्यतम की उत्तरजीविता' (Survival for the fittest) का सिद्धांत दिया। कुदरत के क्रमिक विकास के इस सिद्धांत को ताकतवर ने परिभाषित करते हुए कमज़ोर इंसान पर वर्चस्व बनाने को तर्कसंगत बता दिया। लेकिन गुरु नानक ने योग्यतम के लिए कमज़ोर को बराबर लाने की धार्मिक ज़िम्मेदारी दी और इसे ही हुक्म में जीना बताया। यही सत्य का रास्ता है जिसे सचिआर जीवन कहा जा सकता है। गुरु नानक साहिब ने कहा की उन्हीं का साथ देना बनता है जिन्हें समाज में नीच से भी नीच कहा जाता है। नानक को उन लोगों की राह पर चलने की कोई तमन्ना नहीं है जो लोग उच्च या सर्वश्रेष्ठ बन बैठे हैं। क्योंकि अकाल पुरख की मेहर की नज़र वहीं जाती है जहाँ कमज़ोर गरीब की सार ली जाती हो:

नीचा अंदरि नीच जाति नीची हू अति नीचु ॥
नानकु तिन कै संगि साथि वडिआ सिउ किआ रीस ॥
जिथै नीच समालीअनि तिथै नदरि तेरी बखसीस ॥
(गुरु ग्रंथ साहिब, महला १, अंग 15)

कुछ का कहना है कि किसी एक ग्रंथ को सर्वोच्च मानने से अध्यात्मिक विकास रुक जाता है। यह विचार गुरु ग्रंथ साहिब पर लागू नहीं होता। क्योंकि गुरबाणी एकंकार के असीम गुणों की विचार है, जिस कारण जीवन-मुक्त की अवस्था की भी कोई सीमा नहीं है। उदाहरण के लिए निम्नलिखित पंक्ति देखिए जिसका अर्थ है कि निरभउ करतार का चिंतन करने वाले के सभी डर मिट जाते हैं:

निरभउ जपै सगल भउ मिटै ॥   *(गुरु ग्रंथ साहिब, महला ५, अंग 293)*

सभी तरह के भय में असह्य यातनाओं व मौत का डर भी आता है। इस आसान अर्थों वाली पंक्ति को व्यवहार में लाने की कोई सीमा तय की जा सकती है? नहीं।

गुरबाणी विचार अकाल पुरख के हुक्म की सूझ देती है। हुक्म अनुकूल जीना ही मुक्ति है। हुक्म के प्रतिकूल ताकतें वह हर हथकंडा अपनाती हैं जिससे उनका वर्चस्व बरकरार रहे, इसलिए इस राह पर चलना 'सिर धर तली' के बराबर है। दस गुरुओं ने अजर को जर कर सिखी असूलों को रूपमान किया और खालसा स्वरूप दिया।

क्रांति-प्रतिक्रांति के संघर्ष को अगर हुक्म के अनुकूल-प्रतिकूल की विचार से दिशा दी जाए तो क्रांति की राह उच्चतम धार्मिक कर्म बन जाती है। चाहे दोनों पक्ष अपने-अपने धर्म अनुसार कर्म करते हैं, लेकिन क्रांति के राहगीर के पास 'जीवन मुकत कहावै' की प्रेरणा भी जुड़ जाती है जो उसमें आत्मविश्वास भरकर ज्यादा मजबूत पक्ष बना देती है।

विश्व शांति के लिए नस्ल, जाति, लिंग, रंग, इत्यादि के भेद को त्यागकर समानता और न्याय को स्थापित करना अनिवार्य है। निरभउ का गुण जहां बड़े से बड़े जालिम के आगे डट जाने की ताकत प्रदान करता है, वहीं निरवैर का गुण सिख धर्म को बिना किसी भेद-भाव के साझा मंच बना देता है। दैवीय गुणों के आधार बने सांझे मंच के सिवाय दूसरा विकल्प है ही नहीं:

थाल विचि तिंनि वसतू पईओ सतु संतोखु वीचारो ॥
अमृत नामु ठाकुर का पइओ जिस का सभसु अधारो ॥
जे को खावै जे को भुंचै तिस का होइ उधारो ॥

एह वसतु तजी नह जाई नित नित रखु उरि धारो ॥

तम संसारु चरन लगि तरीऐ सभु नानक ब्रहम पसारो ॥

(गुरु ग्रंथ साहिब, महला ५, अंग 1429)

अर्थ: (गुरबाणी रूपी) थाली में सत, संतोख और विचार- यह तीन वस्तुएं रखी हैं।

आत्मिक जीवन देने वाला (हुक्म रूपी) नाम भी है, जिसका आसरा हरेक जीव के लिए (जरूरी) है।

(इस भोजन को) जो खाता (विचारता) है और इसे मानता (अपनाता) है, उस मनुष्य का उद्धार (जीवन-मुक्त) हो जाता है।

यह (सिखी रूपी) वस्तु त्यागी नहीं जा सकती, इसको सदा ही अपने हृदय में संभाल के रखो।

विकारों से हावी संसार को (एकंकार की) शरण में आकर ही तैरा (जीता) जा सकता है, हे नानक! हर जगह प्रभु का विस्तार है।

जो शब्द-गुरु के सिद्धांत से अचेत हैं वह स्वतः ही क्रांतिकारी बाणी के उपदेश से भटक कर या तो सत्पुरुषों (भगतों) की मूर्तियों के उपासक बन ब्राह्मणवाद की चपेट में आ जाते हैं या फिर विद्वता के अहंकार में आलोचक बन जाते हैं। परंतु गुरु ग्रंथ साहिब के अनुयायी न तो अंधी-श्रद्धा बस मूर्ति पूजक हैं और न ही अपने रहनुमाओं के आलोचक, वह जीवन-भर शब्द विचार से सीख ग्रहण करने वाले सिख हैं।

आलोचक अपने रहनुमाओं को खुद के सीमित चिंतन के अनुरूप ढालते हैं। इस चिंतन का जन्म स्थायी दैवीय गुणों के आधार पर न होकर अस्थायी राजनीतिक परिदृश्य से ज्यादा प्रभावित होता है। जैसे डॉ अम्बेडकर बुद्ध को नवयान के रूप में खड़ा करते हैं, बाबू मंगू राम रविदास को आदि धर्म के रूप में, और डॉ धर्मवीर रैदास व कबीर को आजीवक के रूप में। जो आलोचकों के पैरोकार बन जाते हैं उनकी समझ की सीमा आलोचक से आगे नहीं बढ़ पाती। सिख चाहे गुरबाणी की व्याख्या किसी प्रचारक या विचारक से समझे, प्रचारक का चिंतन सिख की समझ की सीमा नहीं है। जैसे ही और उत्तम गुरबाणी की व्याख्या सुनने-पढ़ने को मिलती है, सिख को पहले विचार को छोड़ने में मुश्किल नहीं आती। क्योंकि सिख के लिए

'बाणी गुरु, गुरु है बाणी'। सिख का लक्ष्य चिंतक के विचारों को समझना नहीं है, गुरबाणी को समझना है। शब्द-गुरु से जुड़ने के कारण सिख के उत्थान की सीमा असीम हो जाती है।

जो पंथ सारी मानवता के लिए एक समान न हो, जन्म आधारित जाति, नस्ल, लिंग या मज़हब के आधार पर मानवता को बांटे, वह विश्व शांति का राह नहीं दिखा सकता। जिस मत को मानने से एक समुदाय को दूसरे प्रति नफ़रत पैदा हो वह साझा प्लेटफार्म नहीं दे सकता। बेगमपुरा के लिए सरब साझा धर्म चाहिए। सिख धर्म ही वह पंथ है। ईर्ष्या, अहंकार या अज्ञान से पैदा हुए प्रतिगामी संदेहों से मुक्त होकर सरबत के भले के लिए शब्द-गुरु की शरण में आओ। सिख बनो, खालसा सजो, क्योंकि *'एह वसतु तजी नह जाई'*।